Über dieses Buch

Man hat von Gottfried Benns »kalter Leidenschaft« gesprochen – von seiner überaus kritischen Beziehung zu allem, was ihn umgab, gerade zu dem, was ihm wichtig war und bedeutsam, von der Distanz, mit der er Menschen und Situationen, Kunst und Gesellschaft zu durchröntgen, zu vivisezieren schien, von der fast schwärmerischen Freude an Pflanzen, von der nicht weniger intensiven Unduldsamkeit Tieren gegenüber. Selten vom Schmerz, den er empfand – er, der jung in seinen Texten, in den Gedichten wie in der Prosa, bewußt Fronten suchte, aggressiv und impulsiv hart formulierte, in späten Jahren für sich die Kühle der Ästhetik der Sprache entdeckte und meisterlich nutzte. Die Dinge, von denen er schrieb, gingen ihm, dem Arzt, unmittelbar unter die Haut – nichts war ihm leicht; er wehrte sich nach inneren Kräften gegen mögliche Anteilnahme, die die Gefahr des Mitleidens birgt, und wich aus in den Zorn, zuweilen den inneren, um nicht zu resignieren. Er liebte die leidenden und die glücklichen Menschen – konnte aber, um ihret- und seinetwillen dies nicht Selbstzweck werden lassen, mußte oft hart, mußte fest bleiben, damit er selbst sich nicht verlor und unterging. »Diese Verbindung«, schrieb er im Sommer 1945 an Freunde nach dem Selbstmord seiner Frau Herta, »war keine Leidenschaft, aber eine so unendliche Freundschaft u. Zärtlichkeit, daß ihr Verlust eine Kette von Trauer u. Tränen für mich bedeutet.« Selten auch ist von dem Chevalier – er liebte und nutzte französische Begriffe – gesprochen worden: viele Briefschlüsse zeigen ihn formvollendet den Damen die Hand küssend – das hat er mit Bestimmtheit wörtlich gemeint – und vor allem dankbar und als Freund. Nicht von ungefähr hat Horst Bienek die von ihm und dem Verleger Max Niedermayer besorgte erste Taschenbuchausgabe der ausgewählten Briefe von Gottfried Benn nach einer Gedichtzeile von ihm selbst ›Das gezeichnete Ich‹ betitelt, denn was könnte den Dichter der ›Morgue‹, des ›Doktor Rönne‹, des ›Doppellebens‹, der ›Statischen Gedichte‹ – den ›Ptolemäer‹ – besser charakterisieren als das Zeugnis seiner Briefe. Max Rychner zeichnet in seinem Nachwort aus dem Spannungsfeld zwischen Persönlichkeit und Werk ein eindrucksvolles Porträt.

Der Autor

Gottfried Benn wurde am 2. Mai 1886 in Mansfeld, Kreis Westpriegnitz geboren; am 7. Juli 1956 ist er in Berlin gestorben. Seine Prosa ist einzigartig als poetische Ausdrucksform. Die Vermischung bildhafter und reflektiver Ebenen drängt sie ständig an die Grenze lyrischer Verdichtung.

Von der Ausgabe der Gesammelten Werke in der Fassung der Erstdrucke, herausgegeben von Bruno Hillebrand, liegen bisher vor: ›Gedichte‹ (Bd. 5231), ›Prosa und Autobiographie‹ (Bd. 5232). Die Bände ›Essays und Reden‹ (Bd. 5233), ›Szenen und Schriften‹ (Bd. 5234) und ›Über Gottfried Benn‹ (Bd. 5235) sind in Vorbereitung.

Gottfried Benn

Ausgewählte Briefe

Mit einem Nachwort
von Max Rychner

Fischer Taschenbuch Verlag

Ungekürzte Ausgabe
Veröffentlicht im Fischer Taschenbuch Verlag GmbH,
Frankfurt am Main, April 1986
Lizenzausgabe mit freundlicher Genehmigung
der Verlagsgemeinschaft Klett-Cotta, Stuttgart

Umschlaggestaltung: Jan Buchholz/Reni Hinsch
Gesamtherstellung: Clausen & Bosse, Leck
Printed in Germany 1986
1280-ISBN-3-596-25465-5

Dichten – ein unbarmherziges Geschäft.
G. B.

Durch so viel Formen geschritten,
durch Ich und Wir und Du,
doch alles blieb erlitten
durch die ewige Frage: wozu?

Das ist eine Kinderfrage.
Dir wurde erst spät bewußt,
es gibt nur eines: ertrage
– ob Sinn, ob Sucht, ob Sage –
dein fernbestimmtes: Du mußt.

Ob Rosen, ob Schnee, ob Meere,
was alles erblühte, verblich,
es gibt nur zwei Dinge: die Leere
und das gezeichnete Ich.

Gottfried Benn (1953)

Briefe
von 1900–1956

An Ruth Benn

Frankfurt [an der Oder] 9. 1. 00
½8 Uhr abends.

Meine liebe Ruth!
Gestern bist Du also wieder in Göppingen angekommen. Es ist doch wunderschön so nach den schönen Ferien wieder in die alte Schule, nicht wahr? Beschreibe mir doch bitte in Deinem nächsten Brief Deine Ferien. Ich will es jetzt ein bißchen tun. Ich schlief bei Onkel Eugen d. h. in seiner Wohnstube; da saß er dann, wenn ich im Bett lag, manchmal noch stundenlang und dann erzählte er und erzählte; das war klassisch. Über die Feiertage war Hans Wrede, ein Freund von Papa, da. Der erzählte dann massig Geschichten aus Papas und seinem Schulerleben.

Am Silvesterabend blieben »wir« Großen bis 12 auf, die Kleinen wurden auch geweckt, sie schliefen deshalb schon unten, sie kamen nun mit blassen, verschlafenen Gesichtern an; bekoberten sich aber beim Punsch sehr bald wieder. Papa, Onkel Eugen und ich gingen dann auf den Turm, wo geläutet wurde und läuteten auch mit. Um 1 gingen wir dann zu Bett.

Da ich nicht weiß, ob Du schon weißt, was ich zu Weihnachten bekommen habe, so will ich es Dir sagen. 1) Von Papa ein wunderschönes Buch, in dem 200 bunte Bilder von der ganzen Erde. 2) von Onkel Eugen den »Lichtenstein« von Hauff, 3) von Frau Gräfin: 30 Lebensbilder deutscher Männer, 4) Ein Buch über Nansen von Onkel Paul Brodersen aus Patras. 5) von »Onkel« Wrede, so nennen wir ihn nämlich, »Hans Jürgen von der Linde«, ein ganz nettes Buch. 6) Manschetten mit Manschettenknöpfen 7) Von Frau Badicke 10 M, für die ich mir ein Paar vernickelte Schlittschuhe kaufte, 8) Einen Schlips 9) Einen Abreißkalender 10) Einen Briefbeschwerer 11) einen kleinen Abreißblock und 12) denn das Beste kommt zuletzt, Deinen furchtbar niedlichen Kalender, für den ich Dir, wenn ich es noch nicht getan habe, herzlich danke.

Ich war in den Ferien teilweise etwas krank, Hals- und mächtige Zahnschmerzen. Den Zahn ließ ich mir am Silvester bei Dr. Schröder ausziehen. Das tat schauderbar! Sechsmal zog er!

Übrigens muß ich Dir noch eine Geschichte von Cöhlers erzählen.
Mama und ich gingen mal hin, um was zu kaufen. Da stand dann »Dentichens« »Jutarr-Zitter« und schließlich ließ sie sich dann herab entzückend zu spielen. Da sagte dann Fr. Cöhler »Ja, ja wenn ihr schläfert, holt sie sie immer und spielt auf die ›Jutarr-Zitter‹.«
Jetzt hat man also 13 Wochen vor sich!
Jetzt habe ich aber genug geklaut.
Hein läßt Dich grüßen.
Es grüßt Dich herzlichst
Dein treuer Bruder
Gottfried

An Paul Zech

2.9. [wahrscheinlich 1913]

Lieber Herr Zech!
Vielen Dank für das neue Heft. Die Blaßschen Sachen finde ich einfach kindisch. Richtigen Schund. Aber Sie haben wahrscheinlich gewisse Rücksichten nehmen müssen, da er ja einer mächtigen literarischen Partei angehört. Aber im Interesse Ihrer schönen Zeitschrift bedauere ich es sehr. Die Lasker-Schülerschen Gedichte sind wunderschön. Ihre erste Nacht gefällt mir auch sehr (Mensch, was sind Sie produktiv!) Über Lautensack habe ich auch meine eigenen Gedanken.
Maiandros rüstet also schon ab. Ich kann mir ja auch nicht denken, daß sie einen einzigen zahlenden Abonnenten gehabt haben. Von mir erscheint ja demnächst bei Meyer ein neues Heft. Gegen den Verlag läßt sich ja nichts sagen. Wo soll man auch hin? Und schließlich: Kunst ist eine Sache von 50 Leuten, davon noch 30 nicht normal sind. Was große Verlage verlegen, ist keine Kunst, sondern Arbeit von Leuten, die ihrer Mittelmäßigkeit schriftstellerisch gerecht werden. Nietzsche hat zeit seines Lebens seine Rechnungen nicht bezahlen können, van Gogh lebte von 28 Tassen Kaffee den Tag u. Hein-

rich Mann ist arm, soviel ich weiß. Kunst ist Irrsinn und gefährdet die Rasse. Was Allgemeingut wird, ist damit gerichtet. Was haben Sie eigentlich über Rilke geschrieben? Das läse ich sehr gerne mal. Wo ist es erschienen? Zum nächsten Heft will ich was fertigmachen.

Herzlichst Ihr Benn

An Paul Zech

Br.[üssel] 25. II. 16

Lieber Herr Zech!
Herzlichsten Dank für Ihren Gruß, der mich sehr erfreute. Sind Sie verletzt im Kampf oder durch Unfall? Sollten Sie im Verlauf der nächsten Kriegsjahre wieder nach hier kommen, besuchen Sie mich doch ja! Allerdings ist man hier wie Spreu, nämlich sehr leicht wegfegbar, u. nachdem man in fassungslos unmotivierter Weise kürzlich die gute alte »Morgue« in Berlin konfisziert hat – theoretisch, denn praktisch gab sie es nicht mehr – schwant mir Böses.
Sehr angefreundet hatte ich mich mit W. Rösler, der lange zur Besatzung von Br. gehörte; leider ist er jetzt wieder in der Front u. zwar sehr kritisch. Viel Glück u. gutes Ergehen weiter!

Ihr Benn

An Gertrud Zenzes

[Berlin] 29. XII. 21.

Sehr lieber Brief, Petit, mit einzelnen guten Wendungen u. Kürzungen im Stil, dagegen war im ersten langen Brief natürlich ganz unmöglich: »die Weite der Welt« u. »überwältigt u. beseligt«. (Dies nebenbei, da ich Dich doch erziehen muß.) Wenn nämlich einer überwältigt ist, ist er nicht mehr »überwältigt«, sondern in einem Zustand mit anderem Wort u. die

»Weite der Welt« ist unanschaulich u. nicht fühlbar u. eine abstrakte Vorstellung. Bist Du böse? Du bist so intelligent, Du mußt das aber trotz Küchenboden u Zeitunglesen u Schuhputzen nebenbei auch noch können.
Mir geht es heute miserabel. Vollkommen dezentralisiert, überarbeitet, verludert. Es ist kein Leben dies tägliche Schmieren u. Spritzen u. Quacksalbern u. abends so müde sein, daß man heulen könnte. Aber wenn ich mir vorstelle, was ich machen sollte, weiß ich es auch nicht. Den Laden verkaufen u. fortgehn! Aber wohin? In Frage kommt nur [ein] warmes Land, aber der Süden hat Devisen, die nicht bezahlbar sind. Oder die Zahl der Sprechstunden einschränken, aber entweder man hat eine Praxis, dann kann man sie nicht beschränken ohne sie ganz zu ruinieren, oder man hat keine. Oder die ganze Passauer Straße zum Deibel jagen, aber eine Tochter kann man nicht zum Deibel jagen, wenngleich – ja, wenngleich, aber immerhin. Oder eine Arbeit anfangen, ein Stück, eine Novelle, aber wozu, für wen, worüber, alles so erledigt, ausgepowert, abgeknabbert u. schließlich kotzt man vor sich selber, vor der Methode seiner eigenen Gedanken, seiner produktiven Technik, kurz: der Mechanik des Genialen. Wobei ich nicht sage, was ich betonen möchte, daß *ich* etwa Geniales schriebe. Ich meine: auch das Spontane ist methodisch u. Prometheus pedantisch mit seinen Geiern u. sonstigen Ungeziefer u. eine unerträgliche Figur. Und Arbeiten an seinen eigenen Sachen macht in einer Weise müde des Morgens, verdirbt den Appetit, belegt die Zunge, ruiniert den Magen, macht mürrisch u. depressiv, wie es sich einer nicht leisten kann, der von morgens 8 Uhr an höflich u. nichtssagend seine Schmutzfinken von Patienten empfangen muß.
Du siehst: – nein, Du siehst garnichts u ich habe auch gar keine Lust mehr, weiterzuschreiben. Wehe Dir, wenn Du mir Ratschläge erteilst oder kommst mich zu trösten! In dieser Woche sehe ich Dich wahrscheinlich nicht. Aber Sonntag nachmittag vielleicht oder Montag abend, wenn Du magst.
Leb wohl, sei lieb u. nicht zu klug u. komm gefälligst mit dem Personal aus! Das kann der anständige Mensch!

Tausend Grüße. G.

An Gertrud Zenzes

[wahrscheinlich Anfang 1922]

Lieber Petit, ich habe selten einen so reizenden, fast nie einen so zart verstehenden Brief von einer Frau bekommen wie den Deinen. Sicher ist es das Vererbte der alten Rasse, das Dich dazu leitet, Dich zwischen Trümmern so zurechtzufinden u. nach dem Brüchigen zu spüren u. als Du weintest, waren es sicher die Wasser Babylons, kummeralt u. kummerschwer, die aus Deinen Augen kamen.
Aber Du weißt: nicht *ich* sprach von Weihnachten u. *Du* schluchztest, ich wußte *genau*, warum Du weintest; ich habe nur oft, ja meistens so viel Mauern um mich rum, daß ich dem andern kein Verstehen zeigen mag, ich bin so hart geworden, um nicht selber zu zerschmelzen u. schließlich auch sehr fremd u. sehr allein. Es mag auch sein, daß ich menschliches Leid nicht mag, da es nicht Leid der Kunst ist, sondern nur Leid des Herzens. Sehe ich menschlichen Gram, denke ich: nebbich; sehe ich Kunst, Erstarrtes aus Distanz u. Melancholie, aus Trauer u. Verworfenheit [nicht ganz sicher zu entziffern], denke ich: wunderschön. Vielleicht ist das Artistentum, vielleicht eine angeborene u. primäre Einstellung, die hinter allem Vergänglichen das Gleichnis u. hinter dem Chaotischen die Form sucht, vielleicht auch schreibe ich hier sehr oberflächlich u meine ganz etwas anderes, was zu formulieren mir im Augenblick nicht möglich ist.
Jedenfalls: Du bist sehr lieb u. ich danke Dir sehr für Deinen Brief. Erwarte nicht, daß ich Dich täglich anrufe, aber glaube, daß Du mir sehr nahe bist.

Tausend Grüße.

G.

An Gertrud Zenzes

21. III. 22.

Lieber Petit, ich muß Dir sagen, daß ich noch nie so überwältgend schöne Tulpen in meiner Stube gehabt habe wie die grüngoldenen, die nun schon über 2 Tage vollkommen unverändert frisch in immer noch gespannter Haltung u. elastischer Bewahrung die Erinnerung an Dich in ihren Blättern tragen. Wirst Du sie vor ihrem Tode noch einmal sehn? Sei nicht böse, daß ich heute abend unser Zusammensein aufgeben mußte, willst Du bestimmt am Donnerstag kommen? Sollte Do. eine Patientin hier bei mir liegen, so gehen wir ins Kino. Oder willst Du lieber Freitag kommen? Vergiß mich nicht, friere nicht in Deiner kalten Stube, komm u. wärme Dich bei mir. Morgen abend bin ich bei Waldens eingeladen. Viel lieber wäre ich mit Dir zusammen. Adjö, mein kleiner Petit! Dich küßt

G.

An Gertrud Zenzes

15. IV. 22.

Liebstes Schnuckchen, tausend Dank für Deinen Brief, der eben kommt als Ersatz für das Telefongespräch 1^{10}, was es gerade auf meiner Uhr ist. Lieb, daß Du an mich denkst, ich denke auch an Dich. Gestern nachmittag war ich nicht in Straußberg, aber in Grünau u. ging über die Müggelberge (berge!!) nach Friedrichshagen. Schönes Wetter, wenig Menschen, erfreuliches Wasser der Oberspree u. des Müggelsees, aber die Trostlosigkeit, Armseligkeit, Kärglichkeit dieses Norddeutschland erschütternd. Da lobe ich mir das Schlesierland mit der »großen schwingenden Linie« (unmöglich, Trudchen, Kunstgewerbe!) u. den »violetten Tiefen *in* (!) den Abend« (geht nicht, Kleiner! vieux jeu, früher Heinrich Mann, 1900) u den fließenden Wellen, Wölbungen u. müden Hügeln – bist Du böse, Petit, aber ich kritisiere Deinen Stil

doch so gern, mir geht jedes geschriebene oder gedruckte Wort direkt mit einem Stich ins Gehirn, ich habe einen besondren Sinn für das Wort – kurz sei nicht böse, mein süßer kleiner Petit –
soweit war ich gediehen, als Deine Rosen kamen u die Flasche [das folgende Wort ist unleserlich]. Ich bin empört, ich finde Dich skandalös, ich breche diesen Brief sofort ab u. die Rosen haben einen Duft wie nie Rosen gehabt haben u sind gelb *wie!!* die Rosen eines fernen Landes. So was Schönes habe ich noch nicht gesehn. Dieses Mattgelb ist die schönste Farbe, die ich kenne, sie beunruhigt mich direkt, süßes Petitchen, wie kannst Du so was tun, ich bin einfach traurig, daß Du Dein schönes gutes Geld von der chemischen Industrie für mich in solchen Quantitäten fortgibst.
Sei glücklich, mein Kleines, u feire Ostern; beschreibe Landschaften nur in kurzen, knappen Sätzen, sachlich, ohne »wie«, lieber trocken als gefühlvoll, denn in der Schilderung ist Gefühl nichts u. Name alles, u es ist erstaunlich, welche Stilwirkungen man erzielt durch Fortlassen. Sei sehr geliebt u. geküßt von Deinem G.

An Gertrud Zenzes

[wahrscheinlich 1922]

Lieber Mungo, Du bist sehr lieb, mich zu lieben. Ja, ich bin unbeschreiblich müde u. abgelebt wieder mal augenblicklich, darüber ist nichts zu sagen, die Sinnlosigkeit des Daseins in Reinkultur u die Aussichtslosigkeit der privaten Existenz in Konzentration, das mangelhafte Wetter u. gewisse häusliche Schmerzlichkeiten beschäftigen mich übertrieben. Es gibt Tage, die so leer sind, daß man sich wundert, daß die Fensterscheiben nicht rausgedrückt werden von dem negativen Druck; es gibt Gedankengänge von einer Aussichtslosigkeit, die bewußtseinsraubend ist. Das ist so, da ist nichts zu machen. Auf Wiedersehn, mein lieber Petit, wenn wir wieder gesund sind. G.

An Gertrud Zenzes

3. 5. 22

Liebster Petit, Du hast mir einen so lieben Brief zum Geburtstag geschrieben, dafür schicke ich Dir viele Küsse u. Zärtlichkeiten. Bleibe mir auch gut, solange das Lämpchen glüht, das kleine Lämpchen, das so schnell verlöschen kann. Meine Zusammenhänge mit der Welt sind wieder äußerst minimal. Suppen, von denen ich immer noch lebe, geben mir eine gewisse Schwebe; die Praxis ist schwach, selten unterbricht eine Klingel meine sehr erwünschte Dämmerung. Dein Gesicht ist weich, Deine Lippen auch, manchmal küßte ich es gerne; dann ist es wieder erloschen wie ein Schein, der sich entfernt.
Von nächster Woche an mußt Du, bitte, mehr bei mir sein. Ich freue mich schon sehr sehr darauf. Adjö u tausend Dank!
Dein G.

An Gertrud Zenzes

24. V. 22. [Widmung, geschrieben in ein Exemplar der Gesammelten Schriften]

Man denkt, man dichtet
gottweiß wie schön.
Und schließlich war man
bloß hebephren.

Man denkt, persönlich
ist Stil u Lied –
Quatsch: Typenreihe
schizoid.

Verfluchtes Sperma
von Müller u. Cohn
Mist die Meschinne
Gehirnfunktion –

Elende Meute
magischer Topp
Zoff u Pleite
wann ist Stopp??
Trudchen, dem klugen, von
Benn

An Gertrud Zenzes

18. 9. 22.

Lieber Mungo, Du hast recht: Ich soll Dich nicht so lange ohne Liebe u. Freundschaft lassen, Du bist zu zart u. weich dazu. Aber was soll ich tun? Zur Zeit u. wie mir scheint, für eine lange Zeit muß ich allein leben u. werde Dich nicht sehn. Gehn wir also auseinander mit dem Bewußtsein, daß wir uns wieder treffen werden, daß zwischen uns nichts war u. sein wird als große Freundschaft, Glück u. Zärtlichkeit, so oft die Stunde schlug u. wenn sie wieder schlagen wird. Wann? Vielleicht bald.

Dich küßt sehr zärtlich
G.

An Gertrud Zenzes

Berlin 31/XII [1922]

Liebes Trudchen, von den Frauen, die ich in diesem Jahr gesprochen u. besucht habe, sind Sie die feinste u. im Herzen zärtlichste gewesen. Darum schicke ich Ihnen zum Neuen Jahr viele herzliche Grüße u. Wünsche. Mich sehen werden Sie jedoch auch vorläufig weiter nicht. Ich fange mühsam an, mich geistig umzubauen, vielleicht auch etwas wirtschaftlich, d. h. die Praxis etwas anders zu gestalten, so daß ich mehr Zeit u Raum für mich habe – Dinge, die mich in Anspruch nehmen

u. wenig Platz für andersliegende Gedanken u. Wünsche lassen. Sie werden das verstehen. Seien Sie geduldig u. denken Sie ohne Wehmut oder Groll an mich, ich denke an Sie mit den wärmsten Gefühlen der Freundschaft u. Dankbarkeit für Ihr mancherlei Verstehen.

Ihr
Benn

An Gertrud Zenzes

4/9. [1926, Berlin]

Lieber Mungo, vielen tausend Dank für Ihre Sendung, den Brief, die schönstilisierte Karte der Öhrchen u. die Gemmen, oder was das für zarte Gebilde sind. Bitte klären Sie mich gelegentlich auf, was das ist, wie das entstand, wo Sie das gefunden haben u – was man damit macht. Sie sehen so appetitlich aus, ich dachte, es seien Kekse u. wollte das eine essen, aber es war nicht zum essen, wie mir schien.
Hübsch, daß Sie in Tegernsee waren, ich kenne es nicht, aber es [ist] eigentlich die Örtlichkeit von Deutschland, nach der zu reisen ich seit langem die meiste Lust habe. Vielleicht wird es mal was. Die Bäder waren sicher gut für Sie. Hinter mir ekelerregende Wochen: ich habe die Wohnung Passauerstr. nach langen schwierigen Verhandlungen tauschlos abgegeben u. bin ganz in die Bell.all.str. gezogen, die ich habe renovieren usw. lassen. So bin ich nun hier gelandet, in meinem Altersheim, Siechenhaus, Greisenasyl, vorbei der Prunk der wohlhabenden Jahre, still in den Hafen der Greis. Nun bin ich die ewigen Sorgen und Ausgaben wegen der großen Wohnung los u. hoffe, wieder etwas hochzukommen, wenigstens so weit, daß ich wieder mal an eine Reise denken kann. Vorläufig allerdings nicht, die Praxis ist mikroskopisch klein, nahezu unsichtbar, uneinträglich, degoutant. Ich hausiere jetzt mit Gedichten, Neue Rundschau, Querschnitt etc. haben das Stück 75 M gegen Kasse angenommen. Ich wollte, ich wäre so fingerfertig wie Klabund, der ja heute abend schon wieder einen

»Cromwell« im Lessingtheater hervorkarnickelt. Aber ich bin im Gegenteil körperlich u. seelisch äußerst apathisch u. abgekämpft, von geradezu krankhafter Menschen-, Unterhaltungs- u. Eindrucksflucht; Ibsens Spruch paßt mit allen beiden Ideen: weder will ich, noch kann ich, mir wird nicht vergeben werden.
Sonst nichts Neues. Sehe und höre niemanden, außer manchmal Einstein. Selbst mit der Liebe ist es nicht mehr weit her, es vergehen Wochen u Monate ohne Abenteuer u. dann waren sie nachher doof.
Leben Sie wohl. So schöne Tage wie jetzt an Wärme u. Landschaft – genießen Sie sie recht.
Auf Wiedersehen. Und vielen Dank!
Ihr alter
Benn

An Gertrud Zenzes

23/XI 26.

Wertes gnädiges Fräulein, so muß ich Sie wohl anreden, wenn Sie so ein zweistöckiges Haus besitzen, ein Zaun davor, zwei *Baumriesen* beschatten Ihre Heimat. Aber ich habe mich doch mehrfach telefonisch nach Ihrem Befinden erkundigt, wozu sollte ich kommen, ich bin doch ein so erklärter Gegner der Realität. Außerdem bin ich natürlich schlecht u. böse u. Demut empfinde ich nur vor einem Teller Brühe u. Ehrfurcht vor einem Dollarschein.
Leider bezeichnen Sie nicht, in welchem Haus auf dem schönen Markt Sie geboren sind. In dem Obstweinkelterhaus, sind das Vorfahren von Ihnen? Ein glänzendes breitbeiniges Haus, viele Fässer wert.
Ich war die Woche 3 Tage verreist. 14 Stunden D-Zug, halb auf den Balkan für 2 Tage zu einer Donna. Ich *hatte* Enthusiasmus! Ach – wie hat er sich gelohnt! Böse u. enttäuscht fuhr ich zurück, Vollmond über den Karpaten, »Rilkes Restaurant« im Moldautal u. in den Elbegärten blühten die Rosen –

»dunkle Zeichen alle voll Vergehn,
einem Kusse, Augen, welche glänzen,
fährt man eine Nacht nach, über Grenzen –
fremde Sterne über fremden Höhn.

Doch dahinter, stumm u aufgebrochen
liegt das Reich, wo es zusammenrinnt,
dunkle Wasser, Sonnendiadochen
welche Himmel, die so tödlich sind –«

Lasen Sie im Oktober-Querschnitt meine 2 miesen Poeme u. den *interessanten Artikel* von R. *Kurtz über mich?*
Herzliche Grüße! Es gibt nur *ein* Trudchen! Und das ist aus Hirschberg!!

Ihr
G. Be.

An Gertrud Zenzes

[Berlin] 1. V 28

Lieber Petit,
tausend Dank für Ihren Brief u. die alten Stiche. Ich werde sie einrahmen lassen u. Nele schicken für ihre Stube. Ich habe Ihnen oft schreiben wollen, aber da ich nichts hörte, dachte ich, Sie seien vielleicht nicht dort oder fort oder dergl.
Ich bin sehr glücklich, daß Sie da ein paar ruhige Wochen hatten ohne Sorge um Essen u Trinken u. Räume u. Landschaft. Ihre Schilderung der K. H. interessiert mich sehr. Der Louis Ferdinand gilt auch hier als reizender u. gebildeter Bengel im Gegensatz zu seinem Père. Frau Carola Klabund war mal bei dem Kronpr. eingeladen u. sagte, er sei total blöde u. ungebildet.
Ja, ich habe in diesen Tagen Geburtstag. Nicht mehr schön in diesen Jahren, nicht mehr so schön wie damals, wo es Kuchen u Kaffee u. Versteckspielen im großen Garten des Selliner Pfarrhauses gab.

Ich arbeite z. Z. viel. Einen Aufsatz für die »Neue Rundschau« etwa über das Thema: »die Lage des Ich.« Ich beschäftige mich sehr mit Amerika und Büchern über Amerika: *Hechefeld*, *Moog*, *Bonn* u. lese mit viel Spannung »Manhattan Transfer« von Dos Passos. Das ist neu, phantasievoll u. eine Art Kollektivroman. (Bei S. Fischer übersetzt.) Alles in allem, wird mir U.S.A. nicht persönlich sympathisch.
Mit meiner Freundin Lili bin ich wieder zusammengegangen. Wenn Sie uns mal besuchen, werden Sie sie sehn. Aber die Schicksale trennen sich zum Herbst. Ab 1.9. ist sie in eine sehr gute Stellung nach Wien an d. Komödie als 1. Salondame engagiert, u. Wien ist weit. Ich bin dahintergekommen, daß ich nur allein glücklich sein kann, allein u. in mich verbissen u. mit gelegentlichen Verstößen in das Gesellige u. Generelle. Die wenigen Jahre, die einem noch bleiben, will ich nun wirklich anfangen zu arbeiten.
...
Man kann für alle Mißstände immer wieder nur geltend machen, daß es überall nur Mißstände gibt u. das Leben als Ganzes und solches so enttäuschend schwierig u. zerreißend ist.
Leben Sie wohl, liebes Trudchen.
Vergessen Sie mich nicht ganz u. wenn Sie durch Berlin kommen, kommen Sie zu Mittag, Kaffee u Abendbrot her!

Tausend Grüße! Ihr
guter lieber
Benn

An Thea Sternheim

[Berlin] 4/5. 28.

Liebe gnädige Frau,
tausend Dank für das schöne Buch! Es ist doch aber ein bißchen schlecht von Ihnen, mich sofort u so plötzlich nun wieder hinauszuwerfen: der Mohr hat Quiniral verschrieben u. nun bekommt er einen Gide. Ich würde Sie auch ohne Buch von Amelang wochenlang behandeln u. täglich ärztlich zu Ih-

nen kommen; meine Freunde *in erster* Generation, meine *primären* Bekannten zu behandeln, ist mir das einzige Vergnügen, das mir die Praxis bereitet. (Nur wenn deren Gefolgschaft und Generationsfolge u die halbe aus- u inländische Geistestätigkeit mich venerologisch oder klinisch hier belästigt, werde ich manchmal unliebenswürdig.) Aber Sie wissen ja, daß ich für die Familie Sternheim seit La Hulpe eine tiefe Freundschaft u. Verehrung habe! Also machen Sie es wieder gut: werden Sie wochenlang krank u. lassen Sie mich kommen!
Wenn ich das Buch gelesen habe, werde ich mir erlauben, es Ihnen zu sagen u. Ihr Urteil darüber zu erbitten, damit ich es denkerisch u. artistisch in mir verarbeiten kann.

Tausend Grüße an Sie u. die
Herren Söhne und Fräulein Töchter von Ihrem
aufrichtig ergebenen Benn

An Thea Sternheim

3/7. 28.

Liebe teure hochverehrte gnädige Frau,
könnten wir wohl unser Rendezvous von morgen abend auf Donnerstag verlegen? Ich habe eben schon mit Ihrem Fräulein Tochter Mops telefoniert u. mit ihr entsprechende Vereinbarungen getroffen in betreff der Verlagerung unseres Zusammenseins. Morgen nämlich kommt mein ärmlich, aber nicht unsauber gekleideter Vater hier durch u. ich kann ihn nicht mitbringen, er spricht so laut, daß sich alle immer nach ihm umsehn u was er erzählt, hat viel Charakter aber wenig Allgemeininteresse. Er erzählt z. B., daß es 2 neue Pastorshelfer in seinem Dorf jetzt gibt, ganz ordentliche u. gewissenhafte Leute: »aber *solche Leuchten* wie Herr Milster u. Herr Leler sind es nicht, die waren ja auch eine ganz besondere Gabe für den Ort.« Das kann natürlich bei Hahnen niemand interessieren u. darum sitze ich mit ihm lieber im Christl. Hospiz, wo er billig wohnt, weil er Morgenandacht hält.

Wie wäre es nun mit *Donnerstag?* Ich würde mich sehr freuen, Sie zu sehen. Aufrichtig. Ich werde mir erlauben, bei Mops zu fragen, ob es Ihnen paßt. Mops war so reizend zu meiner Tochter, ich bin ihr so dankbar dafür. Also Donnerstag abend 8 ½ bei Hahnen?

Tausend Grüße!

Ihr ergebenster
Benn

An Bernard von Brentano

Lieber Marquis, Ihre Sache über die »Generalversammlung« muß auch in Ihr Buch. Schreiben Sie doch weiter diese kühlen Analysen, möglichst wenig Gefühl im Stoff, aber Gefühl für Zahlen, Kontraste der Fakten, Wissen statt Sonnenuntergang. Und über allem: den Wahnsinn, den Zerfall, das Wanken des Lebens, die Unzuverlässigkeit des Herzens, seine Kälte, sein Vergessen. – In meiner Mitternachtskneipe bei Bockbier u. tiefer Downheit mit herzlichem Gruß

Ihr
Benn

[Berlin] 10. I 29.

An Elsa Fleischmann-Fleming

Berlin 3. 2. 29.

Liebe gnädige Frau!
Ihr Herz hatte die Güte mir zu sagen, daß Sie mit mir zu der Beerdigung meiner Freundin fahren wollten. Ich danke Ihnen tausendmal dafür: für die Güte gegen mich sowohl wie für das Mitleid für das Schicksal meiner Lili, das Sie damit bekundeten.
Aber ich möchte Sie bitten, das nicht zu tun. Ich möchte diesen Gang allein gehen, um mich ganz dem Erlebnis hinzuge-

ben, daß hier jemand für mich gestorben ist oder wenigstens an mir oder jedenfalls aus innerer Armut und Verlassenheit, aus der er keinen Ausweg mehr sah. Verstehen Sie bitte, daß ich dieses Erlebnis in dem Schweigen und der Einsamkeit zu Ende führen möchte, mit dem es mein Herz erfüllt und traurig macht.
Lassen Sie mich Ihnen aber nochmals danken, ich empfinde die ganze Wärme und Freundschaft, die in Ihrem Gedanken lag.

Ihnen küßt die Hand
Ihr dankbar ergebener
Benn

An Sophia und Ewald Wasmuth

Berlin 21. II 29.

Liebe gnädige Frau,
Lieber Herr Wasmuth,
ich hörte von Ihrem Mädchen, daß Sie dieser Tage wiederkommen. Da möchte ich Sie begrüßen und Ihnen danken für Ihren lieben Brief, auch noch für die beiden Karten an Lili u. mich vom 31. I.
Ich habe Ihnen nicht eher geschrieben, es wurde mir zu schwer, gerade an Sie zu denken und zu schreiben. Da mir in Erinnerung immer jener Abend mit Ihnen vor Ihrer Abreise steht, der der letzte schöne Abend für meine Lili war. Der letzte Abend, das letzte Mal, wo sie heiter und so strahlend an diesem Leben teilnahm, das sie liebte u. an dem sie hing.
Was dann aber kam, waren dunkle, auch heute für mich nicht völlig übersehbare u. erklärbare Dinge. Sie haben beide recht: eigentlich grundlos spielte sich das Ende ab, wie Sie, liebe gnädige Frau, so herrlich schreiben, schön u. grausam wie die Natur. Für mich allerdings nicht schön; für mich nur grausam, durchaus in die Züge der Sphinx sah mein Blick. Einzelheiten, die man schwer überwinden, gewisse Dinge, die man schwer vergessen kann, aber vergessen muß, wenn man weiter sein Leben führen will.

Wie froh war ich, daß Aga die Güte hatte zu kommen. Ohne sie wäre ich wahrhaftig völlig verloren u. verlassen gewesen. Ich danke ihr das sehr.
Nun wünsche u. hoffe ich, daß Sie eine gute Reise hinter sich haben, sich wohlfühlen u. gefunden haben, was Sie suchten.

Mit tausend Grüßen in der Hoffnung, Sie bald wiederzusehn

Ihr aufrichtig u dankbar ergebener
Benn

An Sophia Wasmuth

24. II 29.

Liebe gnädige Frau,
seien Sie mir nicht böse, wenn ich heute nicht zu Ihnen kam u. am Telefon nicht gesprächig war. Es geht mir so wechselnd. Manchen Tag bin ich ganz ruhig und manchen habe ich immer Tränen in den Augen. Solch ein Tag war heute, ich weiß selber nicht warum.

Mit vielen Grüßen an Sie beide
Ihr treu ergebener
Benn

An Gertrud Zenzes

[Berlin] 24. II 29.

Liebe Freundin,
auf diesem schönen Bogen, den ich Ihrer Güte verdanke, schreibe ich Ihnen in die weite Ferne u. an jene Adresse, die Sie schrieben.
Ich danke Ihnen für Ihre Grüße, Briefe u. Bilder. Alles hat mich ungeheuer interessiert. Namentlich Ihre Beurteilung Ja-

pans, seiner seelischen Haltung und seiner soziologischen Perspektive – durchaus das, was ich mir immer einzubilden glaubte.

Ich schreibe Ihnen heute nur einen kurzen und sehr traurigen Brief. Meine Freundin, von der ich Ihnen so oft erzählte, und die ich ja im Grunde unverändert liebte, tief liebte, wie in den Jahren des Altwerdens u. der schwindenden Gefühlsfähigkeit der Mann liebt, ist am 1. II freiwillig aus dem Leben geschieden. Auf grauenvolle Art. Sie stürzte sich hier von ihrer Wohnung im 5. Stock auf die Straße und kam tot dort an. Sie rief mich an, daß sie es tun würde. Ich jagte im Auto hin, aber sie lag schon zerschmettert unten u. die Feuerwehr hob den gebrochenen Körper auf. Am 7. II habe ich sie hier feierlich beigesetzt. Alle meine wenigen Bekannten haben mich begleitet. Ich habe sie wie meine Frau beerdigt, auch in der B. Z. es mit meinem Namen angezeigt. Warum sie es tat, wird in vielem immer dunkel bleiben. Sie war seit November wieder hier. Ich versuchte mit ihr zu leben wie früher. Es ging, es ging auch nicht. Es war viel zwischen uns, aber immer wieder liebten wir uns sehr sanft und alles verzeihend. Natürlich starb sie an oder durch mich, wie man sagt. Sie war mir nicht gewachsen als Ganzes oder vielmehr: sie wollte mir in Dingen u. an Stellen gewachsen oder über sein, wo sie es nicht konnte u. als Frau nicht zu sein brauchte. Aber das verstand sie nicht. Sie hing an mir wie ein Kind, ich war eben alles für sie, u. das ist so unüberwindlich schmerzlich für mich, daß sie so an mir hing u. garnichts außer mir mehr hatte u ich sie doch nicht retten u. ihr ihre Verzweiflung lindern konnte.

Ich war aufs tiefste getroffen. Ich bin es noch. Während ich an Sie schreibe, habe ich Tränen in den Augen. Sie fehlt mir so sehr und nie kann ich vergessen, wie sie bei jenem letzten Telefongespräch, mit dem sie Abschied nahm, so schluchzte, so unendlich schluchzte, das war das letzte, was ich von ihr hörte.

Wenn ich dies alles überwinde, wird irgendein neuer Mensch aus mir, ich fühle es, ich weiß noch nicht welcher Art. Aber wohl ein kalter, armer Mensch mit einer Vakuumschicht um sich herum, es war so viel, was ich in den letzten Jahren erlebte u. auch litt.

Und wie geht es Ihnen? Ich hoffe herzlich, Sie sind gut gelandet u haben Arbeit. Wie war die Kälte hier hart u. grausam! Alles Wasser eingefroren (bei mir), kein Gas vielfach, keine Kohlen. Dieser Monat ist einer der furchtbarsten Monate meines Lebens gewesen. Ach, dies Dasein – leiden und schweigen und weiter nichts. Grüßen Sie Ihren Mann.

Sie grüßt in aufrichtiger Freundschaft u. Treue
Ihr Benn

An Ewald Wasmuth

[Berlin] 4. III 29.

Lieber Herr Wasmuth, ich bin gestern abend nicht dazu gekommen, Ihnen zu sagen, wie wunderbar ich Ihr Kapitel »Schicksal u. Notwendigkeit« finde. Sätze wie der über den Roggen (haben Sie oder Semon ihn formuliert?) oder der Schlußsatz sind wahrhaft großartig u die ganze Idee des Zufälligen als Dokument sonderbar u. schön. Darum möchte ich mit Ihnen über jene Gedanken sprechen: »Wiederkehr ist alles.« Kennen Sie vielleicht die Literatur u. Herkunft dieser Idee? Zurück über Nietzsche? Ich wüßte es gern. – Übrigens: würden Sie die Güte haben u. mir den Pariser Brief zurückgeben, damit ich ihn beantworten kann.
Viele herzliche Grüße an Sie beide

von Ihrem ergebensten
Benn

An Sophia Wasmuth

Berlin 10 V. 29.

Liebe gnädige Frau, unser Telefongespräch eben hat mich nachdenklich gemacht. Ich möchte daher noch aussprechen, daß mich absolut keine wirtschaftlichen oder Geldinteressen

veranlassen könnten, mich zu verheiraten. Also: da Lili arm war, heiratete ich nicht, da diese Frau scheinbar nicht arm ist, heirate ich sie. O nein! Diese Frau ist erstens durchaus nicht in besonderen Verhältnissen, sondern ich werde für sie arbeiten u. sorgen müssen, u. sogar große Sorgen haben, ob u wie alles gehn soll. Zweitens aber, glauben Sie mir, auch Kummer ist etwas, das sich nur glückliche Leute leisten können, wir andern müssen einfach machen, daß wir leben u zurechtkommen. Auch Kummer ist etwas, das nur in wohlhabenden Kreisen seine urbanen und vornehmen Formen wahren kann, wir andern müssen ihn zerdrücken, dürfen ihn nur streifen in Gedanken u manchmal in trostlosen u. verzweifelten Gedanken u. müssen im übrigen ihn aufnehmen in das tägliche Dasein u ihn den Notwendigkeiten unserer irdischen Bindungen unterordnen. Glauben Sie nicht, daß immer eine kultivierte Pflege seines Leides der Ausdruck tieferer Erschütterungen ist als das verbissene u. verbitterte Weitergehn lautlos u. ausdruckslos davor, daß das Leben nun mal so ist u immer war u. immer bleiben wird: etwas vor dem der erwachsene Mann nicht einmal viel Schmerzen mehr empfindet, denn mit all diesen Affektausstellungen *fühlt man am Sinn des Lebens vorbei*, fühlt man es zu eng, zu individuell, zu epileptisch. Nur wer an jeder Stunde die Klauen, die Hauer, die rostigen Nägel sieht, mit denen sie unser Herz in Stücke reißt, der hat das Leben in sich aufgenommen u. steht ihm nahe u. darf leben.
Aber zurück zum Ausgangspunkt. Da, wo Lili jetzt ist, sieht das Leben anders aus, als sie es hier sah. Dort hat das Leben jene Breite, jene mörderische Indifferenz, jene unübersehbare Charakterlosigkeit, der ich mich beuge, wenn ich ohne jedes Pathos, ohne Berauschung, ohne Erwartung von Lust eine Menschenform neben mich stelle, die alles enthält, was ich von einem andern Menschen erwarte, der kein Mann ist, aber mir beim Leben helfen soll, mit diesen zwei wundervollen Eigenschaften: ritterlich u treu. Mehr ist nicht nötig.

Tausend Grüße an Sie beide.

Ihr ergebenster

Benn

An Gertrud Hindemith

Berlin 22. V 30.

Liebe und sehr verehrte gnädige Frau,
ich werde am Sonntag nicht mit Ihnen fahren können, ich werde mir das große Vergnügen versagen müssen, ich werde darauf Verzicht leisten müssen, einen Tag mit Ihnen beiden im Freien verbringen zu dürfen, da ich am Sonntag arbeiten muß. Nicht nur, weil der Sonntag ja an sich mein einziger voller Arbeitstag ist, sondern weil Sie mich heute noch dazu so betroffen gemacht, so getroffen haben, weil ich so lange nichts Neues geschrieben habe, so lange keinen neuen Band herausgebracht habe, so unfruchtbar war, das wollten doch Ihre andeutenden Worte sagen. Oh – nur allzu wahr! Dem einen ist es gegeben, in flotter Weise, in ununterbrochenem Zug seine Einfälle zu meistern, seine Gesichte zu bannen; dem andern, mit einem Füllfederhalter, der immerzu aussetzt, in stockender Form an Sonntagen seine armselige Existenz schriftstellerisch zu versuchen. Oh, gnädige Frau, die Sie Ihren schnittigen Mercedes, den nahen Verwandten des Auburn-Cord [nicht ganz sicher zu entziffern], den letzten Aufschrei der Karosserie- u. Motorenindustrie, so graziös lenken, so sicher und doch mit jenem leisen Anflug von Anlehnungsbedürfnis, der einer Frau so über alles steht –: am letzten Sonntag fuhr ich auf dem Verdeck eines Autobusses nach Nedlitz und weiter auf einem Ausflugsdampfer an jenen Gärten vorbei, die ihre Weiden in das Wasser des Kleinen Wannsees halten, vorbei an den Häusern, auf deren Dächern, blumenbetört, Tauben sich sonnten, und dabei gedachte ich mancherlei. Oh, gnädige Frau, ferner habe ich manchmal die Empfindung gehabt, als ob man auf die Natur nicht direkt zufahren soll, im Vorbeigehn sieht man an ihr das Beste. Denn die Natur heute hat vielfach etwas Unnatürliches u. Wind u. Wetter wirken übertrieben, wenn man etwas müde ist, gibt sie einem mancherlei. Auch ist in ihr ein Licht, das Sonnenlicht, verbreitet, das einem die Augen ungeheuer schwer macht, wenn dazu noch Gespräche kommen, kann sich ein Strom von Vernichtung durch die Persönlichkeit bewegen.

Aus allen diesen angeführten Gründen möchte ich am Sonntag meine Wohnung nicht verlassen, die mir einen gewissen Schutz gegen die Umwelt gewährt. Auch sieht man von meinem Zimmer aus auf der Straße mancherlei, was einen Ausschnitt aus dem Leben darstellt.
Entschuldigen Sie diesen langen Brief. Ich habe in den letzten Jahren keinen so langen Brief geschrieben. Aber ich wollte Ihnen meine Lage mit wenigen Worten schildern. Empfehlen Sie mich bitte Ihrem hochverehrten Gatten und lassen Sie, sehr verehrte gnädige Frau, sich die Hand küssen von Ihrem

aufrichtig ergebenen
Benn

An Gertrud Hindemith

Berlin 6 VI 30.

Liebe gnädige Frau,
sehn Sie, ich kann doch meine innere Existenz nicht darauf aufbauen, ob u. daß ich für geeignet gehalten werde, monatlich ohne Beanstandungen einmal im Radio sprechen zu dürfen, ich kann doch nur danach gehn, was ich denke u. was ich denken *muß*, sonst käme ich doch zu dem Mischmasch des gewöhnlichen Feuilletonisten oder gar Ministerialrats im Kultusministerium.
Vergessen Sie nie, der menschliche Geist ist als Totschläger entstanden u als ein ungeheures Instrument der Rache, nicht als Phlegma der Demokraten, er galt dem Kampf gegen die Krokodile der Frühmeere u die Schuppentiere in den Höhlen – nicht als Puderquaste!

Tausend Grüße
Ihr ergebener
Benn

An Paul Hindemith

Berlin 8. VII 30.

Lieber und sehr verehrter Herr Professor,
(sehr verehrte gnädige Frau)
ich danke Ihnen tausendmal für das großartige Geschenk, das Sie mir am Sonntag zusandten. Den wertvollen Klavierauszug von Cardillac und Ihre freundlichen Worte darin und dazu die Blume, das große Gewächs, der Strauch, etwas düster das Laub und die Blüte in der Farbe der halben Trauer. Ich danke Ihnen beiden wirklich unendlich dafür, Sie sind so überaus gütig zu mir.
Ihre Aufforderung nun, einen Text zu machen, der für Sie in Betracht käme, ist für mich sehr ehrenvoll u. der Gedanke regt mich auch an. Aber ich bin im Augenblick körperlich u. geistig so ermüdet u ohne Spannung, daß ich an keine Arbeit denken kann.
Darf ich Ihnen schließlich sagen, daß ich neulich Ihre Oper »Neues vom Tage« ganz wunderbar anregend u. bedeutend fand. Einen guten Sommer Ihnen beiden, vielen Dank u. tausend Grüße.

Ihr ergebenster Benn

An Paul Hindemith

Berlin 29. 7. 30

Lieber Herr Professor,
ich rief eben bei Ihnen an und hörte, daß Sie schon verreist sind, und ihr Mädchen sagte mir Ihre Adresse in Frankfurt. Dorthin erlaube ich mir, Ihnen zu schreiben, daß mir Ihre mir in das Exemplar von Cardillac von Ihnen eingeschriebene Aufforderung nun noch einige Male durch den Kopf gegangen ist und ich versucht habe, eine Art Text, von geringem Umfang und ohne jede Prätention, zu verfassen, den ich Ihnen der Einfachheit halber gleich anbei, ohne erst vorher bei Ihnen anzufragen, mitsende.

Dieser Text, genannt: »Das Unaufhörliche« ist kein Lehrstück, sondern mehr eine Dichtung. Der Name soll das unaufhörliche Sinnlose, das Auf und Ab der Geschichte, die Vergänglichkeit der Größe und des Ruhms, das unaufhörlich Zufällige und Wechselvolle der Existenz schildern, vielmehr lyrisch auferstehn lassen. Sie müssen entscheiden, ob es Sie interessiert, ob Sie es so oder in der Idee musikalisch glauben verwerten zu können. Sie können aber natürlich auch, ohne daß es mich im geringsten verletzt, sagen, daß es Sie garnicht interessiert, es ist ja keine große Arbeit von mir, nur ein Versuch.
Ich hoffe, es geht Ihnen und Ihrer Frau Gemahlin gut und Sie werden angenehme Ferien verleben. Bitte grüßen Sie Ihre Frau vielmals von mir und nehmen Sie meine besten Grüße.

Ihr aufrichtig ergebener
Benn

An Paul Hindemith

2. VIII 30.

Sehr verehrter Herr Professor, tausend Dank für Ihren langen Brief. Ich bin nahezu ergriffen, daß Sie auf meinen tastenden Versuch in den luftleeren Raum in einer für mich so belehrenden u. weiterführenden Weise antworten. Für mich wäre nun sehr wichtig zu hören, wie lang ungefähr nach Ihren Gedanken u. Plänen der Text sein müßte, von den Schreibmaschinenseiten, die Ihnen vorlagen, wie viele? Das muß ich wissen, um gruppieren zu können. Dann will ich versuchen, anhand Ihrer Anleitung meine geistigen Fähigkeiten zu prüfen.
Mit vielen Grüßen an Sie beide

Ihr ergebenster
Benn

An Paul Hindemith

Berlin, den 29. Oktober 1930.

Lieber Herr Professor,
ich muß Ihnen einen im Augenblick schmerzlichen Brief schreiben, aber ich muß es endlich tun. Ich werde nämlich aus äußeren und inneren Gründen nicht dazu kommen, jetzt meinen Text für Sie zu schreiben. Als ich neulich jenen reizenden Abend bei Ihnen war, stand mir alles bei unserer Unterhaltung so gegenständlich vor Augen, aber seitdem ist es mir völlig verschwunden. Ich bin im Augenblick mit so gegensätzlichen Dingen beschäftigt, daß ich mich nicht dorthin zurückfinde. Sie werden es ja auch zweifellos verstehen, wenn ich Ihnen sage, ich bin gerade in einer Periode, wo ich neuen Dingen auf der Spur bin und wo ich mich treiben lassen möchte, abwartend, zu welchen Resultaten ich komme, wo ich nicht ein mir momentan fremdes Erlebnisgebiet einschieben möchte.
Ich brauche Ihnen nicht zu sagen, wie ungeheuer reizend und charmant ich mir eine gemeinsame Arbeit mit Ihnen an sich vorstelle, wie glücklich ich wäre, einen Text gekrönt von Ihrer Musik vor mir zu sehen. Aber ich habe gefunden, daß es immer mit Strafe bedacht wird, wenn man solche Krisen unterbricht, durch die man hofft weiterzukommen und sich zu entwickeln.
Seien Sie bitte meiner aufrichtigsten Freundschaft und größten persönlichen und künstlerischen Verehrung versichert.
Ich schreibe Ihnen mit der Maschine, weil meine Handschrift für so lange Briefe ungeeignet ist.

Mit vielen Grüßen an Sie und Ihre Frau Gemahlin

Ihr aufrichtig ergebener
Gottfried Benn

An Paul Hindemith

Berlin, den 25. 11. 30.

Sehr verehrter Herr Professor,
nehmen Sie es bitte nicht als Zudringlichkeit, wenn ich heute nochmals auf das Ihnen im Juli zugesandte Manuskript zurückkomme, das ich das Unaufhörliche nannte, und über das Sie mir so ausführlich schrieben. Ich habe es mir in letzter Zeit nochmal vorgenommen, um es zum mindesten dichterisch zu verbessern und zu ergänzen, und dabei befiel mich wieder der Gedanke, ob nicht doch daraus ein Motiv für Sie oder vielmehr für eine gemeinsame Weiterarbeit von uns beiden möglich wäre. Ich sende also Ihnen das Ganze nochmals zu und wäre Ihnen sehr verbunden, wenn Sie es unter folgendem Gesichtspunkt betrachteten:
1) ließe sich vom ersten Chortext aus, also das wäre [von] Seite 1 aus, ein Weg zum gemeinsamen Aufbau eines Chortextes finden? Also zunächst mal bis zu: »der selbe Ruf«.
2) meine Einfügung von Chor und Stimme ist nur ein Vorschlag unter dem von Ihnen gegebenen Gesichtspunkt vorgenommen, daß ausschließlich der Chor selber, nicht eine Stimme, Träger der Musik sein kann.
3) bearbeiten doch bitte Sie mit einem Rotstift den vorliegenden Text so, falls Sie sich die Mühe nehmen wollten, daß Sie zusammenziehen und streichen, was Sie brauchen und nicht brauchen zu können glauben. Also, vielleicht einen Rotstrich von Seite 1 bis Seite 4 und dann bliebe vielleicht eine Seite Text bestehen. (Die Dichtung an sich braucht uns dabei garnicht zu stören, der verschaffe ich schon innerhalb der Literatur Geltung, soweit sie es erwarten kann.) Lassen Sie sich Zeit! Es eilt nicht! Seien Sie mir nicht böse wegen meiner Unbildung u. Schwerfälligkeit in Sachen der Musen!

Viele Grüße an Sie beide! Ihr ergebenster Benn

An Richard Gabel

[Berlin] 23. II. 31

Sehr geehrter Herr Gabel,
ich erlaube mir, Ihnen persönlich das Buch zu senden. Es wird mich sehr interessieren zu lesen, was Sie über den Kollektivismus schreiben werden. Ich messe den moderner ökonomischen, eigentlich ohne ihn zu kritisieren, an dem älteren primitiven gänzlich irrealen der Clan-Zeit, der nicht opportunistisch, sondern primär vital, unmittelbar körperlich wirklich war. Sie kennen sicher die Literatur über Totemismus und mystische Partizipation. Aus ihren Resten rekrutieren sich alle seelischen Kräfte, die sich in den alogischen Äußerungen (Kunst, primäre Philosophie, allen metaphysischen Drängen, in ihrer elementaren *unbrechbaren* Macht heute wohl allgemein verkannt) dokumentieren. Dies ist der *kollektive* Besitz der Menschheit, der dauernde, tragende, ökonomische Prinzipien und materialistische Geschichtsphilosophien überdauernde kollektive Besitz. Lesen Sie doch bitte den »Aufbau der Persönlichkeit«, der zeigt, wie weit zurück, in wie unfaßbare Reiche dies Kollektive reicht, übrigens ein Aufsatz, dessen Perspektive, dessen »Horizontaltheorie«, im Gegensatz zu Darwins Vertikaltheorie, innerhalb der reinen Wissenschaft bis in die zoologischen Seminare der Universität hinein den größten Beifall gefunden hat.
Würden Sie die Güte haben, mir Ihren Aufsatz zu senden?

Mit den besten Grüßen an Sie
Ihr ergebener
Gottfried Benn

An Paul Hindemith

Berlin 6. III. 31

Lieber Herr Professor,
es täte mir schrecklich leid, wenn ich Ihnen durch meine Texte innere Schwierigkeiten, musikalischer oder weltanschauli-

cher Art, machte. Bitte äußern Sie sich doch ganz offen. Ich will gerne alles ändern, statt Ihnen hartnäckig und dickköpfig zu erscheinen. Ich finde unsere Zusammenarbeit so nett u. interessant, daß ich sie nicht belasten möchte. Ich bin Ihnen riesig dankbar, daß Sie alles Gedankliche, Sprachliche, Literarische des Textes so spontan u. augenblicklich verstehn. Ich bewundere das. Ich werde mir übrigens erlauben, Ihnen dieses kleine Buch über »Nietzsches Zusammenbruch« zu schikken, aus dem ich die Stelle in Abteilung Kunst entnommen habe, Sie werden sehn, wie ungeheuer erregend das ist.
Und nun gute Reise nach Paris.
Viele Grüße an Sie u. Frau Hindemith.

Ihr aufrichtig ergebener
Benn

An Paul Hindemith

22 V 31.

Lieber Herr Professor,
in Ihrem Pfingstfest zwischen Ihrem Kalmus und Ihren Maien überfalle ich Sie mit neuen Textstücken.
Nämlich 1) die von Ihnen vorgeschlagene »zynische« Figur. Ich habe sie mehr als den flachen Intellektualisten beschrieben, den *Relativisten*, den Nebbich-Typ, der um uns ist, wir führen also den Relativisten in die Musik ein, der Herausgeber der »Neuen Rundschau«, Rudolf Kayser, Schwiegersohn von Einstein, wird es mir nie verzeihn.
2) den *Knabenchor*, der sich ja an diesen Solisten anschließen soll. Dieser Chor nun hat seine Haken. Er ist literarisch ganz gut und wuchtig, aber er ist *gereimt.* Wie ist das? Können Sie das bei der Komposition nicht ignorieren? Stört Sie das direkt? Ich würde in dem bisher so kurzreihigen Text ganz gern einige Strophen dieser Art haben, es wäre herrlich, großartig, wenn Sie sie verwenden könnten, aber wenn es nicht geht, muß es bleiben. Die Frage ist mir insofern bedeutungsvoll, als ich ja nach wie vor die vier letzten Schluß*reihen* des Schluß-

chors auch genau so wie diese Knabenchorstrophe gliedern möchte, nur die letzten vier *Reihen*, das Vorhergehende ungereimt wie bisher. Können Sie nicht ein geniales Mittel finden, das zu ermöglichen, natürlich können Sie es, »Freude, schöner Götterfunken« reimt sich ja auch, ich habe gerade heute einen Ausschnitt der »Neuen badischen Landeszeitg.« geschickt bekommen, wo etwas von Ihrer mozartschen Fülle und Ihrer Frankfurter Wiege drinsteht, also müssen Sie auch Gereimtes komponieren können!
Nun fehlen also noch das Individualisten-Terzett und der Schlußchor. Das Terzett zwischen den Einleitungschören und dem Relativisten, nicht?
Wie war die Fahrt? Naß u. kalt? Mit oder ohne Panne?
Wie war die Aufführung? Große Ovation?
Herzliche Grüße an Sie beide. Frohe Tage!

Ihr
Benn

An Paul Hindemith

24 V 31.

Lieber Meister,
es bleibt Ihnen nichts erspart, hier kommt auch noch ein Entwurf für den Schlußchor, damit Sie darüber sinnen können, wenn Sie durch die Sommerwelt, von zarter Hand, von zarten, allzu schwachen Gelenken gesteuert, heimfahren.
Alles Gute und auf Wiedersehn!
Die erste Reihe des Schlußchors knüpft an die letzte des Knabenchors, den Sie doch als Choral komponieren können, an. Ich hoffe, Sie haben die vorgestrige Sendung erhalten, obschon ich die Hausnummer vergaß –, aber ein Name wie der Ihre –, ein Mann wie Sie, mit der Wiege in der Vaterstadt wird doch wohl gefunden.

Tausend Grüße!
Ihr
Benn

An Paul Hindemith

12 VI 31

Lieber,
Ich habe mich jetzt mal mit dem Terzett beschäftigt und sende Ihnen einen Entwurf. Ich muß ja immer erst eine Finte schlagen, um Sie hervorzulocken, damit ich sehe, auf was Sie reflektieren. Es ist also ein Individualterzett. Einzelnes werden Sie vielleicht verwenden können, sagen Sie bitte was.

Tausend Grüße an Sie beide und Dank für die Prospekte.

Ihr
Benn

An Paul Hindemith

14. VI 31.

Lieber Herr Professor,
die zwei Einleitungsreihen für das Terzett, von denen Sie sprachen, die also eine Art Ansage für das Folgende sein sollen, könnten vielleicht folgende Fassung haben:

»Das Unaufhörliche:
unnahbar und verhängt –
und wir das Ich:
verzweifelt, todbedrängt.«

Ferner lege ich die Tenorarie bei. Sie ist freilich sehr einfach in Bezug auf Reim und Form, und Sie könnten sagen, sie gehöre eher zu dem Trompeter von Säckingen. Aber sie wäre mal was anderes in dem Oratorium, eine neue Note, eine weiche populäre Waldhornkantilene und ihr Inhalt ist insofern aktuell, als sie zum Thema hat den Übergang von der Land- zur Stadtbevölkerung, der sich in unserem Zeitalter abspielt, den wir alle empfinden und der uns veranlaßt, sonntags in den Spreewald, in den Ferien nach Thüringen zu fahren, um an den abhandengekommenen Brüsten der Natur zu spielen. 1870: 65 %

der deutschen Bevölkerung *Land*bewohner, heute: 30 %. (Lyrik mit Statistik.)
Diese Arie stammt aus einem anderen Entwurf zu dem Terzett, in dem ich jeden der drei Solisten eine eigene Partie singen ließ, aber sie meinten ja, alle zusammen wäre besser. Der Lage nach müßte diese Arie folgen auf Seite 1 meines Ihnen zugesandten Textes, also hinter
»unbekannten Gotte,
der uns unaufhörlich treibt –«
Armer Chef, der sie noch so viel komponieren müssen, während ich mit dem Dichten nun fertig bin!!

Herzlichen Gruß!
Ihr
Benn

Einen Handkuß an Frau Hindemith!

An Thea Sternheim

Liebe gnädige Frau, Sie fanden es sicher sehr aufdringlich u. auffallend, daß ich heute abend schon wieder bei Ihnen anrief, aber ich wollte wahrhaftig nicht etwa schon wieder zu Ihnen kommen oder Sie sonstwie belästigen, es war nur ein Telefonanruf, der Ihnen keine Zeit rauben sollte. Hoffentlich war es im Theater schön, Calderon ist wohl ein großer Klamauk – zum Lesen wenigstens. Sie kennen die Xenie:

»Er schmierte wie man Stiefel schmiert
– verzeiht mir diese Trope –
und war ein Held an Fruchtbarkeit
wie Calderon u. Lope.« (Lessing)

Mit nochmaliger Entschuldigung u. tausend Grüßen Ihr sehr ergebener

Hautarzt Benn
[Berlin]25/7/31

An Thea Sternheim

Liebe süße gnädige Frau,

[Berlin] 18. 8 31.

ich muß leider unsere Verabredung für morgen absagen, so leid es mir tut. 1) muß ich arbeiten, wieder für neues Radio 2) bin ich zu mieser Stimmung, um zu reden. Bin heute wieder von der Steuer mit Pfändung bedroht, wenn ich nicht sofort 500 M. zahle. Die Leute sind irre, der Staat muß zertrümmert werden. Die *freien* Berufe, die keine Pension, keine Ferien und Bürostunden nach der Uhr kennen, die müssen wieder ran, den verkrachten u. verlumpten Staat zu finanzieren. Nein, da bleibt einem die Spucke weg u. da vergeht einem die Laune. Ich rufe Sie an, sowie ich wieder etwas stabiler bin. Bis dahin mit Handkuß u. sehr herzlichem Gruß

Ihr treu ergebener
Benn

An Paul und Gertrud Hindemith

[Berlin] 25. 8. 31.

Liebe Hindemiths,
ich höre zwar nichts von Ihnen, aber ich träume von Ihnen. Sie, Herr Chef, waren eine Idee schlanker u. hatten dickes blondes Haar, recht lang, und Sie, einflußreiche Frau Chefin, hatten die ganze betörende Beweglichkeit Ihrer schlanken Figur, Sie beide bewegten sich in einem holzgetäfelten Raum u. ein Musikverleger weilte unter Ihnen. Wie geht es Ihnen denn? Wie ist das Wetter? Baden Sie noch in der Isar?
Von Sonnabend an werde ich Ihnen um 300 km näher sein, leider nicht bis zum Nullpunkt von Lenggries. Ich fahre nach *Schwarzburg* in Thüringen, Hotel Weißer Hirsch. In Begleitung von Herrn Reiss, der mit einem Schrankkoffer voll 4 Decken, 3 Kissen, 5 Mänteln, 2 Heizkissen, einer Steppdecke

u. 4 Ersatzeinlagen für seine Hohlfüße reist. Zwei arme Junggesellen im Sturm der Zeit. Eine Woche bleibe ich, am Sonntag den 6. 9. bin ich wieder hier. Zu einem Sanatorium habe ich mich nicht entschließen können, auch nicht nötig, bin wieder voll im Gange.
Am Freitag betreibe ich wieder das unvornehme Geschäft eines Rundfunkvortrags. »Die neue literarische Saison.« Schade, daß Sie nicht zuhören, ich schließe: »nicht Entwicklung –: *Unaufhörlichkeit* wird das Menschheitsgefühl des kommenden Jahrhunderts sein –« Aha, wird der Fachmann denken, die Propaganda beginnt!
Warum ich nun nicht nach Lenggries komme, ist eine sehr naheliegende Frage. Aber ich habe so über alle Maßen das Bedürfnis, eine Woche lang nicht zu reden u. für mich zu sein, zu schlaksen u. zu dösen. Reiss ist kein Gegengrund. Er mit seinen Hohlfüßen kann nicht gehn, ich bin den ganzen Tag allein, abends sitzt er als Kümmerer da u. läßt sich anreden u. steht Antwort u. Rede wenn ich es wünsche. Das ist die Situation, die [ich] gerade brauche.
Übrigens haben wir Ihnen sein neues u. recht interessantes Buch: »Jamaika« zugesandt, dessen Anfang ich sehr spannend u. atemraubend finde. Später wird es mir zu psychologisch u. auch humoristisch, auch mag ich Kindergeschichten nicht sehr. Aber die Stimmung anfangs auf der Insel finde ich großartig.
Leben Sie wohl! Vergessen Sie mich nicht ganz! W. R. (mir bisher immer nur als *W*assermannsche *R*eaktion geläufig) wird mich ganz in seine Netze ziehn.

Tausend Grüße!

Bitte, liebe gnädige Frau, schreiben Sie Nele mal eine Karte!

Immer Ihr
Benn

An Thea Sternheim

Sehr verehrte gnädige Frau, abgeneigter denn je, mich zu irgendeiner menschlichen Gemeinschaft zu bekennen, beginne ich den Winter. Dank für Ihre Invitation, aber unmöglich. Gesellige Veranstaltungen, gemeinsamer Meinungsaustausch, Geben und Nehmen sind mir fremd. Ihre Freunde in Ehren, aber es sind nicht die meinen, ihre Worte kein Gewinn u. seelische Erneuerung für mich. Es *zittert* immer noch in mir nach, daß Sie neulich, ohne es zu sagen, fremde Leute den Abend einladen wollten, welche Gewalttat von Ihnen. Ich reise morgen für 10 Tage fort. Ich hätte Ihnen manches über Ihre französischen Freunde zu sagen: ich las *Gide*, »Stirb u Werde«. Finden Sie das schön? O Gott, o Gott.

Ihr alter kranker

Benn

28. 8. 31.

An Ewald Wasmuth

[Berlin] 17 XII 31.

Lieber Herr Wasmuth, ich flehe Sie direkt um etwas an: bitte schreiben Sie mir nur per Schreibmaschine. Ich kann Ihre Schrift nicht lesen, bei stundenlangem Starren u. Studieren mit Lupe u. Beleuchtungseffekten entziffere ich sie *nicht*. So schade! Hätte mich so sehr interessiert, was Sie zu der Aufführung sagten! Die Sache hat mich sehr beschäftigt, die Sinnlosigkeit nämlich, gute Texte für Musik zu versuchen, das geringe Verständnis für Wortkunst, die direkten injurialen Anwürfe der Provinzpresse, der Fehlgriff im Grunde, mich der Musikwelt u Kritik zu stellen, die für mich nicht, für die ich nicht zuständig bin. Hi.[ndemith] will nun dringend mit mir weitermachen, eine Oper, aber ich kann mich nicht entschließen. Die Musik würde doch wieder die Situation äußerlich u. innerlich beherrschen, u. schließlich kann ich ja meine Verse oder Gedanken allein an den Mann bringen ohne Musik. – Der *Goetheaufsatz* war schwer! Uff! Darlegen u. auseinanderfalten ist ja nicht meine Stärke, der ich mehr für Ausdruck u. Stoffvernichtung bin. 20 werden ihn zu Ende lesen, davon 10 sagen: dilettantisch, weil ich kein Privatdozent bin,

8: langweilig, weil es keine Verse sind. Die restlichen 2 sagen: ganz nett, aber ich hätte es besser gekonnt.

Vielen Dank für Gruß! Und frohes Weihnachten für Sie u Ihre Frau.

Ihr

Benn

An Gertrud Zenzes

[Berlin] 28 XII 31.

Lieber Mungo, ich habe oft an Sie gedacht, wenn ich auch nun bald 3 Jahre nichts von mir habe hören lassen. Dank für Briefe, Bilder, schöne süße Früchte! Was ist das nun mit dem Buchladen, wird es gehn? Sie wissen u. hören, daß es hier mit uns allen immer weiter bergab geht, das neue Jahr bringt sicher das Ende in irgendeiner Form. Wir dichten schon Oratorien u. wenden uns dem Überirdischen zu, den Text sende ich Ihnen.

Wo ist Ihr Mann?

Sind Sie noch zusammen?

Das Marthchen hat eine Praxis begonnen in ihrem Haus, ist sehr munter. Ich lebe so für mich dahin. Die Tochter wächst heran, der Sohn starb voriges Jahr an Tuberkulose, Geschäfte schlecht, Stimmung sehr pessimistisch . . .

Immer Ihr alter

Benn

An Thea Sternheim

[Berlin] 16. 4 32.

Liebe Stoisy,

obschon jemand, der Deutschland verläßt, nur weil es ihm schlecht geht oder weil der Betreffende fürchtet, daß es ihm

darin schlechtgehn könnte, oder einfach, weil er es sich leisten kann – natürlich von denen, die es sich nicht leisten können u zurückbleiben müssen und auch *aus Charakter* zurückbleiben würden, nicht mehr mit derselben Freundschaft u. Sympathie betrachtet werden kann wie vorher – da Sie aber immer so überaus nett zu mir persönlich waren, ja mehr als das, Sie für mich zu den wenigen Erscheinungen der Freundschaft u. der Zuneigung gehören und ich Ihnen menschlich u. allgemein viel zu danken habe –
nachdem ich mir also in dieser längeren Einleitung mein Ressentiment abgestoßen habe, danke ich Ihnen für Ihre beiden freundlichen Karten, die letzte mit den Unterschriften Ihrer Kinder, erwidere Ihre Grüße u. hoffe Sie bei Wohlbefinden u. guter Laune.
Sicher befinden Sie sich sehr wohl in dem romanischen und katholischen Milieu u. sowohl Ihr Formsinn wie Ihr transzendenter Hang werden zur Befriedigung kommen, auch die Nähe von Brüssel u. die Berührung mit der belgisch-wallonischen Jugend wird das Ihre tun.
Was kann ich Ihnen von hier erzählen, was Ihnen von unserem bescheidenen u. beschränkten Leben, was von unserem kalten Frühling, das noch auf Ihr Interesse zählen könnte! Wenig oder nichts! Sie werden auch gewiß verschont bleiben wollen von allem, was dies barbarische Land betrifft.
Gestern besuchte mich der mir so angenehme Klaus Mann u erzählte, daß er in Paris Mops u Klaus gesprochen. Von Flechtheim hörte ich nichts. Wedderkop gründet eine neue Zeitschrift »Die Hauptsache« u. dann einen Club, höchst exklusiv, resp. was er darunter versteht, u. fordert zu Zahlungen u. Beitritt auf. Eben 10.50 vormittags rief ich die Nummer Iher Tochter an, um mich nach ihrem Befinden zu erkundigen u. Ihnen beruhigende Nachrichten über sie zu geben, aber sie schlief noch u. war nicht zu sprechen. Glückliche, schlummerfrohe Jugend! Haben Sie sich noch das Goethe-Heft der »Neuen Rundschau« mitgenommen, wo wir alle, darunter Ihr Gide, u.sw. Nicht uninteressant als Ganzes. Aber Sie lieben ja nicht Goethe, sondern Thomas von Aquino u. die modernen kleinen Franzosen.
Heute ist Dimanche, sicher waren Sie früh in der Messe, gehn

zum Lunch zur Marquise u. verbringen den Abend mit Mops.
Leben Sie wohl, Grüßen Sie die Ihren. Weich erscheint mir, wenn ich daran denke, und mit Kastanienknospen erfüllt diese Stunde in Ihrer Stadt jenseits des Rheins u. angenehm ein Picon amer, ein Apéritif, auf den Stühlen vor Weber.

Tausend Grüße, Deserteur, u.
einen Handkuß von
Ihrem
Benn

An Thea Sternheim

[Berlin] 19. XI 32.

Liebe Stoisy, Dank für Ihre freundlichen Grüße. Ich habe Ihnen das neue Buch nicht geschickt, da es ja nichts Besonderes ist. Die Nachricht von Mops, daß sie Ihre *Wunde* noch verbinden muß, hat mich entsetzt. Das ist ja skandalös. Bei *meinem* Chirurgen wäre das unmöglich gewesen. Sie sind in schlechte Hände geraten.
Der Hauptmannrummel –: gestern auf dem Akademietee sah ich ihn zum erstenmal in meinem Leben u. Sie mögen lachen, ich fand den Mann pompös. Zum mindesten äußerlich, gestaltmäßig, haltungshaft enorm dekorativ, kein fauler Zauber an ihm, wie so oft an seinen Sachen, die er schreibt. Auch das muß man in diesem Pays der Têtes carrées anerkennen.
Bald mehr! Herzliche Grüße an Sie et les enfants.

Ihr
Benn

An F. W. Oelze

Berlin, 24. 7. 1934

Lieber sehr verehrter Herr Oelze,
ich antwortete Ihnen nicht, weil ich das, was ich antworten möchte, einem Brief nicht anvertrauen kann. Ich bin ganz Ihrer Meinung. Es gibt keine Worte mehr für diese Tragödie. Ein deutscher Traum – wieder einmal zu Ende –: Konradin; in 300 Jahren sitzt in einer bayrischen Hütte eine Sagengestalt und der Schnurrbart wächst ihr durch die Holzplatte.
Dies ist poetisch ausgedrückt ...
Kommen Sie mal wieder her? Ich muß vorläufig hier bleiben, da ich an einem Krankenhaus eine Vertretung übernehmen mußte, infolge Mangels an geeigneten »arischen« Ärzten; auch um das Leben zu fristen, so lächerlich es ist, daß man das tut.

Mit herzlichem Gruß
Ihr sehr ergebener
G. B.

An F. W. Oelze

Berlin, 9. 9. 1934

Lieber Herr Oelze,
mir kommt der Gedanke, daß es doch vielleicht opportun sei, unsere Korrespondenz aus der letzten Zeit durch Feuer oder Wasser unschädlich zu machen. Ich höre von Bekannten, daß ihnen das Gegenteil davon in der vergangenen Zeit einmal schlecht bekommen ist. Ich beginne also damit, die manifestesten Briefe von Ihnen in die Hand zu nehmen, u. mich von ihnen zu trennen. Bereit sein ist alles. Bereit zu jenen Dingen, dich ich kommen sehe.

Herzlichen Gruß
Ihr B.

An F. W. Oelze

Berlin, 18. 11. 1934

Lieber Herr Oelze,
es liegt schon alles wieder so weit hinter mir, kommt mir so ungelungen vor, so infantil. Möglich, daß ich hier alles hinter mir lasse: Wohnung, Praxis, Berlin, und in die Reichswehr zurückkehre, man hat mir da eine ganz günstige Offerte gemacht. Dann hätte ich wirtschaftlich etwas Ruhe und müßte *alle* Verbindungen lösen, die ich hier habe, vor allem Akademie etc. – und gerade das ist es, was ich möchte. *Raus*, aus allem! Ein schwerer Entschluß, Berlin zu verlassen, aber vielleicht tue ich es.

In Freundschaft
Ihr Benn

An F. W. Oelze

Berlin, 24. 11. 1934

Lieber Herr Oelze!
Die Worte im Anfang des »Expressionismus« sind aus dem vorigen Jahr, als noch viel Glaube, Liebe, Hoffnung war, heute würde ich sie gewiß nicht schreiben. Heute würde ich schreiben: »Die Fresse von Caesaren und das Gehirn von Troglodyten.«
Ich schreibe Ihnen heute vor allem wegen Klages. Verfallen Sie ihm *nicht!* Er macht einen Vortrag aus dem, was ein Genie in einen Relativsatz einflicht. Ich hörte mir im vorigen Jahr einen Vortrag hier von ihm an, um mir meine Eindrücke von seinem Werk bestätigen oder nicht bestätigen zu lassen. Sie wurden voll bestätigt! Als ich nach Hause ging, dachte ich: »außen Mephisto innen Frieda Schanz«. Bitte lesen Sie in seinem »Kosmogonischen Eros« die Stellen, wo er seinerseits schwungvoll wird. Die sind köstlich! Zum Beispiel Seite 98 »In fliederduftender Sommernacht . . .« usw. das sagt alles!

Das sagt folgendes: Sein Durchschnittsniveau ist hoch. Seine Zusammenstellungen oft recht interessant und perspektivisch reich. Wo er sich selber einschaltet, wird er mickrig. Sein bestes ist die Arbeit: »Die psychologischen Errungenschaften Nietzsches«, Nietzschephilologie und Deutung im guten Sinne. Aber wo er sich und seine Person dann als Denker und Schöpfer einführt, wird er tantenhaft. Im übrigen ist sein Problem ja längst weitergeführt. Leben und Geist – das wird ja schon im Berliner Sportpalast verwendet und ist schon zu den Ministern gedrungen. Die neue Formel ist ja eben: nur Geist. Alles nur Geist! Das Leben? Du lieber Gott, das ist ja schon bei Nietzsche ein Krampf. Bei Bergson Feuilletonismus. Ist diese ganze Antithese nicht eigentlich allmählich reine Gedankenspielerei, tragisch vermummt? Das sind ja alles gar keine Denkereignisse mehr, das sind Stimmungen, in Büchern festgehaltene Liebhabereien, Postillen, Herzblättchens Zeitvertreib. Da sitzen und saßen diese »Denker«, in Tonnen oder unter Platanen, oder in Cafés oder in Kilchberg bei Zürich und pflegen ihre Hirngespinste, im Höchstfall säkulare Dämmerzustände, meistens aber nur ihre eigenen Konstitutionsneurosen und kranken an ihren Antithesen, aber einmal kommt der Augenblick, wo man nicht mehr kranken kann, wer dann noch krankt, der ist nicht krank genug, sonst würde er überzeugend sterben. Ich sehe jetzt manchmal das Bild von Völkern und Rassen, die unter allen diesen Seifenblasen, Gewäsch, Abstraktionshumbug sogenannter Denker namenlos unberührt dahinleben, offenbar aus Anlagen und Trieben hervorbrechen, rauben, zeugen, seßhaft werden, ihre Kiefer, ihr Geheul, ihren Samen gierig herumstoßen, pflügen, weiden und versinken. Wo steht da der Geist! Offenbar hat er seine Stellung noch gar nicht gefunden. Offenbar steht er überhaupt nicht dem Leben gegenüber, sondern ganz außerhalb des Lebens ohne Diskussion mit dem Leben. Er *krankt* auch nicht am Leben. Das tun nur Vorstufen, Embryonen. Der Geist wird seine Stellung erst haben, wenn das Leben ihn *begehrt*, ihn zu sich zu holen sucht, nicht, wenn er das Leben zu führen und zu meistern trachtet . . . *Es gibt nur den betrachtenden und leidenden Geist.* Das ist eine ungeheure Erkenntnis. Man muß sie unbeirrbar, fanatisch, aber auch gleichmütig vertreten. Aller ihrer Konsequenzen sich bewußt. Zu ihren ganzen irdischen Konsequenzen bereit. Es ist die Hinrichtung des modernen Europa. »Unter Menschen unmöglich.« Für diesen Schritt ist Klages zu feige und zu bürgerlich. Eine Professur beruhigt seine Antithese. Wenn er nur schwatzen kann ...

Lassen Sie uns dagegen ein Kloster gründen, nur Mönche, echte, sind des »Lebens« wert. Lassen Sie uns das Kloster an einem milden Orte gründen und der Rosen pflegen, Granada oder Pistoja:

»Ich trug den Stirnreif und Gewalt der Welt
Und hatte hundert der erlauchten Namen,
Nun ist ein Korb voll Bast mein Eigentum,
Die Winzermesser und die Blumensamen.«

Einen guten Sonntag in Bremen oder Soest Ihnen, verehrter Herr Oelze von Ihrem aufrichtig ergebenen

Gottfried Benn

An Frank Maraun

[Berlin] 30. III. 35.

Lieber Herr Maraun,
hiermit nehme ich Abschied von Ihnen. In Berlin ist meine Lage unhaltbar geworden, wirtschaftlich, beruflich und vollends, Sie wissen, literarisch. Ich habe meine Praxis aufgelöst, die Belle-Alliance-Straße wird mich nicht wiedersehen. Ich tauche unter, kehre zurück, woher ich kam, zur Armee. Standort zunächst Hannover. Sobald ich Wohnung habe, erhalten Sie Nachricht.

Ich wünsche Ihnen, daß Sie bleiben können, wie Sie sind, so unbekümmert aufrichtig und so tapfer.

Immer

Ihr

Gottfried Benn

An Paul S. und Elsa Fleischmann

Hannover,
Hohenzollernstr. 11
31. 3. 35.

Lieber Herr Professor,
Liebe gnädige Frau,
Ich hätte Ihnen Adieu gesagt, wenn mir nicht so hundsmäßig mies vor der ganzen Sache geworden und gewesen wäre, daß ich heimlich und lautlos Berlin verlassen habe. Nehmen Sie jetzt meinen Abschied freundlich an! H. ist nicht weit ab von Berlin und jede Stunde geht ein D-Zug hin und her, 11 am Tage, also wir werden uns vielleicht wiedersehen, aber doch möchte ich die Gelegenheit wahrnehmen, um Sie meiner Freundschaft und Dankbarkeit zu versichern. Nie werde ich vergessen, was Sie, lieber Herr Professor, mir ärztlich und menschlich in den vergangenen Jahren gewesen sind, wie Sie mir geholfen haben, wie Sie beide trotz des Alleinseins, in das ich mich immer mehr einspinne, [mir] immer nahestanden. Glauben Sie, daß ich Sie zu meinen wenigen ernsten Freunden rechne.
Und nun dieser Abbruch mit dem Bisherigen, der natürlich eine schwere Krise für mich bedeutet. Ich bin nicht sicher, daß ich das Richtige unternahm, aber das andere ging auch nicht weiter. Ich muß sehen, was wird, ob es geht, ob ich noch einmal eine neue Existenz finde. Morgen beginnt der Dienst – abwarten, was er bringt. Skeptischer, kälter, erwartungsloser kann man ein neues Leben nicht beginnen, als ich es hier tue.
Wie sieht es bei Ihnen aus? Ist Peter-Paul versetzt? Bitte lassen Sie mich nicht völlig ohne Nachricht über Ihr Ergehen.
Oft gedenkt Ihrer im allgemeinen und besonderen. Viele Grüße sendet Ihnen in freundschaftlicher Teilnahme

Ihr dankbarer alter einsamer
G. Benn

An Frank Maraun

[Hannover] 5. V. 35.

Lasen Sie in der Osternummer der Basler Ztg. den langen Aufsatz gegen mich?

Lieber Herr Maraun,
danke Ihnen sehr, sehr für Ihr freundliches Gedenken! Lebe ganz für mich, spreche kein außerdienstliches Wort, wohne zunächst als Garçon in einer Bude, erst im Herbst werde ich »eingestuft« und bin dann richtig drin. Der Dienst ist anstrengend, die Umstellung als Ganzes, innerlich und äußerlich, natürlich sehr einschneidend, sehr anstrengend, liege meistens abends um 9 erschöpft im Bett. Die Stadt als solche gefällt mir sehr, ich finde sie reizend, Zeitungen lese ich kaum. Geschieht es, bin ich immer nur froh, nun fort zu sein aus dem ganzen Geistes- und Kulturrummel. Auswege gibt es ja nicht mehr, wir sitzen in der Falle drin und benagen noch das Stück Speck, bis er alle ist. Ferner finde ich, daß im Mund des *öffentlichen* Menschen alles dreckig wird, ob er Auf- oder Untergang sagt. Ich stimme Ihren Ausführungen übrigens durchaus zu.
Ich vergesse Sie nicht. Haben Sie immer Dank für Ihre freundschaftliche Anteilnahme und rechnen Sie immer auf meine Kameradschaft.

Ihr
Gottfried Benn

An Frank Maraun

15. 8. 35.

Vielen Dank, lieber Herr Maraun, für Karte aus Prerow. Wie es dem Werckshagen geht? Er frug so nett an, ist überhaupt ein netter Kerl, vielleicht etwas sehr positiv geworden, man kann auch sagen: provinziell.

Wenn Sie ein interessantes Buch lesen wollen, lesen Sie, was mir Rowohlt eben schickte: *Faulkner:* »Licht im August« (amerikanisch). Negerproblem. Äußerst fesselnde, fast beruhigende Partien. Vorsichtig zu besprechen, keine unmittelbare Aufbauillusion drin!! Sagen Sie doch K., daß ich Sie aufmerksam gemacht habe.
Bald werde ich in Berlin einmal Zeit haben, Sie zu sprechen.

Herzlichen Gruß
Ihr freundschaftlich ergebener
Benn

An F. W. Oelze

Hannover, 16. .9. 1935

L. H. Oe.
was Sie über Nietzsche sagten, hat mich natürlich stark beeindruckt. Äußerst merkwürdig kam es mir vor. Erstens war es innerhalb des Gesprächs so unmotiviert u. zweitens hatte ich in den vergangenen Tagen manchmal ähnliches gedacht. Ich hatte gedacht, daß manches erloschen sei für uns; manches zu verflochten mit ihm selbst u. seinem Lebenserlebnis; manchmal ein Aufwand, den wir belächeln könnten, wenn uns überhaupt noch zum Lächeln wäre. Manchmal ein Mangel an Größe in Bezug auf Selbstaufgabe und Opfer, auch das Opfer noch betont, etwas laut und gelegentlich Spektakel. Aber erstens war er wohl zu Zeiten wirklich organisch lädiert, unter der Wucht nicht zu bändigender körperlicher Krisen, und zweitens sind die Maßstäbe, aus denen heraus man heute gelegentlich u. wie hinter einem Schirm hervor so urteilen könnte, doch allein u. immer wieder nur von Goethe her zu nehmen, seiner körperlichen u. moralischen u. produktiven Göttlichkeit her, und was war daran Glück u. man könnte fast sagen: akzidentelle Erfüllung, mit der zu prüfen u. zu fühlen u. an anderen Wesen herumzutasten Mangel an Formsinn wäre? Dort das unverkennbare, durch 80 Jahre geleitete, sich selbst

leitende Glück u. hier doch die Verdammnis, u. am Anfang stand der Mangel, aus dem so viel gemacht werden mußte, u. nie durch Metamorphose, immer durch Schäden u. Frost u. Wunden. Nein, er war groß, nichts Größeres sah dies Jahrhundert. Es war auch nicht größer als er, er umfing es, er war mit ihm identisch. Ist es der Rhein oder der Nil, ich weiß es im Moment nicht, die alte bärtige Figur, auf der alles herumwimmelt, der Liegende, an dessen Gliedern die Spielarten sich ergeben – das ist er doch für uns ausnahmslos alle. *Einen* Schritt sind wir weiter als er, nach meiner Meinung einen sehr weitreichenden in die Zukunft dieser Finallage, wir haben es ja schon öfter erwähnt: er hatte noch nicht die Geschichte und die Natur vom Geist getrennt, er glaubte noch an ihren Ausgleich, jedenfalls an ihre Beziehung, während wir das doch gar nicht mehr tun (wollen Sie bitte Ihren Einwand, der Geist sei ein »Anhängsel« des Lebens, weil er nur mit dem Leben zusammen auftrete, als völlig materialistisch nochmals durchdenken!) Aber nun sagen Sie mir eines ...: was meinte N. eigentlich mit den Versen:

»Wer das verlor, was du verlorst
Macht nirgends halt ...«

Was hatte er verloren? Was kann es sein, dessen Verlust so auf ihn wirkte? Ich habe nur die Antwort, wahrscheinlich die Erkenntnis von der Unmöglichkeit jeder Gemeinschaft. Vielleicht auch noch eine Spezialerkenntnis: die Völker brauchen ihre großen Männer gar nicht. Sie brauchen ihre kleinen Männer weit mehr. Die großen sind nur skurril. Anhängsel des Lebens! In der Tat: des *Lebens* sicher. Blasen. Der Strohhalm Tinnef und die Seife Rotz. Freischwebende Blasen, nicht mal Fruchtblasen. Idiotisch geradezu gesehn vom *Leben* aus u. von der Geschichte. Er war ja genial, er konnte sich mit Kulturzusammenhängen, in denen er wirkte, u. Morphologien, in denen er mit herumkroch, nicht begnügen, andrerseits konnte er sich von seinem Lieblingsbegriff »Leben« nicht trennen. Das war ja sein Boden. Von diesem Boden aus stieg er selber nur als Sumpfblase auf, nämlich: Geist ... So schleppte sich in ihm diese unheilbare Antinomie noch einige Jahrzehnte wei-

ter. Die blonde Bestie 1900 u. 1935, der Mann plötzlich am Ende seiner Zeiten, der den Samen bewußt zurückhält, er führt sich nicht mehr fort, das Artgefühl ist in ihm zu Ende. Das »Leben« hat sich noch einmal mit Pauken und Trompeten aufgespielt, nun wird es verstoßen. Erst der Badenweiler Marsch u. nun die Offenbarung des Johannes. Was das Letztere angeht, so sieht man ja zweifellos, das Tuch mit den unreinen Tieren senkt sich vom Himmel. Mir ist heute nach der Lektüre gewisser Zeitungsmeldungen sehr stark schon den ganzen Tag nach Apokalypse, erinnern Sie sich später meines Gedankens, daß das Leben nur ein Vorwort ist, in dem noch nicht die Hauptmotive präludieren ...
Eine Wohnung habe ich noch nicht. Gab heute Annonce auf. War Sonnabend/Sonntag in Berlin. Wie hat mich diese Stadt wieder erregt, ihre Abendstunde am Sonnabend zwischen 5 u. 6, ihr monströser Genußapparat, ihre Sicherheit, ihr Mördergesicht, ihr kaltes Zerschmettern alles Provinziellen, kläglichen, kärglichen Nur-Wollens, hier heißt es: Form werden u. vollbringen! Stadt meines Lebens, meines Schicksals, meiner schönsten Jahre! Immer werde ich Heimweh nach ihr haben.
Genug! ich kann nicht besser schreiben, ich bin zerrissen von Spannungen, Fragen, geradezu neuen *Kinder*blicken – die Hände fliegen mir.

Herzlich
Ihr B.

An Frank Maraun

Hannover 20/X 35.

Lieber Herr Maraun,
habe den heutigen friedlichen Sonntagvormittag dazu benutzt, Ihre Sendung zu studieren. Vielen Dank dafür! Der Bayrische Wald ist eine alte Interessensphäre von mir, seit ich vor Jahren eine Schilderung aus den 50er Jahren von der Besteigung des Großen Arbers las, die mich ungemein fesselte.

Außerdem bin ich ein »Hochwald«-Liebhaber, dies Buch ist mit gewissen Jugendjahren von mir aufs engste verbunden: »da lagen die weißen Gebeine, eine goldene Krone dabei«; schöne Poesie, dieser Stifter! Kükelhaus fügen Sie glänzend in die gewisse Atmosphäre, die wir kennen, ein. Ich werde mir das Buch zu verschaffen versuchen. – Nun aber »Kunststil und Lebensstil« . . . Wollen Sie sich nicht anschicken, diesem Begriff des Lebens mal etwas näher auf den Sirenenleib zu rücken? Ich bin dabei. Sie würden zu Überraschungen gelangen! Ist es an sich ein Wert, *der* Wert? Nun, wir werden gelegentlich sehn.
Wissen Sie, was eigentlich der arme Hamecher macht? Lebt er noch und wo? U. A. w. g.
Leider habe ich noch keine Wohnung, sowie ich eine habe, lade ich Sie zu Gast. Ein Fremdenzimmer wird der Mittelpunkt der Wohnung sein, um hier im Milieu der Fremdenlegion einen privaten Knotenpunkt aus den früheren Welten zu schaffen und aufrechtzuerhalten.
Dank, daß Sie den alten Soldaten mit Lektüre versahen. Gruß an Herrn Westecker!

Ihr Benn

An Frank Maraun

H. 12. 4. 36

Lieber Herr Maraun,
haben Sie vielen Dank für Ihre Karte und die Zusendung des Aufsatzes aus dem 8-Uhr-Abendblatt. Ein sehr schöner Aufsatz, für den ich so besonders danke, da es sehr selten wird, daß man über sich etwas hört und liest. (Ist auch nicht nötig; man hat sich selber gefunden und kennt sich in sich selber aus.) Ihr Ausdruck darin: »Klassizität des Expressionismus« hat einen Bekannten von mir, der es las, sehr begeistert, er findet ihn ausgezeichnet. Es würde bedeuten, daß man in jedem Stil, von jeder Generationsposition aus zur Klassik, Vollendung kommt, wenn die Anlage, das Vermögen, der Wille danach ist.

Daß Sie in der B. B. Z. nicht über das kleine Heft schrieben, ist mir sehr lieb. Es ist zu dünn dafür. Und vor allem: in der nächsten Woche erscheint bei der D. V. A. ein Band: »Ausgewählte Gedichte«, 1911–1936, aus Anlaß meines 50. Geburtstags. Dieser Band enthält alle die neuen Gedichte, neben ebensoviel alten. Im ganzen etwa 75 Gedichte, es sind etwas über 100 Seiten. Falls Sie das zum Anlaß einer kurzen Bemerkung machen könnten, wäre es sehr schön. Aber ich muß Sie gleich darauf aufmerksam machen, daß es seine Schwierigkeiten haben wird. Der Band beginnt mit einem *Prolog*, gereimte Weltanschauung à la Benn, der gänzlich im Gegensatz steht zum Reichskultursenat und zu allem, was heute als Kunst und Aufbau gilt. Er beginnt:

»Verfeinerung, Abstieg, Trauer –«

er führt dies als schöpferisches Prinzip vor. –
Wissen Sie, ich mache diese subalterne Kunstpolitik nicht mehr mit. Ich bin 50 Jahre – soll man mich erschießen. Es kommt bestimmt aus Opfertoden auch nichts heraus, aber sie sind doch wohl noch besser, als Dreck zu machen. Und es ist *Dreck*, was sich heute als Dichtung gegenseitig hochlobt und preiskrönt. Es ist bedauerlich, daß der N. S. diese Dinge in so falsche Hände legt. Die politische Führung kann sich bestimmt nicht um diese Einzelfragen kümmern, muß es Beauftragten überlassen, aber gerade diese versagen. Ja, Lange-Eichbaum! Ein gutes Reservoir! Ich bekomme immer die *polnische* Literatur-Zeitung gesandt. Ich sende sie Ihnen mal mit. Ich finde es immer ganz interessant heute, wo wir so abgeschlossen leben, einen Blick in andere Länder zu werfen.

Nehmen Sie viele Grüße und Dank!

In Freundschaft
Ihr
Benn

An Erich Pfeiffer-Belli

Hannover
Arnswaldstr.

30. 4. 36.

Sehr verehrter Herr Pfeiffer-Belli!
Seit über einem Jahr bin ich bei der Armee, von der ich ausging, Sanitätsoffizier bei der Wehrersatz-Inspektion Hannover, verließ Berlin, um aus allen politischen u. kulturellen Bindungen herauszukommen, in die ich geraten war. Trage Uniform, Rang eines Stabsoffiziers, seit einem Jahr habe ich kein Wort außerdienstlich gesprochen. Komplette Doppelexistenz. Ich sitze heute abend im Café Kröpcke, am Nebentisch liest ein Herr das B. T., ich sehe: »Der Fünfzigjährige«, greife nach der Zeitung u. lese was Sie schreiben. Eine Erschütterung ohnegleichen. Das andere, das abgedeckte Leben bricht plötzlich wieder herein, alle seine Dämonen, Kämpfe, Qualen, Widernatürlichkeiten, seine Neurosen, Beengungen, sein tierisches Müssen in die einzigen Ausgänge: die Worte. Wenn es bei Flaubert vielleicht begann, es ist lange nicht zu Ende: der Geist oder das Leben, es ist unversöhnbar beides, was Nietzsche noch nicht sah. Es *verwirklicht* sich nicht eines im andern, das ist politisches Geschwätz; »das Leben« ist überhaupt keine Wirklichkeit, es ist nur eine Wiederholung von Absurditäten, ein ewiges Rezidiv von Vorstufen, heute aufgezogen als »Geschichte«. A bas – die Geschichte! Jenseits der »Geschichte« beginnt die Wirklichkeit, *die anthropologische Wirklichkeit der geistigen Formen.* Verraten wir die nie – wenigstens nie auf die Dauer u. in unsrem Herzen! Dies dachte ich bei Kröpcke. Dank Ihnen! Helligkeit über diesem Abend, Glückes genug für viele Dunkelheiten!

Bitte grüßen Sie Herrn Scheffer, Ihren Chefredakteur.

Dank u. Gruß Ihnen, Herr Pfeiffer-Belli!

Ihr ergebener Gottfried Benn

An Frank Maraun

[Hannover] 11/5. 36

Lieber Herr Maraun,
ich habe Ihnen viel zu danken. Für Ihr Telegramm, Ihre Wünsche und Ihren Aufsatz. Dieser wird mir vielleicht die Existenz retten. Sie haben wohl die letzte Nummer vom »Schwarzen Korps« gelesen, wohl auch die schwererwiegende Übernahme des Angriffs vom V. B. vom 8. 5. Das bedeutet natürlich für einen Offizier den Abschied, wenn er sich nicht rehabilitieren kann. Wer soll mich in dem Fall rehabilitieren? Wer Offizieren klarmachen und beweisen, daß meine Gedichte keine Ferkeleien sind sondern wertvoll? Ist schon je jemandem solche Aufgabe gestellt worden? Nun, ich bin dabei, sie zu lösen, um meine Existenz, die ich mir mühsam aufgebaut habe, zu behalten.
Was bedeutet dieser Angriff eigentlich in seiner brutalen, eigentlich unerklärlichen Schwere? Er bedeutet doch nur, hier ist *Kunst* und wenn das Kunst ist und die deutsche Öffentlichkeit das als Kunst ansehen darf, dann ist das keine, die wir propagieren, angeblich »züchten«, die nordische, sieghafte, die aber erst kommen soll. Es ist wohl ein Stoß von Rosenbergs Seite her, ähnlich der Bekämpfung von Barlach, Hindemith u. s. w.
In meiner Abwehr habe ich Ihren Aufsatz vielen Dienststellen vorgelegt, er ist zur Zeit im Kriegsministerium Gegenstand großer Aufmerksamkeit. Ich muß sagen: die Militärs benehmen sich *fabelhaft*. Sie können natürlich mir nicht folgen, nicht alles »verstehen«, aber sie haben Respekt vor Haltung, Leistung, Ernst und tiefen Abscheu vor gemeinen, hundsföttischen Angriffen. Was daraus wird, ist noch nicht zu übersehen. Gutes kann nicht viel herauskommen. Entweder legt mich die SS um oder ich muß doch hier gehen. Eine tolle Lage! Wo halten wir eigentlich? Furtwängler dirigiert nicht mehr. Hindemith ist in Amerika. Poelzig geht nach Ankara. Ein Buch über Barlach wurde verboten. Ich bin ein öffentliches Ferkel. Eine Corinth-Ausstellung in Basel erregt wegen ihres großen Erfolges den Haß, den unauslöschlichen Haß

dieser Kreise, weil Corinth zu »jener« Gruppe der Kunst gehört. Man kann natürlich auch einfach sagen: weil es Kunst ist. Den einen bekämpft man, weil er ostisch ist, den anderen, weil er mediterran ist, den dritten, weil er humanistisch ist, den vierten, weil er christlich ist – alles bekämpfen sie, bloß selber leisten, das können sie nicht. Ausmerzen, abtöten, niederhalten, diese Seite der Züchtung beherrschen sie, aber die andere: die Schöpfungskraft ahnend führen und erweitern, schweigend sie leiten, im Dunkel sie gebären lassen, das ist nicht sieghaft genug, unnordisch, davon ahnen sie nichts. Preis für Dilettanten, durchgehend *nur* für Dilettanten, Förderung von Epigonen, Phrasen für Unvermögen, Verschleierungen von Impotenzen, wenn es sich nur um *ihre* Leute handelt, das ist ihre Stärke. Wo aber Kunst auftritt, da werden sie moralisch, plötzlich verantwortungsbewußt und patriotisch, nämlich s. o.
Ich dachte neulich, was geschähe, wenn heute die Penthesilea erschiene. Eine Frau, die einen Mann liebt, Achill, ihn tötet und mit den Zähnen zerreißt! Zerfleischt! Sind wir denn Hunde, nein wir sind Germanen! Perverser Adliger wagt seine vertierte Brunst Germanenfrauen vorzusetzen! Degenerierte Offiziers- und Junkerkaste besudelt mit schmutzigsten Orgasmen keusches deutsches Heldenweib! U. s. w. Kurz: Kleist lebte nicht lange. Ich schreibe Ihnen das alles nicht aus persönlichem Ressentiment über das blöde Schw.[arze] K.[orps], nein ich schreibe es aus Trauer. Sicher wird man Deutschland geistig nicht ruinieren können, aber man schlägt ihm doch tiefe Wunden. Man beraubt es sehr. Aus Theorie, was auch wieder sehr deutsch ist, aus der nordischen Theorie. Für die es keine Unterlagen gibt, sondern nur Hoffnungen und zwar solche, die ich für fehlgeleitet halte. Ich bin gerne bereit, mich belehren zu lassen, aber ich sehe keine Ansätze für diese Belehrung. Ich sehe, daß alles, was noch da ist, *das Alte* ist. Was Goethe nährte, Schiller glühte, Herder und Humboldt fand und weitete, Nietzsche auf letzte Formeln brachte und sie dem neuen Jahrhundert übergab. Diese deutsche Erziehung trägt noch alles. Diese deutsche Tiefe ermöglicht es überhaupt, daß die jetzige Flachheit und Frechheit nicht längst zur Katastrophe wurde. Dieser geniale Strom ge-

mischten Europas, Zwischenstromland, ungelöstes Spannungserbe, unheimlichen Reichtums an Talent und Traum umzieht noch Tag und Nacht diese Rudimente und Alraune, die sich eine neue Art und Anfang dünken. Sie, lieben Herr Maraun, sind viel jünger als ich und werden mehr davon erleben. Vielleicht werden Sie erleben, daß ich mich irrte. Ich sehe es nur *so.* »Kriton, mein lieber Freund, dies, glaube mir, ist es, und etwas anderes vermag ich nicht zu vernehmen.« Also ich schließe mit Platon.

Dankbar: Ihr
Benn

An Carl Werckshagen

[Hannover]17. 5. 36

Liebster Charlie,
hier sende ich Ihnen das neue Buch, das so furchtbare Folgen für mich hatte, Sie haben gewiß die schweren Angriffe im »Schwarzen Korps«, leider übernommen vom V. B. gelesen. Meine Stellung hier ist sehr in Frage gestellt, aber es scheint gut abzulaufen, da zu *krass* das Gemeine, Ehrabschneidende des Angriffs hervortritt, die persönliche Rache zu sehr ins Auge fällt.
Ich danke Ihnen für Gruß u Aufsatz! Hat mir alles sehr genützt als »Gegenbeweis«. Ist bis zu höchsten Stellen gedrungen. Dank Ihnen sehr, sehr! Und bitte *Schweigen* über den Vorgang. Kommt er weiter irgendwo zur Sprache, muß ich die Armee verlassen.
Wie ist Hildes Adresse? Bitte teilen Sie sie mir mit. Ich will fragen, ob ich meine – 20jähr – Tochter für 1–2 Monate zu ihr in Pension geben kann. Ich schrieb an Traute, aber sie antwortete mir leider nicht.
Ihnen Dank u immer Freundschaft! Ihr Benn
Bald mehr!

An Frank Maraun

7 6 36 H.

Lieber Herr Maraun,
die Sache mit dem »Schw.[arzen] K.[orps]« ist 100 % gut für mich verlaufen. Großartiges Eintreten von Johst für mich mit allen seinen Rängen, Titeln und Ämtern. Von Goebbels eingefordertes Gutachten der R.[eichs] Sch.[rifttums] K.[ammer] völlig auf meine Seite getreten. Das R.[eichs] K.[riegs] M.[inisterium]: Pöbeleien so niedrigen Charakters und von so offensichtlich ehrabschneiderischer Art können die Ehre eines Offiziers nicht beleidigen! Es hat sich ja dann auch der Verfasser herausgestellt, jedenfalls wird er an allen beteiligten Stellen einschl. Pro.[paganda] Mi.[nisterium] dafür gehalten: Y. den ich zusammen mit Johst und Schlösser 1934 wegen falscher Rechnungslegung aus dem Vorstand jener »Union n.[ationaler] Schr.[iftsteller]« entfernte.
Es bleibt mir nur übrig, Ihnen lieber Herr Maraun, herzlich und aufrichtig zu danken für Ihren gütigen Einsatz für mich. Der Artikel im 8-Uhr-Abendblatt war wohl das Schönste, was ich je gelesen habe. Er hat vielen ganz hervorragend gefallen, bis nach Paris. Ich wollte, ich könnte es Ihnen einmal vergelten.

Dank und Gruß
Ihr
Benn

An F. W. Oelze

Hannover, 2. 7. 1936

Lieber Herr Oelze,
endlich mal wieder einen Oelzebrief an den Rönnetyp! Sehr nett von Ihnen ... Vielen Dank auch noch für Ihren Besuch am Sonntagabend vor einer Woche. Ich war mit meiner Tochter gerade einen kurzen Spaziergang fort, sehr schade, daß wir

uns nicht sahn. Jetzt bin ich wieder allein, meine Tochter, namens Nele, ist in Berlin, lernt in Verlägen und Redaktionen, geht dann nach Paris und hat den Antrag gestellt, Dänin zu werden. Was ich begrüße. Ich kann je länger je weniger finden, daß wir das auserwählte Volk sind und es das schlechthinnige Glück sei, ihm anzugehören.
Dank für den Wiechert. Ganz nett einiges. Das Ganze als Haltung so richtig treudeutsch biedermännisch und innig. Die Sorge um Volk und seine Jugend! Mein Gott! Wer noch daran denkt! Dies crapule, ob jung oder alt, einen Dreck geht es mich an! Im Grunde haben sie ja alle nichts Böses weiter erlebt, als daß mal ein Buch nicht den rechten Erfolg hatte und ein anderer mehr Auflagen. Im Grunde sind ja das die Literaten. Rührend auch die Furcht vor dem »Anarchischen«. Es soll doch im Grunde alles wie im Dorf zugehn. Harmlose Insekten! da aber dies noch immerhin die beste Form des geistigen Deutschen ist – –, nun erlassen Sie mir das Weitere.
Ihr Haus ist schön. Ist es Klematis oder Glycinien, was an der Hausmauer rankt? Als drittes käme Wein in Frage, aber ich glaube: Klematis, das schönste Blau der Erde.

. . . .

Ich nehme den August Urlaub, wollte in Berlin arbeiten, aber kein Unterkommen zu kriegen infolge dieses von Ihnen so richtig geschilderten Hellenen-Klamauks. Der Oberbürgermeister von Marathon und der Landrat von Salamis werden ja persönlich die Schulterpartien der Diskuswerfer mit Niveasportöl massieren (die Flasche O,75 M).
Geschrieben im Büro, wo ich auf diese Weise Mars die Zeit stehle und Vulkans Waffen mit der Rheinmetallschreibmaschine vertausche. Manchen Tag bin ich *zoddelig* wie ein Faun vor Zynismus und Ironie gegen diese angehäufte Ordnungswelt, Adrettheit, Korrektismus, sie erscheint mir locker und abblasereif wie der Schaumkopf einer Butterblume.
Zur Stadthalle finde ich in diesem Sommer keine Beziehung, *sie* hat sich nicht verändert, wer oder was hat sich verändert, ist weitergegangen, abgefallen, leider ohne eine neue zu finden.

Tausend Grüße! Immer Ihr Benn.

»Befehlen Herr Oberst« – »bitte Herrn General vortragen zu dürfen« – »mit der Meldung, daß ...« – »gemäß Verfügung« – »beziehungsweise«: um diese Ausdrücke hängt ein Kosmos, sie tragen wahrhaft, wehrhaft eine Welt!

An Ewald Wasmuth

Hannover,
Arnswaldstr. 3
18 X. 36.

Lieber und sehr verehrter Herr Wasmuth,
im vollen Gefühl meiner schlechten Aufführung u. meines Versäumnisses wage ich es doch, heute noch an Sie zu schreiben. Ich hätte es vor Monaten tun sollen, als Ihr großartiges Geschenk mich überraschte u. beglückte. Aber mit dem Tage meines 50. Geburtstages begann eine Welle von Angriffen gegen mich, öffentlichen in den extremen Parteiorganen, nichtöffentlichen in der Gestalt von Schriftverkehr mit meinem Verlag von seiten hoher u. höchster Parteiinstanzen, die mich innerlich sehr mitnahm u. äußerlich mit enormen Schreibereien, Eingaben, Erwiderungen in Anspruch nahm, so daß ich meine eigenen wichtigen Dinge sowohl aus Apathie wie aus Erregung liegenließ. Seit langem drückt u. bedrängt mich die Unterlassung Ihnen gegenüber sehr. Am meisten von allen. Weil Sie nämlich in Ihrem Brief etwas schrieben, was so sehr stimmt: daß unsere Beziehungen immer ansetzten u. dann verliefen u. immer vieles offenließen. Bitte nehmen Sie nun noch heute die Erklärung meines Bedauerns u. vor allem meines Dankes für das wundervolle Buch entgegen. Das Buch belehrt einen, falls man es gelegentlich vergessen sollte, darüber, wie lange unsere Probleme im Grunde schon da sind u. daß sie der Inhalt aller bedeutenden und ringenden Geister sind. Daß sie alle im 19. Jahrhundert nur bis zu der Grenze kommen, wo unser Ansatz eigentlich erst beginnt, nämlich da, wo der Glaube an Harmonie u. Identität von Natur u. Geist abbricht u. die neue Fragestellung nach der antinaturalistischen Aufgabe des Geistes beginnt, geht aus Ihrem klaren

u. instruktiven Nachwort besonders deutlich hervor. *Das Zeitalter nach Goethe* –, das sind wir u. das ist noch nicht ausgeschrieben.
Ich persönlich schweige gänzlich. Selbst mein Verlag mag z Z in seinen eigenen Zeitschriften meinen Namen nicht bringen. Dieser Gedichtband, der zu meinem 50. Geb. erschien, ist die Veranlassung. »Ferkel«, »widernatürliches Schwein«, »warmer Bruder«, »Judenjunge«, »dreckige Schmierereien« – dies alles öffentlich gegen mich vorgebracht. Die Sache ist – bei meiner augenblicklichen Position – bis zum R.[eichs] K.[riegs] M.[inisterium] gegangen, wo ich allerdings glänzend rehabilitiert wurde. Aber 4–5 Gedichte müssen entfernt werden, dann dürfen meine Bücher »stillschweigend u. ohne Propaganda« weiter vertrieben werden. Ich habe mich noch nicht entschlossen, einzuwilligen.
Ich schließe mit der Bitte, die ich wiederhole, mir in Anbetracht der besonderen Umstände möglichst zu verzeihn. Bitte grüßen Sie Ihre verehrte Gattin von mir.
Nehmen Sie Dank u. herzlichen Gruß

von Ihrem ergebenen

Benn

An F. W. Oelze

Hannover, 5. 3. 1937

Lieber Herr Oelze!
... schrieb ich Ihnen, daß ich aus Japan, Tokio, eine japanische Zeitschrift bekam mit Bild- und Buchbesprechung über G. B.? Dort bin ich Vertreter des N. S. Germany und stehe hinter dem Führer und Darré, deren Bücher auch besprochen werden. Können Sie Japanisch? Ich traue es Ihnen zu! –
Ich las Krieg und Frieden. Hat mich sehr interessiert. Ein großer Bolschewist dieser Tolstoi! Ich komme endlich dahinter, daß alle großen Geister der weißen Rasse seit 500 Jahren die eigentliche innere Aufgabe darin erblickten, ihren Nihilismus zu bekämpfen und zu verschleiern. Dürer, Goethe, Beet-

hoven, Balzac, alle! Was für ein positiver Jüngling ist eigentlich dieser Nietzsche darunter! Wie treudeutsch noch dieser Zarathustra und alle diese Züchtungsphantasmagorien! Doch evangelisches Pfarrhaus! *Das* war sein Zusammenbruch, daß er endlich nicht mehr konnte und sah, was los war. Endlich brach es durch, der weiße Nihilismus! »Du hättest singen sollen meine Seele.« Nun war es zu spät; er hatte zu lange gezüchtet und gewettert und in S. A.-Vorahnungen sich ergangen. Er hatte sich noch nicht sauber getrennt vom Sieg und von der Macht und von den Stuhlbeinheroen der Saalschlachtkämpfer; der lebenslange große Verrat des neueren Menschen: das war es, was zu Turin und Jena führte. Er wollte nicht »sterben mit Schmach« (Hölderlin) – nun tat er es. Sela. Herzlichsten Gruß!
Immer Ihr B.

An Max Bense

H. 21. III 37.

Sehr verehrter Herr Bense,
Sie haben mir den Antiklages gesandt – Dank für diese in Thema und Ausführung sehr interessante Arbeit! Es ist das Problem der Zeit. Ich sehe es in einigen Punkten noch anders wie Sie, aber in vielen stimme ich mit Ihnen überein. Ich trenne mich in dem Punkt: daß ich weder Leben noch Leib bekämpfe, noch beiden eine dem Geist *unter*geordnete Stellung gebe. Das ist eine zu moralische Skala. Dann hätte ich auch den Untertitel »von der Würde des Menschen« fortgelassen. Unwürdig sind beide *nicht*. Auch der Geist ist wohl nicht das Letzte. Auch er wird wohl einmal überwunden werden müssen. Auch das Leben ist eine riesige Sache, ein großer Griff, ein Wunder u es enthält mehr als nur »die Berauschung der Tiere«. Man wird es *neben* einander sehn müssen: das Anorganische u das Leben u der Geist: drei Gestalten, drei Würfe, drei Gewichtsstemmer auf dem Oktoberfest des fernen Bajuwaren, der die ganze Wiese beherrscht; mal schlägt der höher

u. mal der, alles dreie riesige muskelbepackte Giganten. Eigentlich ist die Beziehungsregelung zwischen Leben u. Geist ein Ausläufer des Mittelalters, wo es Fleisch und Pneuma hieß – Pascal –, oder Ritter u. Mönch, oder Harnisch u. Kutte. Wahrscheinlich kommt es doch immer nur auf die *Tiefe* an, in der sich etwas bewegt, nicht darauf, was es ist. Das sagen Sie ja S. 21 auch.

Ich hörte vor 4–5 Jahren einen Vortrag von Kl. in Berlin. Ich ging hin, um mir meine Meinung über ihn *bestätigen* zu lassen. Meine Meinung über ihn war nicht gut, in erster Linie wegen »Kosmog. Eros« Z. B. S. 98. »in fliederduftender Sommernacht...« Was für eine Dile [unleserlich]! Als ich den Vortrag verließ, prägte ich das Bonmot, das jetzt anonym als geflügeltes Wort über ihn in Berlin kursiert: *»außen Mephisto, innen Frida Schanz«*. Das sollte heißen: furchtbares Brimborium u. Getue um Gedanken, die ein anständiger Kopf in einen Relativsatz bringt.

Mein Urteil über ihn: sein Durchschnittsniveau recht beachtlich, fast hoch. Wo er von da aufsteigen möchte ins Schöpferische: lächerlich. Das Ganze reine Philologie. Ihn mit Nietzsche zu vergleichen, ihn als Synthese aus Nietzsche u. Bachofen hinzustellen, wie es Prinzhorn tat, fatal.

Vielen Dank für die anregenden Stunden, die ich mit Ihrem Buch verbrachte!

Sie haben, Herr Bense, ein *sehr großes* Wort früher einmal geprägt: Degeneration ist Entfernung vom Geist. Gedenken Sie dessen. Keine Verlockungen zum Journalismus! Wollen Sie nicht bekannt werden! Fehlschläge über Sie, Sie haben die Besitztümer, aus ihnen was zu machen.

Alles Gute!

Ihr ergebener

Benn

An F. W. Oelze

15. 11. 37

Lieber Herr Oelze!
Haben Sie vielen Dank für Ihre mannigfachen Sendungen. Ich beginne mit der letzten Seite: Huxley. Der Zusatz des Übersetzers am Schluß ist das Treffendste. Fürwahr, wenn Saul es war, der auszog, um eine Herde zu suchen und ein Königreich fand, so zog Herr H. mit Unterhaltungsromanen aus, um mit den Plattheiten seines durch hohe Auflagen erworbenen Wohlstands heimzukehren. Ich dachte bisher, es sei vor allem ein bestimmtes Volk, in dem man in erster Linie gemütlich sein muß, um aufgenommen zu werden, da der Geist ihm fremd ist und keine Stätte bei ihm findet. Aber ganz offenbar haben alle nordischen Völker von diesem Zug. Denn die Einheit segnen und der Trennung fluchen ist ebenso uneinsichtsvoll wie die Kunst rufen und die Entartung kompromittieren. Schön und beruhigend in unserem Sinne ist nur festzustellen, wie ihnen allen die Zunge nach Synthese heraushängt. Sie fühlen trotz gewisser Dickhäutigkeiten, daß es eine allgemeine Synthese für Zeit und Rasse nicht mehr gibt (nur noch in gewissen Einzelfällen persönliche Vollendung. Diese aber wirkt nicht repräsentativ, sondern abwegig, burlesk). Man könnte übrigens auch finden, sie haben ihre Synthesen und Totalitäten in rauhen Mengen: Zigarrenkisten und Plumpudding und abgeschlossene Filmtragödien. Was aber noch? Oder aber ist der Mensch wirklich ein metaphysisches Wesen?
In Parenthese: Ich dachte kürzlich, wieviel vernichtende Plattheit auch von den Griechen auf uns gekommen ist, wieviel Menschheitsbedrohungen auch von ihnen ausgingen, z. B. das zoon politikon, das der Mensch angeblich ist! Ein Orientale hätte das nie aussprechen können. Das war schon spät europäisch, degenerativ weißrassig. Ferner Plato! Von ihm stammt doch der Totalitätsanspruch des Staates. Auf ihn kann man auch jede Kulturvernichtung und jeden Militarismus beziehen. Nietzsches »geheimnisvolle Hieroglyphe zwischen dem Staat und dem Genius« ist gar nicht mehr geheim-

nisvoll, sondern eine offenbare Vernichtung des Genius im Dienste der Geschichte. Parenthese zu. Höchstens könnte man noch hinzufügen, wahrscheinlich waren die Hellenen doch ein geniales ... (unleserlich).
Und nun Nietzsche et les juifs! Sehr interessant Ihre Zusendung, haben Sie vielen Dank. Man darf wohl kommen sehen, daß er bald, gemessen an Streicherschen Wertfächern, unter Null steht und fürder nicht länger über Bäumler und Blunck stehen darf. Ich persönlich glaube nicht, daß er die Juden sehr liebte, man muß zu allen seinen Äußerungen positiver Art über die Juden bei jedem Urteil hinzudenken: »gemessen an den Deutschen«, »gemessen am Hornvieh«, gemessen an den ... Aber das gab es zu seiner Zeit noch gar nicht. Oder gab es das doch schon und immer? Taucht so was plötzlich auf? Wird es nicht plötzlich bloß besonders sichtbar? Waren nicht der Trompeter von Säckingen und Julius Wolf (Lyrik: Auflage 300000) und die Monisten und die Flottenvereinler alle schon dasselbe?
Haben Sie Dank für diese neuen Anregungen. Viele herzliche Grüße. Mein Dienst nimmt mich greulich in Anspruch. Das Konzert neulich von Else C. Kraus hier war sehr schön. Immer Ihr

G. B.

An F. W. Oelze

Berlin, 11. 12. 1938

Lieber Herr Oelze!
Dank für die Sendung! Über Céline, den ich beobachtete an der Stelle, die Sie mitschickten, habe ich mir schon Gedanken gemacht. Aber mich wundert es nicht, seit ich sein letztes Buch las, das zweite, mit den zwei Aufsätzen. Er ist ein primärer Spucker und Kotzer. Er hat ein interessantes elementares Bedürfnis, auf jeder Seite, die er verfaßt, mindestens einmal je Sch ..., P ..., H ..., K ... zu sagen. Worüber ist nebensächlich. Im zweiten Buch tut er es gegen die Sowjets und gegen

die medizinischen Fakultäten. Jetzt also gegen die Juden. Es ist seine Ausdrucksart, seine Methode. Im nächsten Band wird es die Küstenschiffahrt oder die Behandlung der Gärtnerlehrlinge sein. Primärer Kotzer. Gar nicht anders zu erklären. Trotzdem enthält sein großer Roman Stellen großer wunderbarer Konzentration und Durchleuchtung. Der Schluß war ja schwach und deutete von vornherein auf Persönlichkeitsschwäche. Er fand kein Ende und fand auch nicht mehr weiter und schnatterte drauflos. Es bestand die Möglichkeit, seinen Glanz und seine Tiefe zur Entwicklung gelangen zu lassen – oder die Mangelhaftigkeit. Dies letzte geschah. Trotzdem verdanke ich dem ersten Buch sehr starke Eindrücke und werde es nicht vergessen. (An so etwas sieht man, wie groß und gesegnet die wenigen waren, die ihr Leben lang durchhielten, durchhalten mußten, durchhalten konnten: Tolstoi oder Dostojewski oder Flaubert, das Niveau zu halten – *kämpfen* mußten sie sicher alle.)
Die Stellen aus »Jenseits von Gut und Böse« waren mir bekannt, ich las sie nun nochmals: zu Nr. 241: es war wohl keine reine Prophetie, Nietzsche *sah* jemanden: Bismarck. Und das ist für uns interessant, hier ist der erste Begriff – noch nicht formuliert – gegen die »geschichtliche Welt«, wie wir es ja heute nennen, Sie und ich. Es sind sich alle Bismarcks gleich, nach einem Menschenalter sehn sie gut und harmlos aus, gottesfürchtig und sogar belanglos. Die Trennung zwischen der geschichtlichen und der konstruktiven Welt liegt in Nr. 241 noch nicht vor, dort ist immer noch Einheitswelt und goldiges Zeitalter, nur etwas schief gewickelt. Dann kam Evola mit der modernen und der Traditionswelt. Sie wissen, wie ich ihn verehre. Aber daß die gute alte *Traditions*welt mit ihren imperialen Symbolen derselbe gute alte Dreck der *Geschichts*welt war, ist wohl allmählich Hausgut. Der Trennungsstrich liegt woanders. Er verläuft zwischen Asien und Europa, zwischen Gandhi und Himmler, aber auch zwischen Laotse und Goethe, nämlich zwischen schweigen und handeln. Also ist die Trennungslinie für einen Europäer überhaupt nicht zu sehn, ihm fehlt die Optik.
Auch Reineke, VIII las ich, Sie sehen, wie Sie mich befruchten! Im gemütlichen Ton soviel Ironie und Weltweisheit und

Teufelei. Dieser behäbige, zum Ruhigen strebende Mann, der überall das Ewige sieht und es behauptet, weil er so stetig lebt und zu Ansatz und Fülle neigt, die die Wechselfälle auffängt und Abmagerungen und Verwandlungen immer wieder sammelt. Welche monumentale Projektion der eigenen Lebensanlage ins All, welche Rückschlüsse aus der eigenen Notwendigkeit in die Natur und das Allgemeine. Was anderes war es nämlich nicht wie Rückschluß und Analogie, geschichtlich verlief das saeculum anders als der Alte es wollte. Hegel ist ähnlich, übrigens *kein* kleiner Mann! Das Tübinger Stift ist in allen seinen Entwürfen; auch hier die gottgewollte Form, die ihn entzückte, weil sie überall sehr beruhigend wirkt. Er ist schon der Begründer der bürgerlichen Aera; wenn Sie mich aber wählen lassen zwischen Hegel und Schopenhauer, wähle ich zaudernslos Hegel. Der Trieb zur Perfektibilität ist ein großes Rätsel und Problem. Es ist nicht lächerlich, scheint mir. Es ist die Vorstufe der Formulierung von der aufspaltenden Verfeinerung des Lebens durch den Geist, seine Vernichtung.
Addio! Warum waren Sie schon wieder krank? Krank sind wir doch täglich und stündlich; es gibt doch keinen Augenblick, der ohne schauerliche körperliche Qual und ohne die grauenvolle körperliche Problematik wäre, die unsre Existenz bedeutet. Was aber fehlte Ihnen noch *dazu?*

Herzlich
Ihr Be.

An F. W. Oelze

Berlin, 13. 8. 39.

Lieber Herr Oelze,
ich lese noch einmal Ihren letzten Brief, an dem mich sehr interessierte, was Sie über Fontane und die vergangene Literatur sagten. Sie haben in allem sehr recht und Sie drücken es sehr klar aus. Und dann lese ich Ihre Zeilen weiter und dann sinken die Schatten. Und in ihrem Dunkel sehe ich noch ein-

mal die Gestalten meiner Generation, die Figuren, mit denen ich großwurde, die Gesichter mit den gleichen Zügen; auch *höre* ich sie, sie sagen: »zurückblicken und allein sein; alles noch einmal überdenken und dann mit seltsamen Erkenntnissen von dannen gehen. Keine Rechtfertigung vor irgendwas und vor irgendwem; keine Bestätigung, allerdings auch keine Unruhe mehr. Das also war es –? Gut, daß man es nicht wußte! Heute kann man es vielleicht ertragen, früher konnte man es vielleicht noch nicht.«
Das hohe Bewußtsein! Aber wächst man aus den Lagen und Zuständen heraus oder entfernen sich diese von einem? Mir erscheint es manchmal jetzt, daß das Bewußtsein selbst sich herabbildet und in einen Zustand gerät, an dem man ein wesentliches Interesse nicht mehr hat. Es war ja auch, zurückblickend, wohl nur dort bedeutungsvoll, wo es sich unterhöhlte, oder übersteigerte, Bruchhöhlen vortrieb, krankhafte Spezialisierungen aus seiner Norm hervorbrachte: bei Sophokles die Tragödie, bei Nietzsche den Intellektualismus, heute wirkt es wie ein kosmetischer Vorgang oder nur noch an seinen kriminellen Stellen nicht gänzlich uninteressant. Seine geistigen Prozesse erscheinen völlig erschöpft. Überall, wo es sich noch aufspielt, sieht man sofort die Schminke, das Hervorgeholte, die enge Absicht, etwas Kleines. Offenbar ist es im Abgleiten, in einer Umwandlung, vielleicht im Verschwinden.
Die Fuge des Quartär! Bewußtsein! Sagen wir lieber: ein Bewußtsein. Ein Bewußtsein, sommers, in einer Stadt, Bremen oder Berlin oder Kiel, fünfzigjährig, ohne Resultate, realisiert die Geranienkästen auf einer Caféterrasse, und vergegenwärtigt sich seine nächsten Schritte. Schallplattenklänge, Musik darüber, anfallsweise und verwehend. Niedersinkend das Ganze, halb in einer Richtung, halb auch regungslos. Es sind Klänge entlang an Stränden, erblickten Sommerflächen, an Blumen einst. Niewiederkehr! Abfinden sich damit, mit diesem Abschluß ganz in sich allein, mit diesem einsamen späten Traum. Das ist das individuelle Bewußtsein, darüber ist es nicht herausgekommen.
Nun wird es versinken. Mit ihm die *innere* Welt, die immer unklar war, nie erkennbar in ihrem Ursprung, vermutlich ur-

sachenlos, unentschieden in der Wertverteilung, hinterhältig in der Erkenntnis: »tadellose« Gesetze in der Physik, aber was sie bedeuteten, wußte keiner, denn je allgemeiner etwas wurde, umso leerer auch. Dazu die *äußere*, sprechen wir nicht von ihr, beispielsweise unser Nachbar vom Nebentisch, *»das Wesentliche«* mit scharfem Blick erfassend, der geborene Betriebsführer, unentfernt von Nahrungssuche und vom eigenen körperlichen Umriß, in einer Woche wird er in den Krieg ziehn –: und er hat recht.

Zwischen Schizophrenie und Veränderungen am Boden des vierten Ventrikels, die Maske und Erstarrung bedeutet, lebte etwas dahin, ein Zwischenreich, hielt sich, marterte sich und nun geht es zu Ende. Was als stärkster Eindruck von dem, was scheidet, bleibt, ist der Eindruck des Mühsamen, Erzwungenen und gänzlich Unfreien. Konstellationen unterworfen, die nie hervortraten, erfolglos, ungesichert, alles nur Versuch. Versuch mit dieser schon versuchten Schöpfung, innerhalb dieser angeblich zur Ausdehnung strebenden Partikelwelt mit Hilfe der imaginären Phantome von Raum und Zeit etwas aufzustellen, in die Wege zu leiten, aneinanderzufesseln und zu drehn. Als Figuren dieses Balletts sitzen wir also da, fünfzigjährig, resultatlos, und realisieren Geranienkästen und »heben« eine Caféterrasse »ins Bewußtsein«. Schallplattenklänge, Musik darüber anfallsweise und verwehend, es sind Klänge entlang an Stränden, erblickten Sommerflächen, an Blumen einst. Das ist der Herbst, aber er bricht uns nicht das Herz, uns brach das Bewußtsein – und das ist mehr.

Also weiter die Maske tragen, nie sie abnehmen, unsere Haltung, halb Rücksicht und halb Erkenntnis, verlangt, daß wir sie tragen, bis sie von selber fällt.

Langer Brief! Noch viel zu viel Worte! Was für Wesen noch um dies alles! Wie vergangen das Ganze! Musik bleibt wohl länger wie Worte, nur Musik!

Herzlich:

Ihr

Benn

An F. W. Oelze

3. XI. 40.

Lieber Herr Oelze,
Dank für Ihren Brief. Hoffentlich haben Sie sich wieder eingelebt. Ihre Idee, Arzt zu werden, muß ich sofort beantworten. Unterschätzen Sie nicht, 1) daß Sie 8–10 Jahre rechnen müssen, bevor Sie als Arzt allein auf sich gestellt, arbeiten können 2) daß Sie zu sensitiv u. nervenbelastet sind, um eine Feld- Wald- u Wiesenpraxis zu vollführen 3) daß eine Arzterei überhaupt etwas Volkstümliches u. Ordinäres an sich hat, also Ihrem Stil nicht entspricht 4) daß wahrscheinlicherweise der *freie* Arztberuf bis dahin verschwunden ist u. Sie sich gefallen lassen müßten, einfach in ein Not- u. Mangelgebiet (Ostpreußen, Galizien) verschickt zu werden. Vielleicht hätte es Sinn, wenn Sie von vornherein auf ein bestimmtes Spezialziel losgingen: Facharzt für Augen, oder Ohren oder Haut – Spezialitäten, die bequem sind, in der Sprechstunde erledigt werden können u von denen die beiden ersteren auch recht einträglich sind. Nicht zu trennen von dieser Frage ist die des Kriegsendes u. seiner Art. Zu diesem Thema: mich besuchte in diesen Tagen ein Däne aus der von meiner Tochter angeheirateten Verwandtschaft aus Kopenhagen. Die Dänen haben auch eine gleichgeschaltete Presse, aber ihnen ist das Radiohören nicht verboten. Dieser junge Mann aus der technischen Ingenieurindustrie hat außerdem viele Beziehungen zu U. S. A. u. unterhält sie auch heute noch. Nun, also: der Krieg dauert doch wohl noch 2–3–4 Jahre. Die Aufrüstung in U. S. A. soll unvorstellbar sein. Wogegen sie sich richtet, ist *keineswegs* Japan, dessen Kriegspotential heute auf 10 % dessen von vor dem Chinakrieg geschätzt wird, gegen das also ein Krieg von seiten U. S. A. garnicht mehr nötig ist. Sie richtet sich gegen Mitteleuropa. Die Herstellung von Flugzeugen, speziell Bombern, soll märchenhaft sein. Die Folgen lassen sich ermessen. Also dies ist zum mindesten eine Möglichkeit, die man in seine Gedanken einbeziehen muß, wenn man von der Zukunft spricht. Übrigens sprach dieser junge Mann jemanden, der vor 4 Wochen aus London

gekommen war: dieser sagte, er wäre damals stundenlang durch London gegangen, *ohne* wesentliche Zerstörungen zu bemerken. Vor 4 Wochen! Alles dies wird man natürlich nicht 100 %ig nehmen können, aber eine Ergänzung unserer Darstellung ist es doch wohl. – –Der Herbst ist da und Allerseelen; diese mittelalterlichen Worte, bei denen ich immer an Beginenhöfe und an sehr geschlossene und abgeschlossene Stadtbilder denke à la Brügge (»von dem das Meer zurückgetreten ist, wie ein zu großes Glück«) tun es mir jedes Jahr wieder an. Im übrigen ist meine Dienststellung sehr schwer zu ertragen: zwischen lauter subalternen, erlebnislosen, strammen, kahlen Sachbearbeitern eine isolierte schweigsame Existenz. Ich führe sie durch, um diese Kombination von äußerster innerer Entartung und äußerster äußerer Solidität darzustellen u. in ihrer Möglichkeit zu erweisen. (Natürlich auch, weil mir garnichts anderes übrigbleibt.)
Aus Ihrem letzten Brief klingt mir etwas entgegen, was ich mir häufig selber sage u. worüber ich nicht ununterrichtet bin: daß meine extremen Positionen eine Hartnäckigkeit u. Sturheit bekunden, die dem Bäurischen und Barbarischen nahestehn. Sehr deutsch, diese Absolutheit! Aber wie soll man seine Substanz *vor*treiben in geistige Begriffe, wenn nicht durch *Über*treibung? Nur so werden sie sichtbar. (Ob das nötig ist u. für wen, ist wieder eine andere Frage.) Da meiner Generation ohne Zweifel – und das steht ja schon geschichtlich fest u. der Kampf gegen sie erweist es – die Aufgabe zukam zu desillusionieren, die rassische Substanz zu unterhöhlen, eine jahrhundertealte, unreal gewordene Wirklichkeit abzubauen: Expressionismus –, mache ich bewußt keinen Halt vor Polarzonen, wie Sie es nennen, u. N.[ietzsche], unser so oft zitierter Titan, kann mich garnicht dabei aufhalten. N. war ein großer Romantiker. Eine romantische Mythe. Seinem Lebensausgang, der »geistigen Umnachtung«, haftet zweifellos etwas Bürgerlich-Idealistisches an. Ein Fehltreten infolge seiner schweren Kurzsichtigkeit wäre nüchterner und unlegendärer.
Selbstverständlich ist er verantwortlich dafür. Noch jetzt unterstützt er die gemütvolle Mythenbildung durch die Volksgemeinschaft, dieser aber gilt doch nur eins: sie zu lehren

und sie zu führen: zur Zerstörung. Ich weiß sehr wohl, daß es einen sehr hohen Standpunkt gibt, von dem aus das Leben auch ohne den Geist einen Schimmer von Tiefe hat, Qualen trägt u. Reste von Schöpfungsräuschen, aber das Letzte der Gesetze ist es nicht, und nur diesem Letzten stehn die Entscheidungen zu, die man über seine Existenz zu treffen hat. Darum weiche ich nicht zurück u. Sie müssen mir verzeihen, wenn ich Sie verletze oder enttäusche. Aber in mir ist eine Wiederkehr dieser Zwänge zum Statischen u. Affektlosen, zur Form, und da gibt es für mich keine Rettung mehr – usque ad finem (»Dem Traum folgen u. nochmals dem Traum folgen und so ewig – usque ad finem.« Lord Jim).
Es gibt Tage, wo alle diese Dinge um mich herumliegen wie Brötchen, so nahe u. gegenständlich, zum Greifen u. Essen; unfaßlich, daß nicht alle sie sehn u. danach fassen. Aber offenbar ist es doch nur die Neurose einzelner, Späher und Späher.
Anbei Prospekte! Orientieren Sie sich über das heutige deutsche Schrifttum. Eine große Blüte von Strohblumen.

Herzlich! Ihr Benn

Der »Faust« war als Geschenk gedacht. Aber offenbar lassen Sie sich nichts von mir schenken.

An F. W. Oelze

Berlin, 25. 11. 1940

L. H. Oe.
... Wir haben den Sieg in der Faust, sagte jener, da verloren sie die halbe Flotte und mußten 60 km fliehen; jetzt setzen wir wieder »Korsettstangen« ein und die Wiege der europäisch-atlantischen Kultur wird aus Dankbarkeit gemeinsam zertrümmert. Übrigens war es eine venetianische Bombe, die 1687 das Parthenon zerstörte. Das alles ist ja Vorspiel, ein Vorkrieg. Der nächste sammelt die Erdteile in eine Hand, ob die Hand weiß, gelb oder niggerbraun sein wird, wissen die

Götter, aber es wird nur noch *ein* Zentrum geben und die Stratobomber mit 1500 km Geschwindigkeit pro Stunde und einem Radius von einem halben Dutzend Aequatoren sausen durch die eiskalten, blauen, steinernen Räume in den lautlosen Explosionen der Atomzertrümmerung. Gehn wir ein Pilsner trinken und dann schlafen! Die Welt ist tief, aber es ist besser, man spricht nicht mehr darüber. Wahrscheinlich gibt es gar keine Zeit, aber ziehen wir ruhig weiter die Armbanduhren auf; bekämpfen wir ruhig weiter das falsche Deutsch, aber seien wir uns klar darüber, daß die Völker ihre Genies ausspeien wie das Meer die Perlen: für die Bewohner anderer Elemente. Irgendwas stimmt nicht, aber streichen wir ruhig am 1. von neuem unsern Wehrsold ein. Zum Wohle! Ihre Madonna sieht auch etwas degoutiert von dem Knaben auf ihrem Schoße weg! Herzlich Ihr B.

An F. W. Oelze

Berlin, 9. März 1941.

Lieber Herr Oelze,
der Sonntag ist zu Ende, grauer Vorfrühlingstag, größtenteils Regen, alles sehr dunkel, ich war im Zoo, um meine Frau zu zerstreuen: Bären, Robben, Jaguare und mein Lieblingstier: der Puma regungslos auf einen Ast gestreckt, monoman, mit grünen Augen. Ich muß sagen, ich war tief beeindruckt von dem allen, tief beeindruckt vom *Tier*, dem Verhafteten, ungeheuer Unterworfenen aller seiner Wendungen und Bewegungen, seinen schauerlichen Wiederholungszwängen im Traben, Schaben, Wetzen, Heulen, dieser ganzen Neuronen- und Reflexspannung von geradezu fühlbarem Charakter, die nur die Entladung in die Muskulatur kennt – offenbar die älteste Vorform des Bewußtseins –, noch ohne jeden Ausweg in die Trennung vom Objekt, die wir dann brachten. Von neuem wurde mir klar, was für eine den Heutigen garnicht mehr nachspürbare kosmische katastrophenhafte Entspannung dies Bewußtsein für das All wurde nach so viel Millionen Monden

Reiz- und Rückenmarkverhaftetheit. Sicher war die Epoche dieses Aufstemmens von der Muskulatur hinüber in den Gedanken eine ganz unheimliche und grausame, und dann kam dies Ausströmen der Unruhe und der Last in ein Bild und Gegenbild. Sehr begreiflich, daß die Erde nach diesem Ausbruch *stiller* wurde, geologisch weitere Schichten ohne Vulkane waren, mehr Kontinente bewohnbar wurden, das Klima sich milderte, nachdem der Planet den neuen Ausweg in die Ausdruckswelt gefunden hatte. Jetzt entstanden die Schmetterlinge und der Regenbogen, sanfte Dinge und Gebrochenheiten. Jetzt entwickelte sich die Art, die schöpfungsgemäß an physiologischem Wert verlor, aber an Ausdruckswert gewann bzw. ihn erst eroberte. Und da es ein Innen und ein Außen zwar gewiß seitdem für uns, aber für den Schöpfer wohl nicht gibt, der das allzeit gegenwärtige Wesen der Sache ebenso vertritt und ist wie ihre begrifflichen Reflexe, muß man ihn wohl sehen als einen sich sehr langsam verfeinernden Gott. Auch er war nicht fertig, auch er kannte die Schmetterlinge nicht von je, und der Mensch erlöste ihn eher, als es umgekehrt geschähe, wie es im allgemeinen heißt und gilt. Ja, der Mensch erlöste den Gott, aber dieser Prozeß wird nicht zu Ende sein und etwas anderes wird ihn von uns erlösen, denn sicher sind auch wir eine schauerliche Qual u. bedrücken die Erde tief.
Dies waren Gedanken im Zoo, die sich vordrängten, aber nun wende ich mich Ihrem Brief zu, für den ich vielmals danke. Die Sache mit dem Ledergurt erscheint mir nicht überzeugend. Dolch und Ledergurt sind beides Demimonde. Der feine Mann trägt den langen Säbel, und zwar unter den Mantel untergeschnallt. Das ist Stil, alles andere ist schon momentan. Ich persönlich trage den Dolch u. bleibe überall mit ihm hängen.
Die neueste Version lautet: noch 3 Jahre europäischer Krieg u. dann 5 Jahre Kolonialkrieg. Also Ihr Traum von der Karibischen See und einer Insel darin hat keine gute Perspektive. Aber es kann ja auch anders kommen. Der obige Gedanke von einem sich langsam verfeinernden Gott hat ins Geschichtliche übertragen etwas Tröstliches. Ich sagte, ich liebe den Puma, aber, füge ich hinzu, ich glaube nicht, daß er für uns noch einmal gesetzlich wird.

In diesem Zusammenhang ein Wort über Dacqué. Ich kenne das Buch nicht, das man Ihnen zu Weihnachten schenkte. Aber ich las in letzter Zeit einige neue Aufsätze von ihm. Er vertritt darin rein die neue deutsche Naturwissenschaft, beteiligt sich also maßgeblich am vorliegenden abendländischen Zusammenbruch made in Germany. Trotzdem bleibt sein Gedanke von den Erdzeitaltern, die jedes eine bestimmte biologische Besonderheit mit sich brachten, den zoologischen Wesen einprägten, sie nach ihr umbildeten, und deren Motive wir in den körperlichen Rudimenten finden, ein interessanter Gedanke innerhalb der Folge der so zahlreichen Gedanken, die über das Entwicklungsprinzip im Laufe der Jahrhunderte ausgesprochen wurden. Jedenfalls war dies ein Gedanke außerhalb des Mechanischen und darum erweiterte es den Blick. Aber nun ist er anscheinend ein Blunck der Paläontologie geworden – sehr bedauerlich! Eine Besonderheit der deutschen Konstitution ist der Schaum; aber nicht der von Meeren, die sich an Felsen zerschlagen, sondern mehr ein Bierschaum u. der Gärung im Ungeziefer.
Ihre Dame hat recht: in allen schönen Büchern steht dasselbe (und in allen schlechten auch!)
Wann sehen wir uns mal? Es gäbe manches zu erzählen, das man nicht schreiben kann. Sind Sie schon Hauptmann?
Was macht eigentlich Ihr Bruder in Amsterdam?
Hoffentlich haben Sie einen schönen Sonntag verlebt und haben Schneeglöckchen in Ihrem Zimmer.

Herzlich Ihr
Be.

An F. W. Oelze

Berlin, 11. 8. 1941

L. H. Oe.
... Ich las einiges Chinesische. Mir wurde klar, wie ungeheure Weisheit in der Welt ist. Kleine geistige Fragen, mit denen man kämpft, vor denen man zaudert, denen gegenüber man

allen Mut zusammennehmen muß, um sie gewissenhaft d. h. antieuropäisch zu entscheiden, sind dort längst klar gestellt. Z. B.: »Der Berufene geht nicht an sein Geschäft mit Eifer«; »es freut ihn nicht zu streben«; »der höchste Mensch ist Geist; wie sollte der gewillt sein, die Außenwelt als seine Sache anzusehn« –: das sagte Dschuang Dsi, 300 n. Chr., und er sagt es unprophetisch und beiläufig, ohne Zarathustrapathos und den furchtbaren Krampf des nachmittelalterlichen Menschen hierzulande. – Die Nächte hier sind voll Störungen.

Herzliche Grüße
Ihr B.

An F. W. Oelze

[Berlin] 5 X 1941.

Lieber Herr Oelze,
Dank für den letzten Brief. Leider ist mir mein Wille zur Macht in der Krönerschen Ausgabe auf rätselhafte Weise abhandengekommen (wahrscheinlich verliehen, nicht zurückerhalten), und in keiner Buchhandlung Berlins ist mehr ein Exemplar zu bekommen. Leider konnte ich also die von Ihnen genannte, so interessante Stelle noch nicht nachlesen. Zu Rilke noch ein Nachsatz: wenn ich gegen ihn gelegentlich grob werde, so schließt das nicht aus, daß ich doch an ihm hänge und ihn aus meinem Generationsbestand nicht vermissen möchte.
Was den Osten angeht, so ist trotz der großen Siege nichts erreicht, was uns dem Frieden näherbrächte, sondern im Gegenteil. Daß man das strategische Ziel: Petersburg-Moskau-Rostow nicht nach 4 Wochen, wie der Generalstab dachte, sondern erst nach 5 Monaten im günstigsten Fall erreichen wird, ist nicht so wichtig. Wichtig ist, daß es gar kein politisches Resultat hat und daß die Opfer bei uns nahezu unausgleichbar sind, vor allem die personellen. Am Kaukasus steht ja nun wohl Wavell u. läßt niemanden durch, die Besetzung Persiens war doch wohl ein ganz großer Schlag der Gegenseite. Nun soll es wieder in Afrika losgehen, aber sehr viel Chan-

ce ist da nicht. Die Italiener versagen völlig. Die faschistische u. royalistische Spaltung in der italien. Armee soll stark fühlbar sein u. die faschistische Gruppe hat nicht das Übergewicht. Das Méditerranée ist gänzlich in englischer Hand, selbst der Transport nach Kreta geht nur noch per Flugzeug. Auch mit der Türkei ist irgendwas los, nicht in unserem Sinne, ein Blick auf die Karte zeigt warum. Im Protektorat u. in Jugoslawien Aufstände. Japan ist wohl praktisch schon abgefallen u. gleicht sich mit U. S. A. aus.
Wenn die Russen 12 Millionen Soldaten hatten, so haben sie, selbst wenn unsere Zahlen stimmen, noch immer etwa 7 Millionen. Von unseren 3 Millionen vom 22. VI. 41 wird *eine* außer Gefecht gebracht sein, einschließlich des Materials. Ersatz ist kaum mehr vorhanden. Also wird im Frühjahr von neuem der wüste Kampf – 1000 km von der Heimat ab – beginnen. Gleichzeitig aber – meine Vermutung – eine Offensive von England u U. S. A vom Westen her oder von Norwegen-Murmansk aus. 1942: das Jahr der Entscheidung. Ich vermute: im Sinne Spenglers. Der 3. Band seines Hauptwerks wird nicht in Papier erscheinen, sondern als Schlachtfeld u. Generalstabskarte. Ich habe außerdem das Gefühl, daß schon wieder etwas Sensationelles geschieht, ein Todesfall oder dergl., der die Lage weiter ändert.
Was macht Schleswig? Wie lebt es sich in diesem schönen Herbst bei Ihnen? Sicher viel Äpfel an den Zweigen u. viele Georginen in den Gärten, sicher immer ein Strauß davon von zarter Hand in Herrn F. W. O.s Gemächern!

Herzlichen Gruß Ihr
Benn

An F. W. Oelze

24 X 1941.

Lieber Herr Oelze, Dank für Brief. Daß Sie von Schl. fortwollen, begreife ich gut, bedaure es aber nach wie vor sehr. Im Westen wäre es doch besser. Ein Winter in Burgund könnte mir gefallen für Sie, einer am Peipussee kaum. Was für Schrit-

te haben Sie unternommen? Und ob es am Peipussee Bräute gibt u. Brahmslieder gesungen werden, bezweifle ich.
Etwas südlicher bekam ich die traurige Nachricht, daß mein jüngster Bruder, Artillerieleutnant, vor Moskau gefallen ist. Er war der Benjamin unter uns zahlreichen Geschwistern, erst Mitte der Zwanziger, stand mir auch nicht nahe, trotzdem betrübt es mich. Wenn man zu den hiesigen Hornochsen sagt, daß es im Osten viele Opfer kostet, antworten sie: ja, es muß aber sein, u. im Weltkrieg waren es noch mehr. – Das deutsche Problem ist unlösbar; man kann es nur noch flächenhaft u. beschreibend betrachten. Das tue ich wieder in meiner Weise u. füge meiner Hinterlassenschaft einige weitere Feststellungen in dieser Richtung an.
Paul Ernst ist mir einer der größten Greuel; aber es ist doch alles sehr passend u. gemäß. Es hat doch gar keinen Sinn, irgendeinen oder irgend etwas noch besonders hervorzuheben; es ist die Substanz, die außerhalb der Differenzierung und der Kulturmöglichkeiten steht. Ich las neulich in einem sonst geschichtlich nicht uninteressanten Buch über die Zeit vor der Reformation, daß Dürer sein Deutschtum dadurch gefährdet habe, daß er sich mit den rechnerischen u. zahlenbeachtenden Fragen der Malerei beschäftigt habe, wie sie die italienische Schule unter den Einflüssen der Renaissance entwickelte; also er beschäftigte sich mit formalen u. anordnenden Bewußtseinstätigkeiten. Das war schon undeutsch u zuviel. Der tiefe u. echte Drang des Deutschtums zum Analphabetentum sprach sich in dieser Bemerkung aus, zum Faustischen, zum Einfältigen und zum Schwung –, unser altes Thema! Der reine Himmel der Abstraktion, der über der Latinität steht, u. doch nicht unmenschlich und nicht unfruchtbar wirkt, diesem Lande ist er nicht beschieden. Haben Sie die Möglichkeit, meine alte Rede auf H. Mann zu lesen? Dann tun Sie es bitte u. sagen Sie mir bitte, ob da nicht alles drin ist, was diese Jahrzehnte dann enthüllten.

Herzlich u bald mehr!
Ihr
Benn

An Else C. Kraus und Alice Schuster

[Berlin] 18. XI 45.

Meine lieben Buschis, habt vielen Dank für Euren Brief u. die lieben Worte, die Ihr über Hs Tod schreibt. Habt besonderen Dank dafür, daß Ihr die Lage so empfindet wie sie tatsächlich ist, nämlich daß durch dies Ereignis mein Leben einen endgültigen Stoß und Niederwurf erlitten hat, von dem ich noch nicht weiß, ob ich mich davon erholen werde u. erholen will. Diese Verbindung war keine Leidenschaft, aber eine so unendliche Freundschaft u. Zärtlichkeit, daß ihr Verlust eine Kette von Trauer u. Tränen für mich bedeutet. Im September war ich an ihrem Grab, überhaupt nichts in meinem Leben hat mich so erschüttert wie dieser Tag in dem armseligen Dorf, in der Küche, in der sie seit Monaten wohnte u. auf mich wartete, auf dem Boden, wo sie in einer Ecke auf einem Kartoffelsack, der auf Holzspänen lag, sich die Morphiumeinspritzungen machte, an denen sie dann am nächsten Tag in dem kleinen Krankenhaus starb. Es war das Morphium, das wir beide für den bestimmten Fall beiseitegestellt hatten u das sie ohne mein Wissen mitnahm, als sie am 5. IV. hier abreiste.
Sie hatte es erst in dem Ort nicht schlecht, solange er in amerikan. u. englischen Händen war. Dann kamen die andern u. alles verlor den Kopf. Sie wollte über die Elbe auf das andere Ufer, wurde im Stich gelassen u. kam nicht mit. Kehrte um u. fand ihr Unterkommen besetzt. Hatte wohl niemanden, der ihr helfen konnte. Sehr mutig u. lebensvoll war sie schon lange nicht mehr, vor allem aber: sie war ohne jede Nachricht von mir, hielt mich wohl für tot oder gefangen u. da tat sie es denn. Ich hatte seit Mai *alles* versucht, um mit ihr in Verbindung zu kommen, Boten u. Briefe gesandt, die nicht ankamen. Meine Hausangestellte, die ich seit Mai hatte, schickte ich im Juni mit allen Papieren u. Verpflegung aus, um sie zu holen, aber diese wurde 30 km vor dem Ziel von ... verschleppt u. kam nach 4 Wochen zerschlagen zurück. So war alles vergeblich gewesen. Schwere, schreckliche Monate dies Warten u. Hoffen hier. Alles unausdenkbar traurig. Dazu hier der Mai selbst

kaum erträglich aus nicht erzählbaren Gründen, nur der Gedanke, H wiederzusehn, hielt mich aufrecht.
Heute ist nun alles hier einigermaßen in Ordnung: die Wohnung wieder ganz, die Praxis geht, ich kann leben, H. könnte leben besser als die meisten es zur Zeit können, u sie ist tot. Es tut mir so gut, daß Ihr sie so reizend seht wie sie wirklich war, so bescheiden, so ladylike, so sanft u süß. Ich liebte sie sehr u. weiß nicht, was nun werden soll.
Von Oelze habe ich Nachricht. Er war gefangen, ist nun in Bremen, die Manuskripte hat er gerettet. Aber wozu? Ich habe noch keinen Schritt unternommen um festzustellen, ob ich überhaupt publizieren darf. Es interessiert mich nicht sehr, aber ich höre, daß ich auch bei den Jetzigen »unerwünscht« bin u. auf schwarzen oder grauen Listen stehe. Ich unternehme nichts, um das aufzuklären. Alle möglichen Bünde, Kammern, Verbände gibt es, die ausmerzen, säubern, klären und nachweisen, ich kenne keinen von ihnen u. habe nicht die Absicht, ihnen näherzutreten. Ich lebe völlig allein. Damals unerwünscht, heute von neuem unerwünscht – also wirklich absolut u. weitreichend unerwünscht, ich finde das richtig u. eine Bestätigung meines Grundgefühls, das ich oft aussprach, daß Kunst außerhalb der Zusammenhänge von Staat u. Geschichte steht u. daß ihre Ablehnung durch die Welt zu ihr gehört. Es ist, wie fast alles, was ich erlebte, schwer zu tragen, aber ich kann nicht zum Schluß noch meine Position verlassen, sondern muß sie weiter innehalten, auch wenn sie mich von neuem die bürgerliche Existenz kostet.
Gerne verließe ich Berlin, aber das ist schwer, da man alle Sachen im Stich lassen müßte. Auch bleibe ich noch, da ich immer das Gefühl habe, daß H. noch hier ist, in den Zimmern, in den Straßen, ich sehe sie mit ihrer Tasche kommen, am Stock, im roten Hut oder ihre Patience legen. Ich bin alt, Pläne habe ich nicht mehr, keine Hoffnung, auch keine Sehnsucht mehr.
Die Wohnung ist kalt, ich habe keinen Ofen, Kälte ist schlimmer als Hunger, aber im Innern berührt mich alles nicht mehr, ich sehe ein fernes Land, in dem die Schatten weinen.
Kein angenehmer Brief für Euch, dies. Aber ich freue mich, daß Ihr zusammen seid, doch etwas Hoffnung habt u. Cchen

Arbeit u. Ehren. Übrigens Euer Freund ... Bekommt Ihr Berliner Zeitungen zu sehn? Es erscheinen hier zirka 9, alle umfangreich.
(Die rein regionale Begrenzung aller Kunstdiktaturen ergibt sich aus der Tatsache, daß z. B. eine Hamburger Zeitung Aufsatz u Bild von mir brachte u. mein Wiedererscheinen erhoffte u. begrüßte – wie man mir schrieb –, aber hier bin ich ausgemerzt u. unerwünscht.)
Lebt wohl, bleibt gesund u hoffentlich friert Ihr nicht u. könnt bald in das schöne Haus an der Grenze. Denkt manchmal an mich.

Euch umarmt
Euer
Be.

Auch der nette Dr. Gescher, Augenarzt, mit dem wir eigentlich ganz gut befreundet waren, ist im Sommer gestorben.

An Frank Maraun

[Berlin] 30. VII. 46.

Lieber Herr Maraun, ich möchte Ihnen nochmal sagen, eine wie große Freude es mir ist, Sie wieder in Berlin und damit in meiner erreichbaren Nähe zu wissen und mit Ihnen über Dinge der alten Zeit reden zu können. Hoffentlich haben wir Gelegenheit, das öfter zu tun. Lassen Sie sich durch Ihre eigenen Widerwärtigkeiten nicht niederdrücken. »So sinke denn, man kann auch sagen: steige –« Sie wissen Bescheid.
Ich habe Herrn Oelze von Ihnen geschrieben, er kennt Ihre Aufsätze genau. Ich habe ihm geschrieben, daß ich Sie als dritten Partner für das sogenannte – reichlich problematische – »Archiv« gebeten habe, sich zu interessieren. Vielleicht schreiben Sie ihm einen Brief, wenn Sie Zeit und Lust haben. Wenn ich das Zeitliche segne, was wohl bald der Fall ist bei meiner exzessiven Art zu leben (mit Drogen, Zigaretten, Koffein, Pyramidon à la carte u. in Mengen), weniger romantisch ausgedrückt: »die Kartoffeln von unten besehe« –

wäre es mir ein angenehmer Gedanke, Sie unter den Erinnerern und Betreuern meiner literarischen Dinge zu wissen. Ich wäre Ihnen aufrichtig dankbar, wenn Sie das im Auge behielten. Die Adresse ist: Dr. F. W. Oelze, Bremen-Oberneuland, Oberneulander Landstraße 70 (23).
Auch Werckshagen schrieb ich, daß Sie wieder da sind. Seine Adresse: Hamburg-Lockstedt, Budenallee 4 (24).
Wenn ich Ihnen hinsichtlich Ihrer Prothese behilflich sein kann, werde ich das mit großer Genugtuung tun.

Bitte grüßen Sie Frau Feldbinder.

Ihr

GBenn

An Frank Maraun

10. 9. 46.

Lieber Herr Maraun, Ihr Aufsatz ist ausgezeichnet. Habe lange nicht so was Gutes gelesen. Aber er ist *zu* gut. Wird in Berlin von niemandem gedruckt werden. Vielleicht kürzen Sie ihn an einigen Punkten, damit Ihre Hauptidee: der *Auftrag* an die Autoren von vornherein klarer hervortritt. Das wäre schade vom allgemeinen geistigen Standpunkt aus, denn alle Ihre Bemerkungen sind sehr originell und kühn – aber vielleicht würde dann das Gedrucktwerden sich leichter bewerkstelligen lassen: man darf ja nicht außer acht lassen, daß heute weder Verleger noch Redakteure noch Leser etwas tatsächlich Neues und Gutes haben wollen, – alle wollen nur Ungefährliches, Beruhigendes – – Lethargie. Nicht an den Schlaf der Welt rühren! Ihr Artikel rührt aber zum mindesten an den Halbschlaf der Deutschen. Vorsicht!
»Wir sind *nicht* davongekommen« ist eine besonders treffende Bemerkung von Ihnen. Zu deutsch: die Substanz ist lädiert, der Kern zeigt Linsentrübungen. Alle europäischen Völker übrigens.

Dank für Ihren Besuch.

Ihr

Benn

An Frank Maraun

[Berlin] 15. 9. 46.

Lieber Herr Maraun, schon wieder eine Epistel! Ich muß Ihnen schildern, daß ich gestern in »Wir sind noch einmal davongekommen« war – bis zum 2. Akt einschließlich, dann hielt ich es nicht mehr aus. So eine Altmodischkeit und solch ein Stumpfsinn, da sind ja Wedekind, Kaiser, Brecht viel moderner und gekonnter. Bemerkenswert, daß dies die Berliner blufft und ihnen Mund und Nase aufreißt! Ein dummes Pack! Unverständlich weiter, daß dieser Autor, dessen Romane ich zu den herrlichsten der Gegenwart rechne, so einen unverschämten Dilettantismus vom Stapel läßt. Allmählich wirkt ja dies Ins-Publikum-Reden, diese Ansager, diese Promiskuität mit dem Parterre völlig provinziell. Dagegen ist »Antigone« von Anouilh geradezu klassisch. Die Sache macht mich nachdenklich – aber nicht im Sinne des Autors und des Ansagers. Nämlich: wie auffällig an allen den genannten Autoren, zu denen wohl noch Shaw kommt, die programmatische *Erniedrigung* des Menschen. Man läßt ihm garnichts: keinen Glauben, keine coelestrischen Beziehungen, keine Anständigkeit, nichts Gentlemanlikes, selbst seine Melancholie wird als dumm dargestellt, seine Tragik in Anführungsstriche gesetzt, eigentlich ist es der Triumph des – längst überholten – Darwinismus, des Schundes des 19. Jahrhunderts, nicht seiner Größe und seines Glanzes. Sollte es nicht genialer sein, die Gegenkurve einzuschlagen: Iphigenie, Laokoon, sogar Wallenstein scheinen mir anthropologisch mehr ins Zentrum zu treffen – ein Zentrum, das unleugbar primär und auch unwandelbar ist. Körner für den Kropf und Stroh für die Nester und zwei Weiberbeine, um sich zwischen sie zu werfen – nein, das ist der Mensch nicht, der Mann nicht, jedenfalls nicht der weiße Mann. Ich bin sehr für Heidentum und Physiologie, aber im Zentrum steht noch etwas anderes, und wer das nicht sieht, soll die Schnauze halten. Für wen es sich nur darum handelt, davonzukommen, der sollte nicht davonkommen, sondern getrost zu Grunde gehn. –

Ein andermal mehr. Herzlich Ihr Benn

An Carl Werckshagen

23 I 46

Lieber Herr Werckshagen,
Entschuldigen Sie, wenn ich schon wieder schreibe. Anlaß ist Ihr Brief vom 12. I., für den ich bestens danke. Was Sie schreiben, überrascht mich nicht und beunruhigt mich nicht. Es kann wohl nicht anders sein. Nicht nur, weil die Zeit in Krisen und Krämpfen liegt, sondern überhaupt. Wer will erwarten, daß die Öffentlichkeit für sublime Dinge Interesse und Verständnis hat. Es gab vielleicht glückliche ruhige Zeiten, wo eine größere Anzahl von Menschen dafür Sinn hatte u. Bedürfnis danach, aber diese Zeiten waren immer selten. *Fordern* kann man sie nicht. Ausrichten nach ihnen kann sich die geschichtliche Welt überhaupt nicht, sie verfolgt andere Ziele u. hat andere Inhalte. Immer mehr u. in meinen neuen Büchern spreche ich es mit voller Schärfe aus, stellt sich heraus, daß die *geschichtliche* Welt außerhalb der geistigen Substanz steht, eine Unterwelt nach Wesen und Bestimmung. Nur kein Kompromiß! Nur kein Glauben an Sieg der Idee, der inneren Dinge, der Tiefe! Ein Satz aus den neueren Sachen (»Weinhaus Wolf«): »Du stehst für Reiche, nicht zu deuten, und in denen es keine Siege gibt.« Man muß sich völlig abschließen gegen die öffentliche Welt. Übergänge gibt es kaum. Näheres hierzu ein andermal.
Weswegen ich heute schreibe, ist eigentlich das, daß ich Sie bitten möchte, mir genauer zu sagen, was Sie auf der Redaktion der N.H.Pr. zu dem Aufsatz von Frisé gehört haben. Wer hat beanstandet u. mit welcher Begründung? Es scheint sich um die gleiche anonyme Art der Verfemung zu handeln wie sie mir hier entgegentritt. Nichts Greifbares, nichts Präzises, keine Tatsachen, – aber ein Widerstand im Hintergrund, der sich verborgenhält. Wer oder was steckt dahinter? Was Sie mir schreiben, bleibt vertraulich. Ich will niemanden etwa zur Rede stellen, ich möchte nur klarsehen. Ich möchte das auch aus dem Grunde, weil der neue Gedichtband erscheinen soll, – wenn er erscheinen darf. Bitte teilen Sie mir mit, was Sie wissen oder was Sie für Eindrücke haben.

Ihre Reise zu Herrn Oelze würde ich vorschlagen doch zu unternehmen. Lernen Sie die neuen Sachen kennen u. sprechen Sie mit Oe., von dem ich viel halte. Heute nur dies.

Grüße an Ihre Frau und Sie.
Ihr alter
Benn

An Carl Werckshagen

Berlin 28. VII. 46

... Von Herrn Claassen hatte ich mehrere sehr wohlwollende Schreiben. Definitive Entscheidungen sind noch nicht gefallen. Die ganze Lage wird ja nach meinen Eindrücken immer trostloser und geistig hoffnungsloser. Ich hatte von mehreren Seiten inzwischen Besuch, von jetzt »führenden« Persönlichkeiten (schon wieder in großen Wagen!), die sich mit mir unterhalten wollten (doch grüß mich nicht unter den Linden). Was mich am meisten überrascht, ja mit Entsetzen erfüllt, ist zu sehen, wie ohne Zaudern u. ohne Scham die sogenannten Geistigen vor den politischen Begriffen kapitulieren; keiner hat den Mut oder den inneren Besitz, den allgemeinen öffentlichen Phrasen gegenüber eigene Maßstäbe u. Wertsetzungen zu halten; für alle ist es selbstverständlich, die politischen Ideologien zu akzeptieren u zu vertreten. Es ist der Untergang des Schöpferischen, der sich deutlich darin ausspricht, der Abstieg der Freiheit u. des individuellen Ranges. Aber ich äußere mich kaum dazu, jede Diskussion erscheint mir sinnlos. Außerdem muß ich mir ja selber ehrlich eingestehn, daß meine Stellungen u. Prägungen tatsächlich nur für mich alleine gelten u ich nicht erwarten kann, von irgendeinem andern aufgenommen zu werden. (»Du stehst für Reiche, nicht zu deuten, und in denen es keine Siege gibt«) G. B. – Andererseits bekomme ich manche Schreiben, die freundlich u. voll Wohlwollen, ja Verehrung sind, – ich will nicht undankbar sein.

Schreiben Sie mir bitte bald wieder, wie es Ihnen geht u. wie das mit Kiel ist.

Ihnen u Ihrer Frau viele Grüße.

Immer Ihr dankbarer Benn

An Gertrud Zenzes

Berlin 26. XI 46.

Liebes Trudchen, Ihr Brief vom 15 X 46. war für mich eine der größten Freuden seit Kriegsende. Daß Sie meiner gedachten, ist so freundschaftlich, daß ich davon ganz überwältigt war. Dazu die reizenden Bilder von Ihnen u. Ihrem Alexander u. der interessante Zeitungsausschnitt. Was haben Sie alles erlebt – fast, als ob Sie in Europa gewesen wären, – so viel an Inhalt. Ja, jener Tag in Hannover, als ich Sie zum letzten Mal sprach, ist mir unvergeßlich in der Erinnerung geblieben. 1935! Ferne Welt, long long ago.
Mir ist es nicht gut gegangen. Alles um mich herum tot; auch meine sehr geliebte Frau. Sie nahm sich das Leben im vorigen Frühjahr im Zusammenhang mit den Kriegs- u. Siegeshandlungen, – Sie verstehen vielleicht, was ich meine; ich kann nichts Näheres hier darüber schreiben. Unsere Ehe war still u glücklich, völlig ohne Trübung, der Verlust war für mich kaum überwindlich mit allen seinen Einzelheiten. – Meine Wohnung ist erhalten geblieben; meine Praxis geht, meine Spezialität ist ja en vogue, aber die allgemeine Lage ist trostlos.
Nach Lisa Billin habe ich sofort Nachforschungen in die Wege geleitet, bisher leider vergeblich. Das Haus in Nikolassee steht, aber kein Bewohner kann sich an den Namen erinnern. Ich werde weitere Schritte unternehmen.
In den vorigen Jahren war ich einmal einen Tag in Hirschberg u suchte Ihre Spuren u. dachte sehr an Sie. Welch hübsche Stadt!
Ich schrieb mehrere neue Bücher, kann sie aber nicht drucken lassen, da ich auf einer der vielen schwarzen Listen stehe.

Warum ist mir unerfindlich. Seit 1936 war ich aus der Nazi-Schrifttumskammer ausgestoßen u. von der Gestapo verfolgt, da ich weiter meine radikalen u. unabhängigen Ansichten aussprach u. mich dem Nazischrifttum nicht fügte. Nun geht es also von der anderen Seite aus weiter. Nun, ich mache mir nicht mehr viel aus alledem u. tue nichts, um mich beliebt zu machen. Es sind gute Bücher, die ich schrieb u. eines Tages werden sie bekannt sein, – wenn ich tot bin.
Ich lebe völlig allein; ob es auf die Dauer so gehn wird, weiß ich nicht. Vielleicht werde ich mich ein drittes Mal verheiraten, viel Glück habe ich im Leben ja nicht entwickelt.
Daß sich Lu B . . . nicht gut gegen Sie benommen hat, bedaure ich sehr. Früher einmal hatte ich sie ganz gern u. sie schien mir nicht ohne Qualitäten, aber sie neigte zum Abgleiten, – auch in Bezug auf Amour.
In N. Y. wohnen doch jetzt unendlich viele Berliner, stehen Sie mit ihnen in Verbindung? Was macht Marthchen? Ich habe sie völlig aus den Augen verloren. – Mein alter Freund Erich Reiss, der Verleger, wohnt auch dort. Kennen Sie ihn? Er schrieb mir kürzlich (46 West, 52 Street. N. Y. 19).
Ich bewundere Sie, Trudchen, wie Sie immer wieder hochkommen, sich innerlich halten u. Ihren Glauben an eine doch vorhandene gewisse Anständigkeit des Lebens oder der Schöpfung nicht verlieren. Meine Schwermut ist immer nur noch gewachsen u. mein inneres Alleinsein auch. Mit großem Interesse lese ich jetzt amerikanische Literatur, soweit sie uns in den Zeitungen zugängig gemacht wird. Faulkners »Licht im August« war mein letzter stärkster Eindruck vor dem Krieg.
Lassen Sie uns in Verbindung bleiben. Ich freue mich so sehr, daß Sie da sind u. mich nicht vergessen haben. Tausend Dank. (Meine Tochter ist längst in Kopenhagen verheiratet, hat Kinder, ist Redakteurin an »Berlingske Tidende«, angesehen u. gut bezahlt, eine höchst intelligente u. reizende Person. Leider sehe ich sie nur alle paar Jahre einen Tag.) Grüßen Sie Ihren Mann.

Einen Handkuß von Ihrem alten
Benn

An Gertrud Zenzes

30. III. 47.

Liebes Trudchen, – Dank für Ihre beiden Briefe, den vom 25 I 47 u. den vom 28. II. 47. Ich bin gerührt, beschämt u. glücklich, daß Sie mich so freundschaftlich in Ihrer Erinnerung gehalten haben, so gütig, so unverändert teilnehmend! Seien Sie sicher, denken Sie bitte immer daran, daß ich an alle unsere Unterhaltungen, unsere gemeinsamen Stunden, unsere vergangenen Jahre glücklich und dankbar zurückdenke. Dann teile ich Ihnen *erschüttert* das Eintreffen von einem Privatpaket (am 15 III) u. dem Care-Paket (am 24 III) mit. Ich bin sicher, daß Sie sich nicht ausmalen *können*, was das für einen Berliner von heute bedeutet. Sie können es nicht, da Sie trotz aller Beschreibungen in Zeitungen und Berichten keine Vorstellung von unserem Dasein sich machen können. Aber trotzdem spreche ich hiermit die Bitte aus, mir nichts mehr zu schicken. Diese Geschenke haben eine Gewalt, der ich innerlich nicht gewachsen bin. Sie schneiden zu tief in das Leben ein, in dies sehr einsame, mühsam zusammengehaltene Leben, das ich – ich weiß selbst nicht warum – immer noch verteidige. Diese Bitte ist ernst. Tun Sie es nicht mehr. Ein Schlips vom Broadway, Nescafé, Ananas, Zigaretten, jedes einzelne ist unbeschreiblich u. zaubert jene Welt heran, die es für uns nicht mehr gibt. Meine Zimmer sind erfüllt von Ihnen u. meine Teller u. Gabeln nennen Ihren Namen.
Der Inhalt Ihrer Briefe beschäftigt mich nach jeder Richtung. Ihr Weihnachten bei Familie Schimek, Ihr Besuch bei Reiss, Ihre Eindrücke von den Emigranten, George G. Die Welt ist so verworren, innerlich u. äußerlich so paradox, daß man nicht mehr weiß, wo Recht u. Unrecht, wo Glück u. Unglück eigentlich liegt. Ein Satz aus meinen letzten Arbeiten lautet: »Du stehst für Reiche, nicht zu deuten, und in denen es keine Siege gibt« –, mir scheint, damit muß man sich abfinden.
Hirschberg liegt im polnischen Gebiet u. dahin wird kein hiesiger Rechtsanwalt reichen können. Aber Sie, als Amerikanerin, könnten vielleicht nach Warschau schreiben, Außenministerium, u. um Auskunft bitten? Ich werde in den nächsten

Tagen einen Rechtsanwalt hier fragen. Wenn Sie nächstes Jahr herkommen, können Sie sicher schon hinreisen.
Haben Sie in Deutschland noch irgendeinen Bekannten, dem ich z. B. finanziell helfen könnte, um Ihnen Ihre großen Ausgaben für die Pakete auszugleichen? Ich täte es unendlich gern, im Rahmen meiner Möglichkeiten.
An Ivan Heilbut erinnere ich mich gut. Besonders seiner gelegentlichen feinen Beiträge in der »Neuen Rundschau« (S. Fischer). Überhaupt diese »Neue Rundschau« damals, das Großartigste an Anregung u. Leistung, das Deutschland in jenen Jahrzehnten besaß. Tragisch, daß jetzt hier nur solche an der Leitung der geistigen Dinge sind, die jene ganze Epoche überhaupt nicht mehr kennen – Haben Sie seinen Kursus im Hunter College mitangehört? Was las er denn von Nietzsche?
Der Winter ist nun hier vorbei, aber aus den Trümmern kann man nicht heraus, der Grunewald ist fast unerreichbar, da keine Bahnen u. Trams, alles dauert stundenlang.
Leben Sie wohl. Fühlen Sie bitte manchmal, wie meine Gedanken bei Ihnen sind.

Ihr alter Freund

Dank! G. Benn

An Alfred Vagts

Berlin 18. VI. 47.

Lieber Herr Vagts, Ihr Brief vom 9. V, der am 16. VI eintraf, war mir eine große Freude. Als ich kürzlich Ihr großes Buch über die Petroleumpolitik in Händen hielt (das ich gerettet habe), war ich verblüfft über die Aktualität dieses Themas vom Jahre 1928. –
Es ist sehr freundlich von Ihnen, nach meinem Ergehen zu fragen. Das Äußere war so tragisch wie bei uns allen, viele engste persönliche Verluste, darunter meine sehr geliebte junge Frau; aber davon wollen wir nicht sprechen. Ich habe meine Wohnung und meine ärztliche Praxis, – das ist mehr, als die meisten haben.

Wichtiger, allein wichtig sind die inneren Dinge. Wie kritisch es hier damit steht, werden Sie wissen. Die Literatur ist völlig in die Hände der zurückgekehrten Emigranten übergegangen u. die betrachten jeden Hiergebliebenen als Saboteur. Es tut nichts. Ich habe mich völlig emanzipiert, arbeite für mich allein. Seit 1936 war ich bei den Nazis verboten u. aus der Reichsschrifttumskammer ausgestoßen, jetzt stehe ich auf der Liste der »Unerwünschten«, es ist also das gleiche. Ich tue nichts dagegen. Nach meiner Meinung treibt die Frage: Politik bezw. Geschichte – und Kunst bezw. Formwelt einer allgemeinen Klärung zu und ich bin sicher, wie sie ausfällt. Ich »pflege das Abwartende u. das Auswirkenlassen des Seins«, wie Laotse sagt, und schreibe und schrieb neue Bücher, die meine Freunde nicht enttäuschen werden. Übrigens sind jetzt gerade im Ausland 2 sehr bemerkenswerte Aufsätze über mich erschienen, in der Züricher »Weltwoche« am 9. V. und in der »Neuen Rundschau« (Bermann-Fischer) in Stockholm, davon der letztere Aufsatz sehr bemerkenswert u. auch meine politischen Gedankengänge bezw. Gedankensprünge in sehr bedeutende Zusammenhänge bringend. Dabei zu Ihrer Orientierung: ich war nie Nazi, in keiner ihrer Organisationen usw., habe in meinem ärztlichen Beruf nicht die geringsten Schwierigkeiten je gehabt – u., wie gesagt, seit 1936 boykottiert u. vom »Schwarzen Korps« u.s.w. schlimm verfolgt.

Genug von mir. Ich bin völlig ruhig u. innerlich zu so entscheidenden Resultaten gekommen, daß ich ohne Blinzeln in jede Sonne u. ohne Tränen in jeden Schatten sehn kann. Mehr gibt es wohl nicht für uns. »Du stehst für Reiche nicht zu deuten u. in denen es keine Siege gibt« –, ein Satz aus einer meiner letzten Arbeiten.

Ich danke Ihnen nochmals für Ihr Erinnern an mich, seien Sie versichert, daß ich dessen immer in Dankbarkeit gedenken werde.

Mit vielen Grüßen aus diesem zerstörten Land und dieser nie wieder aufzubauenden Stadt, die einst so schön war,

bin ich

Ihr

Gottfried Benn

An Gertrud Zenzes

Berlin 20. VI. 47.

Liebe Gertrud, mit diesem ganz herrlichen Füllfederersatz, der mein ganzes Glück ist, weil es etwas so Brauchbares in ganz Germany nicht gibt, u. für den ich Ihnen ganz besonders dankbar bin – also mit diesem Glanzstück Ihres letzten Pakets beginne ich diesen Dankesbrief. – Dann vor allem Dank für den Aufsatz aus der »Neuen Rundschau«, den ich nie bekommen hätte, über den ich aber schon orientiert war aus einem *Schweizer* Artikel, der auf ihn Bezug nahm. Beide Aufsätze, namentlich der aus der N.R, sind äußerst interessant u. beinahe tief. So ausführlich u so intensiv beschäftigt man sich heute – nachdem ich seit 1936 nichts mehr publizieren durfte – doch nur mit jemandem, der doch innerhalb des europäischen Kunstlebens eine Rolle spielt u einen gewissen Rang innehat. Interessant auch, daß der Aufsatz in der N.R aus Emigrantenkreisen stammt, die mir ja sonst nicht gut gesonnen sind u. die gerade heute mein Wiedererscheinen verhindern. Also: tausend Dank. Im übrigen: die Eitelkeiten der Welt liegen hinter mir, ich treibe meine Gedanken nur noch für mich selber vor u einen sehr kleinen Kreis von Getreuen. Sehr leid tut es mir, daß ich Ihnen nichts schicken kann. Vielleicht durch Herrn Dr. Kempner.

Ihr Brief an meine Frau ist überaus reizend, hat sie entzückt u sie wird selber antworten.

In einem neulichen Brief, dem vorletzten, schrieben Sie über die Psychoanalyse genau das, was ich Marthchen darüber (dagegen) geschrieben hatte. Sie wirkt heute einfach plump. Sie hat vielleicht medizinisch, aber in keiner Weise geistig u. existentiell das gehalten, was sie einmal zu sein versprach. Ihr Sexualmotiv ist zu grob u. nicht interessant genug, um der produktiven Welt gerecht zu werden u. ihr ihre tragische Problematik zu deuten.

Feuerzeug, Rasierapparat, Klingen – alles herrlich! Hosenträger – nicht zu beschaffen hier! Und die Krone von allem: der Nescafé zur Steigerung der müden Herzen, die Anbahnung jenes »provozierten Lebens« u der leichten, sich verknüpfen-

den Assoziationen! O Trudchen, Sie greifen tatsächlich tief in mein u. unser Leben ein u. es vergeht kein Tag, an dem Ihr Name nicht genannt wird.
Daß Ihr Haus in Hirschberg steht, ist ja großartig. Dann werden Sie sicher auch noch Besitzrechte geltend machen können u Vorteile davon haben. Also kommen Sie her. Wir können Ihnen ein Zimmer in unserer Nähe beschaffen u. Sie essen bei uns. Wenn Sie bald kommen, habe ich auch noch Haare auf dem Kopf – wenngleich sie grau sind – u Sie können sie mir alle abessen.
Nun wüßte ich aber wirklich gern, was Sie tun u. womit Sie Ihre Tage verbringen. Haben Sie eine geschäftliche Tätigkeit? Ist Ihr Alexander dauernd in N.Y? Haben Sie eine eigene Wohnung? Kochen Sie oder essen Sie im Restaurant? Bitte nehmen Sie sich die Mühe, mir, wenn es Ihre Zeit erlaubt, darauf zu antworten.
Die Ilse läßt herzlich grüßen.
Dank nochmals u. Hoffnung auf Wiedersehn! Ihr – Bellealliancestr., Hannover u jetzt Bozenerstr. – unverändert Sie verehrender

Benn

An Frank Maraun

Berlin 2 X 47.

Lieber Herr Maraun,
haben Sie vielen Dank für Ihren Brief vom 25. IX., der heute eintraf. Es ist sehr freundlich von Ihnen, bei der D.V.A. vorgesprochen zu haben, um meine Angelegenheiten zu vertreten. Ich bitte, mich auf jeden Fall den Herren sehr empfehlen zu wollen und auch ihnen meinen Dank zu sagen.
Was das Rechtliche angeht, so hat die DVA mir im Herbst 44 den Vertrag zurückgeschickt mit Anschreiben, Unterschrift von Herrn Kilpper junior, daß sie jede verlegerische Verbindung mit mir lösten und ich über meine Rechte verfügen könnte. Bestätigen kann das Herr Kilpper *senior*, mit dem ich

gerade damals aus Anlaß der ihm von mir übersandten »22 Gedichte« – vielleicht erinnern Sie sich dieser kleinen Privatpublikation von mir – [korrespondierte] und der mir schrieb, wie sehr ihn die Sendung berührt habe gerade in dem Moment, wo die DVA mir den Vertrag zurücksenden müßte, veranlaßt auf besondere Anordnung des P.[ropaganda-]Min.[isteriums]. Also an der Rechtslage ist wohl kein Zweifel.
Was nun eine neue Bindung dahin angeht, so kann ich nicht gut nach den nunmehr 2-jährigen Verhandlungen mit Dr. Claassen (Govertsverlag) und in Anbetracht seiner wirklichen Bemühungen und vielen Auseinandersetzungen mit Dr. Oelze mich von ihm lösen. Besonders nicht, nachdem Dr. Cl. im letzten Heft des »Ulenspiegel« auf eine Rundfrage, welche »unerlaubte Autoren« er gerne bringen möchte, mich öffentlich genannt hat, mich als einzigen. (Suhrkamp: Jünger; ein anderer Verlag: Hamsun –! – während Herr Rowohlt erwiderte: »einen unerlaubten Autor? aber um Gottes Willen – keinen!« ...) Also ich kann mit der DVA keine Verbindung eingehen, solange ich nicht von Dr. Claassen höre, daß er seine Bemühungen aufgibt. Außerdem fürchte ich, daß die D.V.A. nur die gleichen Schwierigkeiten mit mir haben würde und dann wäre es das gleiche, und ich habe keine Lust, nochmals diese ganze Misere (wenn es eine ist) von neuem über mich ergehen zu lassen. Ich lasse mich nicht entnazifizieren. Nicht aus Opposition allein, sondern auch, weil meine neuen Sachen sofort wieder den Sturm erregen würden, der heute gefährlich ist und in den Kasematten enden könnte. Bitte stellen Sie das den Herren dort vor.
Wenn Sie wieder hier sind, werde ich mir erlauben, Ihnen mein neues Manuskript zum Lesen zu geben, dessen 1. Kapitel »Lotosland« Sie im Frühjahr lasen. Es sind noch 2 Kapitel dazugekommen, der Titel des Ganzen ist der Titel des 3. Stücks: *»Der Ptolemäer«* – falls Sie sich dabei etwas denken können? Mir scheint der Titel nicht ganz schlecht.
Ich hoffe, Sie befinden sich wohl, kommen aber bald zu uns zurück!

Herzlichen Gruß Ihr dankbarer
Benn

An Frank Maraun

B. 20 I 48.

Lieber Herr Maraun, Sie schienen mir gestern bei Ihrem Besuch etwas fragil, nervös – und das tat mir, uns leid. Wir denken nämlich manchmal über Sie nach und nehmen an Ihrem Leben teil. Ich glaube, Sie brauchen nicht depressiv zu sein, daß Sie wieder hochkommen, ist doch kein Zweifel.
Ich weiß, daß ich sehr anspruchsvoll an Sie bin, wenn ich Sie so oft bitte, mich zu besuchen, aber unsere Unterhaltungen sind mir immer viel wert. Denken Sie auch nicht, ich erwarte von Ihnen große Zustimmung oder Neigung für meine neuere und fragwürdige Prosa, über deren Problematik ich mir völlig klar bin. Sie brauchen in gar keiner Weise zuzustimmen, wo Sie wohl nur Versuch und Problematik sehen können –: ich selber übrigens auch –: eigentlich sind alle diese Versuche nur annehmbar, wenn der Autor schon tot ist, und sie als Fundgrube für Zeit- und Stilstimmungen betrachtbar sind, als *Material* für die schwierige Lage, in der wir uns innerlich befinden, eine Lage, die heute eine konforme Identität in der Kunst kaum finden kann.

Also Dank für Besuche und Anregungen.
Ihnen beiden herzliche Grüße.

Ihr alter
Benn

An Max Niedermayer

Berlin 18. IX 48.

Sehr verehrter Herr Niedermayer,
da die Post wieder sehr langsam geht, habe ich mir erlaubt, Ihnen gestern ein Telegramm zu senden, das Ihnen die Manuskripte ankündigen soll, mit denen Sie sich liebenswürdigerweise befassen wollen. Es sind gleich zwei, da mir der Gedanke gekommen ist, daß Sie sich vielleicht mehr von einem Es-

sayband versprechen als [von] reiner Prosa. Lassen Sie uns also bitte darüber eine Diskussion beginnen, auch darüber, ob Ihre von Ihnen erwähnte »Kapazität« eventuell für beide Bände reicht.

Zu dem Essayband habe ich folgendes zu bemerken. Ich bitte Sie das Vorwort zu lesen, das einiges Aufklärende dazu und auch gleichzeitig das Einschränkende darüber enthält. Natürlich könnten Sie aus dem Inhalt, der sehr variabel ist, auch bestimmte Sachen, die Ihnen liegen oder interessant erscheinen, nehmen wollen und anderes fortlassen. Ich habe in der Richtung kein festgelegtes Programm und bin sogar für Beratung sehr dankbar. Es ist natürlich eine Frage, die ich mir selber stelle, ob man heute noch so schwere Angriffe gegen die Nazizeit bringen soll, wie sie einige Stellen des Buches darstellen würden. Vielleicht will das heute niemand mehr wissen oder auch, es ist von so vielen Seiten Ähnliches vorgebracht, daß es postum wirkt. Das Potpourrihafte des Ganzen ist nach meinem Gefühl kein Schaden, alles Systematische und Dogmatische wäre noch langweiliger. Wenn es Sie als Verleger nicht interessiert, überfliegen Sie es unter dem Gesichtspunkt, daß Sie Ihren neuen Autor besser kennenlernen und er sich vor Ihnen nicht besser machen will als er ist.

Was den Prosaband angeht, der ja bisher allein zur Erörterung stand, bin ich mir über die Reihenfolge der drei Stücke nicht ganz klar, ebenso nicht über den Titel für das Ganze. »Der Ptolemäer« klänge ganz gut und wahrscheinlich wird man ihn als das Hauptstück des Bandes ansehn. Aber auch »Roman des Phänotyp« wäre möglich, da dieser Titel auf die Problematik aller drei Sachen deuten würde, die ja alle eine Analyse und Ausdruckssuche für den gegenwärtigen Existenztyp sind. Ich wäre also für die Reihenfolge 1) der Ptolemäer, 2) Weinhaus Wolf 3) Roman des Phänotyp (mit dem Anhang: Studien zur Zeitgeschichte des Phänotyp).

Ich erhielt Ihren Brief vom 23. 8. und wartete mit einer Antwort, da ich die besser geschriebenen Manuskripte von meinem Schweizer Verleger zurückerbeten hatte, sie aber bis heute nicht bekam. Er interessierte sich sehr dafür, aber gewisse Vorkommnisse gelegentlich des jetzt bei ihm erscheinenden Gedichtbandes lassen es bei mir als ganz sicher erscheinen, daß er mit den sehr radikalen und reichlich kühnen Partien meiner Prosasachen in der Schweiz nichts Richtiges anfangen kann (trotz seines besten persönlichen Willens und überaus chevaleresken Verhaltens gegen mich). Sie erhalten also keine sehr guten Manuskripte, was ich zu entschuldigen bitte. Ich sende beide Manuskripte getrennt, jedes als eingeschriebenen Wertbrief morgen an Sie ab.

Zögernd sende ich sie ab, zögernd und mit gemischten Gefühlen. Ach, ahnte doch jemand, wie schwer es ist, Dinge zu schreiben, die man später selber als zu problematisch und fragwürdig empfindet, nicht weil sie schlecht wären – das steht auf einem anderen Blatt – sondern weil sie abwegig und neurotisch sind – und damit sind wir schon wieder beim »Phänotyp«, dessen einziges Thema die Neurose ist, vielmehr der selber und als solcher eine Neurose ist, nämlich eine Ausdrucks- und Darstellungsneurose bei völlig zerstörtem Objekt-Subjektverhältnis und bei völlig abgebauter Psychologie. Darf ich bei dieser Gelegenheit einmal darauf hinweisen, daß der Begriff »absolute Kunst«, der doch in der Malerei und Musik gang und gäbe ist, schon direkt Volkskunst und Konfirmandenbesitz und seit Jahrzehnten ein fester Bestand, in der *Prosa* fast garnicht vorhanden und aufgetreten ist, mir sind nur zwei Bücher bekannt, in denen sie sich zeigte: Carl Einsteins *Bebuquin* (1912, Aktionsverlag) und Gides *Paludes* – alles andere ist ja psychologisch oder gar historisch-episch geblieben, eben Prosa im treudeutschen und treueuropäischen Sinne, also eigentlich formal unproblematisch und rein inhaltlich bestimmt. Demgegenüber ist nun im Phänotyp eine andere Frage entstanden: für ihn gibt es keine Vergangenheit und keine Zukunft, das sind ja bürgerlich-kommerzielle Vorstellungen, es gibt keine tragfähige Substanz mehr im Inneren und kein psychologisches Gefüge – – *aber er muß einen Satz schreiben*, wie also muß der aussehn? – –: *In jedem Satz muß alles stehn*, er kann sich auf nichts außerhalb seiner selbst mehr beziehn, es gibt ja keinen Anfang und es gibt ja kein Ende, das wären ja Raum-Zeitvorstellungen aus einer anderen chaotischen Welt, er also muß sich selber ordnen, selber tragen, alles umschlingen, für alles stehn – er muß – um seinem Inneren zu genügen – absolut sein in jeder Chiffre, in jedem Wort. Das ist die Kri-

se! Sie sehen, sehr verehrter Herr Niedermayer, in welche Verstrickungen ich Sie zu führen gezwungen bin, wenn Sie sich mit mir als Autor einzulassen die Gewogenheit haben wollen . . .
Auf der anderen Seite bin ich insofern ein angenehmer Autor, als ich mir meiner Abwegigkeiten und Extravaganzen so sehr bewußt bin, daß ich nicht damit rechne, daß jemand mit mir geht. Für meine Person bin ich meiner Sache sicher, für andere nicht, ich würde mich an Ihren beiden freundlichen Briefen auch weiter freuen, wenn wir nicht zusammenkämen. Eines noch: es ist mir nicht entgangen, daß in beiden Büchern einige Stellen, ganze Sätze bei mehreren Gelegenheiten vorkommen. Es sind meine Grundthemen, die ich variiere. Und zum Schluß eine Bitte: ich höre von postalischer Seite, daß gerade Manuskripte, eingeschrieben, sehr oft durchsucht werden und einzelner Teile beraubt, ich wäre Ihnen dankbar, wenn Sie mir die Ankunft der beiden Sendungen kurz mitteilen würden. Ich habe keine zusammenhängenden Abschriften mehr.

Mit Dank und besten Empfehlungen
Ihr sehr ergebener
Dr. Gottfried Benn

An Adolf Frisé

Berlin-Schöneberg,
den 24. X. 48

Sehr verehrter Herr Frisé,
ich bedanke mich aufrichtig für Ihre interessanten Ausführungen in der »Zeit« vom 14. X., und Ihr damals so jugendliches Bild tritt vor meinen Blick aus jenen Jahren, als ich in der Belleallіancestraße meine glücklichsten Jahre verbrachte. Besser als ein neuer langer Brief heute an Sie, der bei den katastrophalen Lichtverhältnissen schwer zu schreiben ist hier in Berlin, erlaube ich mir Ihnen die Abschrift eines längeren Schreibens zu übersenden, den ich kürzlich an einen Herausgeber

einer Zeitschrift verfaßte, und der Alles enthält, was ich im Augenblick über die Lage und meine Person zu sagen hätte. Der Brief sollte in der Zeitschrift abgedruckt werden, wie mir Herr P.(aeschke) schrieb, aber inzwischen ist der Verlag in Schwierigkeiten gekommen, die mit der Währungsreform zusammenhängen. Der Brief ist nur zu Ihrer persönlichen Orientierung gedacht, nicht zur öffentlichen Verwendung, da das Vorrecht auf ihn noch jener Verlag hat.

Gleichzeitig erlaube ich mir, den jetzt erschienenen Gedichtband zuzusenden und darüber einige nette Bemerkungen in der »Tat«, wohl von Rychner persönlich. Nicht in der Schweiz, sondern in einem westdeutschen Verlag erscheinen noch in diesem Winter ein Band neuer Essays von mir und ein Band neuer Novellen (d. h. was ich so nenne) – wenn sie erschienen sind, werden Sie sie erhalten. Sie werden dann urteilen können, ob das never come back der großen Boxer auch für die Expressionisten gilt. Hinsichtlich dieses Gedichtbandes habe ich einige Konzessionen an die nicht so erschütterte Gesinnung der Schweizer Öffentlichkeit machen müssen, die allzu Düsteres und Schroffes nicht lesen will, so daß ich es zurückhalten mußte, um das Erscheinen nicht zu gefährden. Die Schweiz hat natürlich vollkommen recht daran, sich nicht der ganzen deutschen Problematik und Zerrissenheit hingeben zu wollen, sondern mehr das Weiche und Formgesicherte zu bevorzugen.

In der Hoffnung, daß es Ihnen gut geht verbleibe ich mit nochmaligem Dank

Ihr sehr ergebener
Dr. Gottfried Benn.

An Fritz Werner

[Berlin] 28. XI. 48

Lieber Herr Werner,

haben Sie vielen Dank für Ihren Brief vom 3. 11., aus dem ich ersehe, daß es Ihnen leidlich geht. Uns hier nicht – wir nennen es »Kanülenernährung«, was wir zu essen be-

kommen, und sind glücklich mit Teer oder ähnlichem Schund heizen zu können, damit wir nicht völlig verfrieren. Berlin liegt hinter Minsk und Tula – es ist nur noch auf alten reaktionären Atlanten 300 km östlich von Hannover eingezeichnet.
Anbei eine Abschrift des von Ihnen gewünschten Artikels aus der Weltwoche. Dazu eine ganz interessante Pressenotiz aus Hamburg, die mir gelegentlich zuging. Was die Frankfurter »Neue Woche« am 20. 11. über den neuen Gedichtband schrieb, haben Sie bei Ihrer Vielseitigkeit vielleicht gelesen.
Der Limes Verlag in Wiesbaden, Spiegelgasse 9, bringt in den nächsten Wochen eine deutsche Lizenzausgabe der Gedichte und ebenfalls in den nächsten Wochen einen Prosaband mit neuen Novellen: »Der Ptolemäer« und bald einen neuen Essayband: »Gespräche und Studien« –, das Come-back bereitet sich also vor. Es wird wohl ziemlich bewegt in den Kritiken zugehen, denn harmlos ist das alles nicht.
Ich wünsche Ihnen einen guten Jahresausklang und bitte Sie, Ihre Gattin sehr zu grüßen.

Immer Ihr dankbar ergebener
Gottfried Benn

An Heinz Friedrich

Berlin 12 XII 48.

Sehr verehrter Herr Friedrich, erst heute beantworte ich Ihren ungemein bedeutungsvollen Brief vom 28 X. Ich hoffe, Sie erhielten mein Telegramm, in dem ich Ihnen dankte. Die Lebensverhältnisse in Berlin-West sind so schwierig, daß man zu keinem geordneten Dasein mehr Ruhe hat: ohne Licht, ohne Heizung, Kampf aller gegen alle um Butter u. Kaffee, keine Post mehr, die Geschäfte sterben ab –: es gibt nur einen Ausdruck dafür, den man nicht sagen darf, einen griechischen Ausdruck: Thermopylae.
Das Bedeutungsvolle an Ihrem Brief ist, daß Sie als erster u.

einziger nicht rehabilitieren wollen u. ausgleichen, sondern das Unausgleichbare der geistig-produktiven Lage fühlen u. aussprechen. Alles, was ich inzwischen geschrieben habe u was Herr Niedermayer im Limes Verlag jetzt herausbringt, versucht diese Situation darzustellen. Es *gibt keine allgemeinen Lösungen*, keine Antworten, keine »Synthesen«, es gibt nur das in sich selbst sich verschließende Sichabfinden, schweigendes Gebeugtsein über sich selbst u seine ausdrucksuchende Substanz. Jeder Bezug auf die Allgemeinheit wäre Schwäche u. Untreue – soll die Allgemeinheit sehn, wohin sie kommt, wenn sie fordert u. diktiert. Die *geschichtliche* Welt, – das ist der Untergang.
Als Beleg für Sie anliegenden Brief, dessen persönliche Seite (»Merkur«) ich nicht zu verwenden bitte, dessen Inhalt aber Sie besser aufklären wird als dieser bei Kerzenlicht mühsam geschriebene Brief es könnte.
Ihr Schreiben hat mich außerordentlich gefreut. Ich hörte – telefonisch – von Herrn Niedermayer, daß er Ihnen Abzüge meiner neuen Arbeiten gesandt hat. Bitte beachten Sie vor allem die »3 Alten Männer«, in denen alle Problematik meiner Generation nochmals aufgerollt ist.
Ich wünsche Ihnen ein gutes Weihnachten u. bin Ihnen dankbar für Ihr Gedenken.

Ihr Gottfried Benn

An Karl Schwedhelm

Berlin, 20. 2. 49

Sehr verehrter Herr Schwedhelm,
haben Sie vielen Dank für Ihr Schreiben vom 14. 2. 49 und den beigelegten Aufsatz. Sie sprechen ein wahrhaft großartiges Wort aus, wenn Sie sagen, der Monolog sei die einzige Möglichkeit für den heutigen Geist, sich auszudrücken. In der Tat: nur im Monolog spricht sich der Dualismus, die Antithese, das Drama von heute aus. Ich kenne Sie nicht persönlich. Aber da Sie diese Formulierung gefunden haben, müssen Sie

dem Kern der Dinge, der uns alle unaufhörlich beschäftigt, sehr nahe sein . . .
Haben Sie Dank für Ihr Verstehen und Ihre Anteilnahme an meinen Arbeiten, die so wenig auf Verständnis rechnen können.

Mit vielen Grüßen

Ihr aufrichtig ergebener
Gottfried Benn

An Fritz Werner

[Berlin] 4. III. 49

Lieber Herr Werner,
ein Weihnachtspaket im Februar ist besonders reizend und reizvoll – als Inhalt und Überraschung. Ihrer Gattin und Ihnen meinen herzlichsten Dank! Die feinen Kuchen und die Kerzen – wie können Sie solche Geschenke machen, es bedrückt mich wirklich.
Dank für Ihren Brief vom 25. II. Alles sehr interessant, was Sie schreiben. Ich weiß, was für gewalttätige Dinge ich denke und schreibe. Aber Belletristik gibt es ja genug u. Keuschheitslegenden auch, meine Idealität ist nicht die einer Mimose. Dichten, ob lyrisch oder prosaistisch, heißt mit Worten umgehen wie mit Steinen, mit unbewachsenen Steinen, – ein erbarmungsloses Geschäft! Kunst ist nicht zu »verstehen«, Kunst hinterläßt Eindrücke u. streut Keime aus, das ist ihr Gesetz. Aber ich sage ja immer wieder und überall: dies gilt nur regional, situationär u. phänotypisch; nur für den Satz, den man gerade schreibt. Keine Antwort mehr, keine allgemeinen Lehren. Der Existentielle entäußert sich der Antwortssubstanz, er betreibt Selbstbesäumung.
Für anliegende 2 M. senden Sie mir bitte 2 Nummern der »Gegenwart« Nr. 4 vom 15. II. mit dem wunderbaren Aufsatz von Sieburg über meine Gedichte. Dank Ihnen beiden nach jeder Richtung.

Immer Ihr
G. B.

An Erich Reiss

Berlin 5 III 49.

Lieber Erich Reiss, Dank für Ihren Luftpostbrief vom 28. II., der so viel des Interessanten enthält! Einige Klammern lege ich hier wieder bei, weitere folgen. Daß ich von Lulu einmal was gehört habe, freut mich sehr. Ihre Mutter ist wohl nicht mehr am Leben? Mit wem lebt sie denn nun? Ich habe noch eine weibliche ärztliche Bekannte drüben, die aus den gleichen Gründen zur Psychoanalyse übergegangen ist –, offenbar ist sie drüben noch ein Geschäft, hier garnicht mehr, hier ist sie ganz verdrängt von psychotherapeutischen Manipulationen mehr internistischer Art, Hypnose, Tiefenpsychologie und neurologischen Ausrichtungen. Merkwürdigerweise gibt es hier auch sehr viel weniger Neurosen und Psychoneurosen wie früher, Hysterie wohl garnicht mehr.
Aber etwas anderes aus Ihrem Brief beunruhigt mich. Bei Ihnen muß einiges nicht stimmen. An Gedächtnisschwund leiden wir ja alle in ganz erstaunlichem Umfang, aber können Sie sich wirklich nicht mehr erinnern, daß wir zehn Tage lang in *Schwarzburg* waren? Etwa 1932, im feudalen Hotel »Zum Weißen Hirsch«, Sommerende, kaum noch Gäste, Sie hatten natürlich als Kavalier ein Zimmer mit Bad, ich ohne, durfte aber Ihres mitbenutzen, wir fuhren in einem von Ihnen bezahlten Auto nach Ilmenau (reizende kleine Stadt, Gockelhahn, »über allen Wipfeln ist Ruh«), und einmal nach den Saalfelder Grotten, wo wir uns totlachten über den Führer. Die Verpflegung war miserabel. Als wir zurückfuhren, nach Berlin, übernachteten Sie am Bahnhof im Hotel »Habsburger Hof« und hatten sich Ihre Sekretärin (Frieda) hinbestellt, um nach der langen Abwesenheit und Ruhe gleich wieder Ihre Verlagsgeschäfte aufnehmen zu können –. Denken Sie mal nach, vielleicht kommt doch noch eine Erinnerung durch.
Was Sie zur politischen Lage sagen, ist interessant. Aber wir hier sehn sie etwas anders. Nämlich die westlichen europäischen Staaten werden doch wohl kaum die riesige Aufrüstung, die so viele Millionen verschlingt (bei immer schlechter werdenden Export- und Devisenverhältnissen) unbegrenzt durchführen können, ohne zusammenzubrechen. Also wird

man doch wohl mit Rußland kompensieren müssen und das Kompensationsobjekt sind zunächst wir. Ich glaube, daß England und Frankreich das noch viel mehr empfinden und befürchten als wir, die wir ja Kummer gewohnt sind und gar kein Ausbeutungsgegenstand mehr für irgend jemanden sind, aber die reichen Länder müssen das östliche Regime erst kennenlernen und es schmeckt nicht gut. Mir schwebt schon lange die Idee vor, daß zwischen U. S. A und Rußland ein Kompensationsgeschäft getätigt werden könnte, bei dem Europa nur eines der Verhandlungsobjekte ist, eine globale Kompensation, die bitter wäre, aber zunächst einmal Ruhe in die Welt brächte. Nun wir werden ja sehn. Sind Sie eigentlich U. S. A-Bürger und Ihre Frau auch?

Den Sonderteil Ihres Briefes haben meine Frau und ich mit lebhafter Anteilnahme studiert. Liebe und Ehe! Ein seltsames Kapitel. Daß Sie bei Ihrer Erfahrung nicht wissen, was los ist, begreife ich nicht. Die Ehe ist doch eine Institution zur Lähmung des Geschlechtstriebes, also eine christliche Einrichtung, Abraham und Odysseus litten nicht an ihr. Für den Mann gibt es doch nur die Illegalität, die Unzucht, den Orgasmus, alles, was nach Bindung aussieht, ist doch gegen seine Natur. Eine Banalität! Hamsun sagt: es gibt nur eine Liebe –: die gestohlene, – er hat recht. In der Ehe gibt es Wirtschaftsfragen, Essensfragen, Geselliges, »gemeinschaftliche Interessen« – alles Torpedierungen des Sexus. Die menschliche Bindung an die Gattin lähmt das Gemeine, Niedrige, Kriminelle, das jedem echten Koitus für den Mann zugrundeliegt, er wird impotent, aber diese Impotenz in der Ehe ist *eine Ovation für die Ehepartnerin als Mensch.* Ich habe daher schon oft gedacht, Frauen müßten Kaninchen sein, dann wären sie anders organisiert wie wir, wüßten nicht, was wir denken und tun, sie könnten in der Bettstelle schlafen, unten an den Füßen, sie sind ja reizende Hasen, die Kaninchen, – mit ihren weichen wellenförmigen Bewegungen haben sie geradezu etwas Mystisches, ich finde sie die apartesten Tiere, – und alles wäre in Ordnung. Leider aber sind sie keine Kaninchen, sondern eine Art Menschen, wenigstens in Europa u USA. Also das von Ihnen geschilderte Dilemma mit allen Folgen! Ich rede ganz im Ernst und spreche aus meiner ärztlichen Erfahrung, die ja

in Hunderte von Ehen sieht. Trotz dieser Tatsachen würde ich doch zu den medikamentösen Hilfen greifen: Kalk, Vitamin E, Testoviron u. Hypophysenpräparate –, damit Sie die Ovation für Ihre Gattin nicht übertreiben.
Daß der Steuerzettel Sie als Hochkapitalisten eingehend beschäftigen würde, nahm ich an. Leider war er nur der Umschlag um eine dringende Mahnung des Finanzamts, die Umsatzsteuer regelmäßig monatlich zu bezahlen.

...

Was die Literatur und die »Drei alten Männer« angeht, so kennen Sie vermutlich den scharfen Tabak nicht, der jetzt hier üblich ist, mit der Belletristik ist es vorbei und die großen Erfolge mit den dicken Romanen gibt es nicht mehr, es ist alles sehr auf die äußersten Formeln gebracht der allgemeinen bitteren und zynischen Stimmung zufolge. Aber ich werde Ihnen Sanfteres senden, Lyrik, mein Schweizer Verleger hat alles Düstere und Kalte aus meinem Gedichtband fortgelassen und einen sanften Heinrich aus mir gemacht, in der Schweiz ist dafür mehr Sinn, da will man von Tragik und Schärfe nichts wissen. Dafür habe ich wunderbare Kritiken darüber erhalten. Mich persönlich berührt das alles nicht mehr; wenn man 12 Jahre verboten war und ganz allein auf sich gestellt, stellt man sich innerlich ganz um und sagt, ihr könnt mir alle am Abend begegnen.
Und nun Schluß, mein lieber Reiss. Die schönsten Tage waren doch jene, als ich in der Bellealliancestr 12 hauste, abends mein Bier trank und Sie gelegentlich zur Unterhaltung hatte. Long, long ago.
Meine Frau läßt schön grüßen. Sie ist zu ihrem größten Leidwesen keine Nichtarierin, es ist immer ihr Traum gewesen, es zu sein, und wenn mit ihren Patienten das Gespräch darauf kommt, lügt sie mit frecher Stirn, daß sie Jüdin sei, sie hält das für feiner, und ihre Zugehörigkeit zur Liga für Menschenrechte und zur S.P.D bis 1933 tut das übrige dazu. Da ja auch ich nach Ihrer Meinung israelitische Züge habe, sind wir ein gutes Paar.
Viele Grüße auch von mir an Ihre Gattin, ich las neulich eine sehr gute Kritik über sie in einem New-Yorker Blatt. Gute Besserung für die Füßchen! Ihr alter G. Be.

1) Was machen Sie abends? Kino, Theater,
Café, Bridge, Schnaps?
2) Wo ist Frau Braff? Wie u. wo starb Frau Hilb? Wo sind ihr Mann u. Sohn?
u.A.w.g.
3) Rauchen Sie? Was? Wenn
Zigaretten – welche Marken: Chesterfield, Camel, Lucky Strike? Wieviel am Tag?

Be

An Frank Maraun

Berlin 7. III. 49.

Lieber Herr Maraun, morgens 10–15 Grad Kälte und ein Meter Schnee – das hat uns noch gefehlt! Dabei erzählten die Leute, im Grunewald hämmerten schon die Spechte und die Meteorologen erklärten einstimmig, der Winter ist vorbei. Nun also wieder Holz und Kohlen ran ...
Uns geht es leidlich. Meine Frau hat ordentlich zu tun, mein fragwürdiges Demimonde-Gewerbe geht zufolge der depressiven Wirtschaftslage recht mäßig. Aber die Literatur hilft etwas weiter.
Inzwischen werden Sie vielleicht den »Merkur« zu lesen bekommen haben. Ich sah noch das Heft nicht, aber Herr Niedermayer erzählte mir telefonisch, es sei ein direktes G.B.-Heft. Den Aufsatz von Bense bekam ich als Korrekturbogen, ich fand es ausgezeichnet. Der »Kurier« hier hat eine Stelle aus dem »Weinhaus Wolf« gebracht, keine sehr glückliche, eine etwas schnoddrige, unter Fortlassung von Stellen, dafür mit einer ganz netten Vorbemerkung. Das ist also mein Comeback in Berlin nach 15 Jahren. Nun geht also das Gefrage hier los: »Haben Sie was damit zu tun?« »Ist das ein Verwandter von Ihnen?« »Das hängt wohl garnicht mit Ihnen zusammen?« Ich antworte immer, das ist mein Urgroßvater, den sie wieder ausgebuddelt haben.
Aber lesen müssen Sie bitte, was in der »Gegenwart« Nr. 4

vom 15. 2. der große Sieburg über meine Gedichte geschrieben hat. Danach müßte man eigentlich tot umfallen und sich in das Schattenheer des Empedokles begeben, weiterleben ist unfair. Das geht noch über Maraun hinaus und das war doch auch schon schlimm. – Die kommunistischen Zeitungen fangen auch an, natürlich zu pöbeln: G. B. ist wieder da und nihilistelt seinen unerträglichen Pessimismus u.s.w. Ich hatte ja eigentlich gehofft, daß der Eiserne Vorhang hier meine persönliche ärztliche Position schützen würde, aber die Rasanz von Herrn Niedermayer schleudert die Exemplare offenbar auch in alle Berliner Redaktionen. Nun Sie wissen ja, daß mich nichts mehr aus der Ruhe bringt.
Es ist z. Z. wieder dunkle Woche und die Sonne sinkt, kann nichts mehr sehn, adiö! Wir waren in »La grande Illusion«, von der Sie so viel erzählt hatten. Gute Sache. Mein Soldatenherz schlug höher.

Tausend Grüße an Sie beide. Immer
Ihr Benn

An Hans Paeschke

Berlin 19. III 49.

Sehr verehrter Herr Paeschke,
ich habe Ihnen für zwei Briefe zu danken und für die Zusendung von 3 Heften des Merkur Nr. 12 und das Heft Nr. 10 und 11. Ich bedanke mich hiermit angelegentlichst dafür. Dafür, daß Sie im Heft 12 mich und meine Person so eindrucksvoll zur Geltung gebracht haben, ist Dank zu wenig, ich muß meine Ergebenheit Ihnen gegenüber und Herrn Moras versuchen, anderweit zum Ausdruck zu bringen. Auch Herrn Bense bin ich sehr verpflichtet, seine Studie ist äußerst fesselnd, weil sie keineswegs superlativistisch ist, ja in einzelnen Wendungen sogar etwas animos gegen das Phänomen G. B., aber als Analyse äußerst interessant. Es ist die Analyse eines Mathematikers, eine formale Auflösung des Problems. Ich habe

also nun erfahren, welche Art Sprache ich rede, welche Mittel ich anwende, welche Methode mir zur Verfügung steht. Ich habe viel daraus gelernt, denn man selber weiß ja nicht, wie man spricht, da man keine andere Sprache sprechen kann als die eingeborene. Sehr gerne hätte ich von ihm Eingehenderes gehört über den von ihm aufgestellten Begriff der expressionistischen im Gegensatz zur existentiellen Sprache. Diese beiden würde ich für nahezu identisch halten. Aber ich werde weiter darüber nachdenken.

Den Fall Th. Mann habe ich ebenfalls zu durchdenken versucht. Herr Holthusen ist ein ausgezeichneter Analytiker und hat blendende Formulierungen gefunden. Trotzdem bin ich persönlich immer wieder der Meinung, daß selbst die Schwächen und Fehler des diskutierten Autors noch interessant sind und des Nachdenkens wert. Man stelle sich die zeitgenössische Literatur ohne ihn vor! Er ist und bleibt ja doch ein Deutscher und wird auch im Ausland als Deutscher empfunden. Man nähme ihn fort und wir wären innerhalb des Kulturkreises nur mit den offensichtlich zweitrangigen Epikern vertreten (Hesse, Kolbenheyer, Strauß, Wassermann) – das wäre auch nicht angenehm. Daß Th M so übermäßig selbstgefällig und repräsentativseinwollend sich immer mehr geriert, ist wohl die Folge davon, daß wirklich niemand bei uns neben ihm zu stehen kommt, nachdem sein weit genialerer Bruder aus einer unbegreiflichen Schickung seiner produktiven Substanz in seiner Lebensmitte abbrach und niederging. Ich persönlich halte übrigens den Essayisten M. für interessanter und bedeutender als den Romancier. Ein Aufsatz wie »Goethe und Tolstoi« (aus den »Betrachtungen«) ist und bleibt überaus lesens- und bewunderungswert.

Alle drei Hefte, die Sie mir geschickt haben, sind von großer Qualität und erstaunlicher Weitherzigkeit und Weitsicht. Sie haben eine erstklassige Monatsschrift geschaffen, Nachfolgerin und Traditionsträgerin der »Neuen Rundschau« im Verein mit »Neuem Merkur« (von Frisch) und »Literatur« (D.V.A.), ein deutsches Pendant zu der amerikanischen Monatsschrift »Der Monat«, der die U. S. A.belange eindrucksvoll vertritt. Die östliche Gegenbewegung in »Sinn und Form« (Rütten und Löning, Potsdam) ist auch in einzelnen

Beiträgen nicht uninteressant, aber sie zeigt geradezu beispielhaft, wie die bolschewistische Ideologie Talente umbringt: Majakowski –: ein ganz außerordentliches literarisches Talent, zweifellos eine echte dichterische Potenz, aber infolge der kommunistischen Zwangsideologie ins Läppische und Clownhafte abgleitend. Also zusammenfassend: Ihnen und Herrn Moras meine Bewunderung und Zustimmung zu dem neuen Kurs Ihrer Zeitschrift. Schade nur, daß man sie hier auch bei Bestellung nicht bekommen kann, auch Abonnement stößt auf Schwierigkeiten.

Zum Schluß als weitere Ergebenheitsbezeugung folgendes: ich werde mir erlauben, Ihnen in den nächsten Tagen den Einleitungsaufsatz meines Buches »Ausdruckswelt« zu senden, der schon gesetzt ist mit dem Anheimstellen, ihn für den Merkur zu verwerten. Sein Titel ist: »Kunst und Drittes Reich.« Eine weitausholende Studie über die Lage Europas zur Zeit des Beginns des Dritten Reichs innerhalb der künstlerischen Problematik der letzten Jahrzehnte. Ich bin mir völlig klar darüber, daß der Merkur nicht fortgesetzt Beiträge von mir bringen kann, ich stelle daher nur anheim. Gegen den Aufsatz läßt sich folgendes sagen: 1) er ist etwas lang, etwa 15 Schreibmaschinenseiten, kann aber kaum getrennt werden. 2) er besteht aus drei Teilen: *Die allgemeine Lage, – die Kunst in Europa, – Kunst und Drittes Reich.* Der letzte Teil ist von großer Schärfe und ich merke meinem sonst sehr verehrten Verleger an, daß er, daß man in Westdeutschland an gewisse Themen nicht mehr gern rührt. Das wird mich aber nicht abhalten, ihn in dem Buch zu bringen. Es ist in diesem Zusammenhang und in dieser Beleuchtung das Thema Kunst und Totaler Staat noch nicht geschrieben.

Und da es das Thema meiner Generation war, das Thema der nicht Emigrierten, gehört es in meinen Arbeitsbereich. Ich bin ja immer der Meinung gewesen, daß die Emigranten die Dinge nicht mit der Schärfe gesehn und erfahren haben wie wir. Übrigens fällt gegen die Emigranten kein Wort, das steht garnicht zur Diskussion in dem Essay. Man kann für den Aufsatz anführen, daß er auch unterhaltend ist, sehr flüssig geschrieben und das ganze Zeitalter noch einmal beleuchtet. Al-

so, wenn Sie Zeit haben, lesen Sie ihn bitte, vielleicht finden Sie einiges darin, das Sie unterhält.
Und damit schließe ich. Nochmals meinen aufrichtigen Dank. Hoffentlich machen Ihnen meine alten Gegner nicht allzuviel Schwierigkeiten und hoffentlich kommen nicht allzu viele neue hinzu. Bitte empfehlen Sie mich Herrn Moras.

Ihr sehr ergebener

Gottfried Benn

Der Aufsatz ist *1941* geschrieben, heute würde ich vielleicht einzelnes etwas anders formulieren, will es aber nicht tun.

An Frank Maraun

[Berlin] Ostern 1949.

Lieber Herr Maraun, vielen Dank für Ihren charmanten Brief vom 4. 4. und die Boxerbeilage, die natürlich meine größte Aufmerksamkeit auf sich zog. Peter Müllers Niederlage hatte schon hier meine Verwunderung erregt und sie nun in der wahrhaft glänzenden Beleuchtung von Herrn Eggert nochmals zu erleben, war mir ein Genuß. Hucks und Sartre im Feuilleton vereint, – das ist großer Stil! Und den »kleinen Killerstall« (von Max Blesgen) habe ich mir zur gelegentlichen Verwendung ins Notizbuch geschrieben – meine Frau sagt schon sowieso immer, alles, was ich schreibe, ist purer Schwindel, abgeschrieben und zusammengesucht, nichts Eigenes dabei. – – –
In der »Hamburger Allgemeinen Zeitung« schrieb Herr Frisé einen glänzenden Abschnitt über das Come-back von G. B. Natürlich sind auch meine alten Gegner wieder groß am Werk, um meine anrüchige Person allen etwaigen Interessenten zu vermiesen, an der Spitze der hiesige . . ., der mich für alle Gasöfen und Toten des Weltkriegs verantwortlich machen möchte. Allerdings kann er nicht verschweigen, daß ich der einzige von internationaler Klasse war, der hierblieb und angeblich Hitler besang. Nun, Sie wissen, es regt mich nicht

mehr auf. Schon vor 1933 war gerade diese Gruppe mir immer sehr unfreundlich gesonnen und sie mag es ruhig bleiben.
Das Merkurheft hat einigermaßen eingeschlagen. Natürlich ist der »Berliner Brief« für alle politischen Journalisten ein rotes Tuch, aber ich bin ja nun mal im wesentlichen ein rotes Tuch von Natur aus und werde es bleiben. Hier in Berlin ist alles beim Alten. Man wurstelt so weiter bezw. macht Weltgeschichte und hält die Fahne des Abendlandes hoch. Was das eigentlich für eine Fahne ist, wissen Sie ja bekanntlich ebensowenig wie ich. Im Zusammenhang damit schicke ich Ihnen anliegend eine Notiz aus der New York Times mit, die mir heute Herr Oelze schickte. Sehr bezeichnend scheint mir. Ein junger Franzose, mit dem ich kürzlich bei Renée Sintenis zusammentraf (hellblond, blauäugig, mäßig angezogen, Typ deutscher Werkstudent, Propagator bei der franz. Kommission hier) äußerte dasselbe. Sie wollen Schriftsteller, die mit dem Leben ringen, im Anblick von so viel zerstörten Häusern darf man nicht dichten. Sartre sei ihr Mann, der gäbe ihnen etwas. Meine Bemerkung: »Il paraît, vous quittez la Méditerranée et vous marchez au Nord«, – begeisterte ihn, jawohl antwortete er begeistert, alle großen Geister der Gegenwart in Frankreich stammten aus dem Norden, das Mittelmeer sei völlig überholt... Aufnordnung überall. Und Plattwerden dazu. Übrigens bekomme ich manchmal Zeitschriften und Zeitungen aus Süd- und Westdeutschland geschickt und ich finde, daß man dort viel offener und freimütiger schreibt als hier. Die Feuilletonpresse Berlins ist von wahrhaft muffiger provinzieller Enge und Ängstlichkeit.
Ich höre weiter, daß die Wirkung meiner Bücher im einzelnen stark ist, aber im ganzen alle Welt schockiert und geradezu bösartig macht. Nun, das ist nicht gegen meine Wünsche. Mit offenen Armen aufgenommen zu werden, würde mich sehr bedenklich machen. Ein Brief aus Schweden trug eine – – *Strindberg*briefmarke! Dieser giftige unerbittliche geniale Kopf, den sie verhungern ließen, – jetzt ist er also eine Briefmarke und die Bürgerwelt entgiftet ihn mit ihrer Spucke.
20. IV. 49.
Da Sie viel am Radio tätig sind, gebe ich Ihnen 2 Tips:

1) Stellen Sie als Sendung doch mal die Reden zusammen, die bei Goethes Beisetzung gehalten worden sind. Darüber weiß niemand viel. In alten Büchern aus der Zeit fand ich einmal einiges darüber. Wäre für das Goethejahr ein ganz angebrachtes Thema. Schildern Sie seine nächtliche Beerdigung.
2) Eine Frage, die mir kürzlich aufstieß: wie entstand eigentlich um 1750–1800 der Ruhm? Presse gab es doch noch nicht, Magazine?? Wo erschienen eigentlich die Kritiken über die »Räuber« z. B. oder über »Götz«? Auf welchen Wegen entstand die Popularität, die die Größen von damals doch entschieden besaßen? Ganz interessante kulturhistorische Frage (mit Seitenhieben auf die heutige omnipotente Presse). Dies mein Ostergegengeschenk.
Seltsame Dinge geschehen hier. Nachdem mich kürzlich das »Heute« (Zweiwochenschrift der amerikan. Militärregierung) photographiert und interviewt hat, ruft eben der »Deutsche Pressedienst« zwecks Photographierens an. Ich lasse es geschehen, bin mir aber immer unklar, ob es aus Denunziations- und Aggressionsgründen geschieht oder aus literarischem Interesse. Ein Kritiker schrieb neulich: »der große Umstrittene und Überlebende zweier Weltkriege« – das letztere klang wie Bedauern – – –
Meine Frau will mich verlassen und für den Sommer im Grunewald ein Zimmer mieten, sie trägt die Trümmer und Leere und Dürre der Bozenerstr. nicht. Ich kann es ihr nicht verdenken. Keine Blume, kein Baum, kein Wasser hier zu sehen, nur Öde und quakende Kinder auf der Straße und immer dieselben trostlosen muffigen Gesichter.

Tausend Grüße

von Ihrem alten

G. B.

Meine Statistiken *über Selbstmord*, die ich bei der Wehrmacht führen mußte, viele Tausende, ergaben die interessante Tatsache, daß im *Frühling* weitaus die meisten Selbstmorde stattfinden.

An Margret Boveri

Berlin 20. IV 49.

Sehr verehrte Gnädige Frau,
haben Sie vielen Dank für Ihre Sendung. Ich könnte nicht sagen, welcher Teil davon mich mehr gefesselt hätte, der Brief oder die Bücher. Ich bin kein Graphologe, ich verstehe überhaupt nichts von Graphologie, aber Handschriften beeindrucken mich, sie sagen mir etwas und darum habe ich Ihren Brief lange studiert. Von den beiden Büchern habe ich das über den Prozeß sofort und ohne Unterbrechung mit Spannung gelesen. Kühne Sachen stehen darin und die Gesamthaltung entspricht entschieden der, die die meisten diesem seltsamen Vorgang gegenüber empfinden. Jetzt, nach der Beendigung der Tragödie, ist das Buch doppelt interessant. Ich werde mit Spannung verfolgen, ob und wie die Presse darauf reagiert. Abgesehn vom »Kurier« finde ich persönlich ja die Berliner Presse und namentlich ihren feuilletonistischen und kritischen Teil beunruhigend eng und leer, bürgerlich im schlechten Sinne, eigentlich besteht sie nur aus Angst, und ich vermute, daß sie Ihren bemerkenswerten Darlegungen keine große Sympathie entgegenbringen wird.
Von dem amerikanischen Buch las ich bisher nur einzelne Partien, Amerika brennt mir nicht auf den Nägeln, obschon ich vor vielen Jahren drüben war. Sehr beeindruckt hat mich Ihre Bemerkung, daß die Amerikaner nicht, wie die meisten Deutschen annehmen, Europäer in einem anderen Kontinent sind, sondern eine eigene Rasse mit einem spezifischen historischen Prozeß, – im Grunde sind sie so uneuropäisch wie die Neuseeländer oder die Chinesen, obschon die letzteren nicht so viel in die Ville lumière und nach Taormina reisen. Was Sie schreiben, deckt sich mit meinen Gedanken über das Schicksal Europas und seine politische Zukunft, soweit sie von den U. S. A. mitbestimmt werden wird.
Ich bin alt und nehme mir die Freiheit, meinen Impressionen zu folgen, soweit ich mir noch welche gestatte. Hierzu gehört, daß ich mir erlaube den Wunsch auszusprechen, Ihnen einen Besuch zu machen. Damit Sie nicht erschrecken, teile ich Ih-

nen mit, daß ich nicht esse und nicht trinke und, was ich rauche, selber mitbringe, sofern man bei Ihnen rauchen darf. Vor allem aber: ich sitze nicht herum, gehe sehr bald wieder, es würde mir nur die Erfüllung eines spontan entstandenen Wunsches sein, einen unmittelbaren Eindruck von einer Schriftstellerin zu bekommen, die so ausgezeichnete Formulierungen findet und so viel gedankliche Problematik kennt. Ich will mich aber auch bei Ihnen nicht einschleichen, darum sende ich Ihnen anbei noch ein kleines neues Buch höchst problematischen Charakters: »Drei Alte Männer«, das jüngsten Datums ist. Ich bin mir vollkommen klar darüber, daß ich – wie kürzlich ein Kritiker schrieb – »der große Umstrittene und Überlebende zweier Weltkriege« bin, und das möchte ich durchaus bleiben, nur keine offenen Arme, die einen aufnehmen wie Belletristik und Keuschheitslegenden –, Eindrücke hinterlassen und Keime ausstreun – mehr kann die Kunst von heute nicht.
Ich schließe mit einem nochmaligen Dank für Ihren Anruf und Ihre Sendung. Falls Sie, sehr verehrte Gnädige Frau, mich als kurzen Besuch empfangen wollen, kämen für mich in Anbetracht meiner ärztlichen Tätigkeit nur Mittwoch oder Sonnabend nachmittag oder der Sonntag in Frage. Es kommt garnicht darauf an, ob jetzt oder in einiger Zeit.

Ich bin in aufrichtiger Verehrung

Ihr sehr ergebener

Gottfried Benn

Ich schreibe meine Maschine selbst und zwar mangelhaft, was ich zu entschuldigen bitte. Aber meine Handschrift wäre gänzlich unleserlich.

An Margret Boveri

Berlin 24. IV. 49.

Hochverehrte gnädige Frau,
nicht um mich schon wieder vorzudrängen und bemerkbar zu machen, erlaube ich mir, Ihnen den anliegenden »Ptolemäer« zu senden, sondern nur, um zu verhindern, daß Sie etwa Zeit darauf verwenden, ihn sich im Hinblick auf den Freiburger Hinweis selber zu beschaffen. Von den 20 Belegexemplaren, die mir vertraglich zustehen, habe ich nur 2 versandt – aus Bedenken und Rücksicht auf die betreffenden Betroffenen, ihn etwa lesen und sich bedanken zu müssen. Es wäre eine verlegene Angelegenheit. Dies gilt auch für dies 3. Exemplar und Sie. Auf S. 26 habe ich etwas angestrichen zu dem gestern von uns gestreiften Thema.
Haben Sie Dank, daß Sie mir von Ihrer kostbaren Zeit gestern so viel gewidmet haben. Es waren äußerst fesselnde und mich beschäftigende 1½ Stunden. Ich hoffe, es werden nicht die letzten sein.

Mit einem Handkuß
Ihr aufrichtig ergebener
Gottfried Benn

An Max Niedermayer

[Berlin] 8 V 49.

Sehr verehrter Herr Niedermayer,
ich bedanke mich für Ihren Anruf vom vorigen Sonnabend, die Rücksendung des Merkurbriefs, die Zusendung von weiteren 5 Ptolemäern und Gedichten. Ferner bestätige ich den Eingang der Korrektur des Essaybandes, die ich anbei zurücksende. Meine neuerlichen Korrekturen habe ich auf einem Sonderzettel beigefügt.
Hierzu möchte ich folgendes bemerken. Ich erhielt in dieser Woche einen Brief von Herrn Oelze, der mich etwas in Unru-

he brachte. Darin flehte er mich inständig an, ja bat unter Berufung auf unsere 15jährigen Beziehungen dringendst darum, den Aufsatz »Kunst und Drittes Reich« fortzulassen, da darin Angriffe gegen das Deutschtum ständen, die mir und meiner Sache die größten Schwierigkeiten zu machen geeignet wären. Der Ernst, mit dem er diese Bitte vorbrachte, beeindruckte mich sehr, aber ich habe mich nicht entschlossen, den Aufsatz zurückzunehmen. Ich habe als Kompromiß im Vorwort, wie Sie sehen werden, einen Satz eingefügt, der die Ausdehnung meiner Kritik auf das Deutschtum als Ganzes und als solches ablehnt u den zeitlich und stimmungsmäßig begründeten Charakter mancher sehr scharfer Äußerungen von mir klarstellt, aber mehr kann ich nicht tun. Will es auch nicht. Angepöbelt werde ich sowieso, das bin ich immer, von der frechsten persönlichen Beleidigung bis zur politischen Denunziation bin ich alle Nüancen der Ablehnung gewohnt und die paar Jahre, die ich vielleicht noch lebe, ist mir das nun auch schon völlig gleich. Ich habe aus dem Brief von Herrn O. sowie aus Äußerungen andrer Westlicher, namentlich kaufmännischer Kreise den Eindruck gewonnen, daß wir hier in Berlin in der Grundhaltung zu vielem ganz verschieden sind und schon fast verschiedenen Völkern angehören. Sie dort empfinden die westlichen Besatzungsmächte als Unterdrükker und kaufmännische Expropriateure mit Konkurrenzbestrebungen – wir hier betrachten sie als Erlöser vor der russischen Welt, als unsere Schützer. Herr O. verweist als Argument auf die vierjährigen Erfahrungen mit den Okkupationsmächten, die auch nicht besser seien als die Deutschen in ihren schlimmsten Exemplaren je waren. Ich lasse dahingestellt, ob das zutrifft, ich lehne ja überhaupt jede Verallgemeinerung meiner Standpunkte und Formulierungen ab, aber nichts kann mich abhalten, meine persönliche Kritik auszusprechen. Ich würde also vorschlagen, daß wir das Buch in der nunmehr vorliegenden Form erscheinen lassen, ich könnte mir denken, daß es sogar einen gewissen Widerhall findet, sowohl im negativen wie positiven Sinne, – und dabei bleibt es ja mir immer wieder interessant, wie paradox die politische Stellung meiner Gegner ist: sowohl die von links wie die von rechts greifen mich an und die Mittleren, die Demokraten, nicht weniger. Es muß irgend etwas von dem, was ich schreibe, an den Schlaf der Welt rühren und es schlief sich trotz zweier Weltkriege doch noch ganz gemütlich, erst in letzter Zeit werden die Schlafstörungen allgemeiner bemerkt und trotz der hohen Bromdosen von Jaspers und Sartre, mit denen die Presse täglich ihr Publikum besänftigt, schläft man nicht mehr durch ...

Barbara Klie, die Herr Hürsch – ohne mein Wissen – zu Ihnen sandte, hat Sie hoffentlich nicht gestört, sie soll eine nette Person sein.

Die Korrektur folgt eingeschrieben.

Mit vielen Grüßen
Ihr ergebenster
Benn

An Erich Pfeiffer-Belli

Berlin, 3. VII. 49. (U.S. Sektor)

Sehr verehrter Herr Pfeiffer-Belli,

Ihr Brief vom 14. VI. 49 war mir eine große Freude. Ich gedenke Ihrer durch all die Jahre mit unveränderter Dankbarkeit, weil Sie mir zu meinem 50. Geburtstag im Berliner Tageblatt die schönsten Zeilen widmeten, die mir je gesagt wurden, – und dies in einer Zeit, als es um mich schon sehr kritisch stand und gewisse Leute, mit denen ich verbunden gewesen war, schon schrieben, ich möchte doch von unserer Verbindung nichts in die Öffentlichkeit dringen lassen. Wenige Tage später erschien dann im »Schwarzen Korps« jener Angriff, der mich um ein Haar die Existenz gekostet hätte. Also dies ist unvergessen, und ich freue mich, Ihnen jetzt so verspätet noch einmal gegenübertreten zu können.

Ihr Angebot, mich mit dem Tagesspiegel in Verbindung zu bringen, ist äußerst liebenswürdig, aber da seine Hauptredaktion hier in Berlin ist, wäre der direkte Weg hier ja einfacher. Ich habe in diesen Jahren sowohl Herrn Reger kennengelernt, wie auch Herrn Karsch, der mich besuchte, auch Herr Kluger hat mich kürzlich aufgefordert, für ihn Buchbesprechungen

zu machen. Aber ich schreibe für Zeitungen bis auf weiteres nicht. Meine Stellung ist zu exponiert, meine Ansichten in meinen neuen vier – fünf Büchern zu gewagt und zu persönlich, als daß ich mich auf kurze Äußerungen in der Presse einlassen könnte. Meine alten Gegner sind sehr wach und meine neuen Formulierungen sind nicht geeignet, sie zu besänftigen. Mit Absicht: nur die schrankenlose und schleierlose Formulierung der tatsächlichen inneren Lage, in der wir uns ja alle befinden, ist der Veröffentlichung wert, ohne Rücksicht auf Erfolg oder Ablehnung. Die wenigen Jahre, die ich vielleicht noch lebe, werde ich zu keiner Konzession meiner mein Leben lang verfolgten extremen Richtung bereit sein. *Man kann es ja auch garnicht:* kein Satz, kein wirklicher Satz, kommt zustande, wenn nicht hinter ihm das ganze Pathos und das ganze innere Leiden der Persönlichkeit steht. Meine ärztliche Praxis, die mir bisher keine Instanz nehmen konnte, gibt mir die äußere Möglichkeit, dem inneren Gesetz zu leben.
Wenn Sie von Ihrem freundlichen Interesse für meine Arbeiten noch etwas verspüren, lassen Sie sich bitte vom Limes Verlag in Wiesbaden meine neuen Bücher schicken u. berufen Sie sich dabei auf mich. Im Arche-Verlag in Zürich erscheint in diesen Tagen mein Aufsatz »Goethe und die Naturwissenschaften« neu, der 1932 sehr viel Beifall fand und jetzt aus Anlaß des Jaspers-Curtius-Streits wieder aktuell ist. Er ist vielleicht meine abgeklärteste und objektiv weittragendste Arbeit, die mir auch heute noch gefällt (was bei mir sehr selten ist).
Meine Frau, die das Vergnügen hatte, Sie in Gastein kennenzulernen, läßt Sie bestens grüßen. Sie erzählt mir von Ihrer »mozartisch zarten und weltentrückten« Persönlichkeit, die großen Eindruck auf sie gemacht habe. Sie sehnt sich so nach den Gasteiner Bergen zurück, daß es mir schwerfällt, sie in den Berliner Trümmern zu halten.
Nehmen Sie unsere besten Grüße und Empfehlungen und seien Sie nochmals bedankt für Ihr Schreiben jetzt und Ihre Worte damals.

Ihr sehr ergebener
Gottfried Benn

An Margret Boveri

[Berlin] 23 VII 49.

Sehr verehrte Gnädige Frau,
tausend Dank für Ihren Brief vom 18 VII. mit der Einladung zum 31. VII. Aber ich kann ja nicht immerzu mich von Ihnen und zu Ihnen einladen lassen! Sie müssen mir erst einmal die Ehre erweisen, bei mir in meinem Hofzimmer Café zu trinken – Sie werden entsetzt sein –: nichts von Gartenschönheit und Weitblicken –, Wäsche auf der Leine und ein Huhn, das scharrt (aber nicht mal mir gehört). Sicher sähe ich Sie gerne am Flügel in Ihrem großen Entrée (wahrscheinlich spielen Sie Bach u Brahms u als Barockabkömmling aus Franken Händel), aber Musik erschließt sich mir nur schwer, u ich kann sie garnicht beurteilen, auch aus diesem Grunde werde ich hierbleiben.
Dank für die »Tat«. Am gleichen Tag erschien in der »Neuen Zürcher Zeitung« ein langer großartiger Aufsatz über mich, u im Heft der »Neuen Schweizer Rundschau« schrieb Herr Rychner 32 Seiten über meine mir selbst reichlich unklare Persönlichkeit. Erstaunlich, daß man am Ende seiner Karriere selber überhaupt nicht weiß, wer man war und ist.
Also nochmals Dank u. auf Wiedersehen. Meine Frau ist einige Wochen verreist, wenn sie zurück ist, werde ich mir erlauben, Sie anzurufen und einzuladen.
Das Goetheheft bitte ich Sie zu behalten, bis ich es brauche.

Einen Handkuß
von Ihrem ergebensten Benn

An Thea Sternheim

Berlin 12. VIII 49.

Meine Liebe, Hochverehrte, für Ihren Brief vom 4. VIII, der gestern kam, danke ich Ihnen so sehr. Ich habe die ganze Zeit bis jetzt mit ihm verbracht und er hat so viel in mir lebendig gemacht, daß dieser Antwortbrief vielleicht lang werden wird, das müssen Sie dann bitte verzeihn. Ich schreibe ihn mit der Maschine, da meine Handschrift immer schlimmer geworden ist, während die Ihre ihre klassische Ruhe und Geprägtheit behalten hat ganz ohne Zeichen von Alter und Zerstörung –, aber leider auch mit der Maschine schreibe ich nicht gut.

Ich beginne damit, Ihnen meine Trauer über den Tod von Klaus auszusprechen – warum und wieso mußte er sterben, es war doch nach dem Krieg, was ist ihm geschehn? Was tat er in Mexiko? Wenn es Ihnen nicht von neuem zu weh tut, schreiben Sie mir bitte etwas darüber.

An Mops habe ich mir erlaubt, sofort zu schreiben, ich hoffe, sie kann den Brief lesen. Ich habe über Sie beide verkehrte Nachrichten im Laufe der Jahre gehört, von Mops, daß sie nach U. S. A. geheiratet habe und von Ihnen, daß Sie in Portugal ansässig seien. Waren Sie einige Jahre in Portugal?

Also Ihr Roman! Das ist ja eine aufregende Nachricht. Sie werden, denke ich, bald von meinem neuen Verleger einen Brief dazu bekommen, wenn Sie nichts Besseres wissen, treten Sie mit ihm in Verbindung. Ich kenne ihn nicht persönlich, nur intensiv telefonisch, ich bin durch Zufall an ihn geraten, aber er benimmt sich sehr höflich und ist anscheinend nicht dumm. Der deutsche Büchermarkt ist im Augenblick sehr down, aber die Hauptsache wäre ja, daß es gedruckt wird. Also schreiben Sie die letzten Seiten bald zu Ende. Ich bin ganz sicher, daß es hochinteressant ist.

Nun meine Daten: Anfang 1935 verließ ich Berlin, um jede Verbindung mit der zur Macht gekommenen Literatur hier zu lösen, verschwand zur Wehrmacht, zu der ich ja von meiner militärärztlichen Erziehung her Beziehungen hatte, ich machte damals die Bemerkung, die sich bis 1945 im Oberkommando hielt, zum Glück, ohne daß dann noch jemand wußte, von wem sie stammte: »Die Armee ist die aristokratische Form der Emigration«, – das stimmte 1935, erst nach dem Abgang von Fritsch wurde es anders. Ich wurde nach Hannover geschickt, bleib dort zwei Jahre, erreichte dann, daß ich nach Berlin zurückkam, da ich nirgendswo anders leben kann, nicht in solchen Dörfern wie Hannover. 1936 begannen dann die Angriffe gegen mich, im berüchtigten »Schwarzen Korps« (S. S.), 1937 wurde ich aus der Reichsschrifttumskammer rausgeworfen mit Schreibverbot, sehr peinlich für einen Mann bei der Wehrmacht, dann wurde der Kunsttempel weiter gesäubert und ich damit diffamiert, daß ich mit der Lasker-Schüler befreundet gewesen wäre und mit Erich Reiss, meinem ehemaligen Verleger, weiter verkehrte – kurz, ich kämpfte um meine Existenz und ich werde es der Wehrmacht nie vergessen, daß sie mich trotzdem gehalten hat und nicht auf die Straße warf. Vorbei, vergessen – ich erwähne es nur. 1938 verheiratete ich mich mit einer jungen Dame aus Hannover, arm, adlig, der Vater im 1. Krieg gefallen, ein reizender Mensch. Ich war auch während des Krieges in Berlin, bei der Versorgung, einer rein wissenschaftlichen Tätigkeit, Gutachten, Rentenfragen, Beschädigtenfürsorge, für die höhere Karriere war ich Gott sei Dank zu schwer belastet. Als die Angriffe auf Berlin immer schwerer wurden, wurde meine Dienststelle nach Landsberg a. Warthe evakuiert, ich nahm meine Frau mit, verschaffte ihr eine Stelle als Tippdame, wir wohnten in einer herrlichen Kaserne hoch über der Stadt, bekamen Essen, – wie ich das im letzten Abschnitt des »Phänotyp« geschildert habe, zu tun war nichts mehr, ich hatte so viel Zeit wie nie in meinem Leben, las, schrieb, – eigentlich waren diese anderthalb Jahre die ruhigste und glücklichste Zeit meines Lebens. Dann die Flucht im Januar 45, bei 10 Grad Kälte im Schneetreiben nach Küstrin zu Fuß, alle Sachen dagelassen, – wenn man Mitte Januar schüchtern fragte: was machen wir eigentlich mit unseren Sachen und Möbeln, die wir mühselig aus Berlin hierhergeschleppt haben, hieß es: die Russen kommen nicht, wer so was fragt, wird an die Wand gestellt, – und dann in der folgenden Nacht Alarm, Artilleriebeschuß und Flucht mit einer Aktentasche – so war es ja im ganzen Osten, alle Straßen voll Trecks und Planwagen, aus denen die toten Kinder fielen.

Also nun wieder Berlin, die Wohnung leer, Tag und Nacht Bomber, meine Frau, die krank war und mit schlechten Gelenken nicht schnell genug in die Keller konnte, schickte ich in ein Dorf an der Elbe, leider rechts von ihr, erst war es in englischem Besitz, dann kamen die Russen, vergewaltigten wie

überall die Frauen, plünderten – tout comme chez nous –, meine Frau hatte monatelang nichts von mir gehört, aus Berlin kamen die schrecklichsten Nachrichten, kurz – sie nahm sich das Leben, hielt mich wohl auch für tot. Alles das erfuhr ich viel später, zufällig, eines Abends steht ein Bursche auf meinem Flur, gibt mir einen Brief von meiner Frau, auch ein Flüchtling, und sagt: »leider muß ich hinzufügen, daß sich der Briefschreiber am nächsten Tag das Leben genommen hat.« Also auch vorbei, – aber leider bis heute nicht vergessen.
Dann drei Jahre in meiner ausgeplünderten verkommenen Wohnung, fing an, die Praxis aufzubauen, es ging, ich schaffte mir wieder etwas Sachen an, bekam ein paar Pakete aus Amerika und der Schweiz und es mußte gehn. Literarisch stand ich auf allen schwarzen Listen, die möglich waren; hier Herr Becher ist mein besonderer Feind, der maßgebliche Mann im Kulturbund, aber mich konnte nichts mehr berühren. Dann über die Schweiz, wo der Archeverlag sich für mich zu interessieren begann, »eroberte« ich auch die hiesigen Verlage ohne Ehrgeiz, ohne Interesse könnte ich fast sagen, mich kann nichts mehr tief treffen, auch kein Ruhm u. dergl mich mehr erfreuen, die wenigen Jahre, die ich vielleicht noch lebe, wird mich niemand mehr sehr gesprächig machen, was das Private und Öffentliche betrifft. In diesem Sinne habe ich mich auch vor einiger Zeit nochmal verheiratet, meine Frau ist zwar sehr jung, hat aber ein eigenes sehr gut gehendes Geschäft (Zahnärztin, Dr. med), verdient mehr als ich, ich brauche mir keine Sorgen zu machen, was später wird, wenn sie wieder allein ist. Sie kam zur Typhusschutzimpfung, die befohlen war, zu mir in die Sprechstunde und so ergab es sich.
Nele, meine einzige Nachkommenschaft: verheiratet mit einem jungen Dänen, hat Zwillinge, Junge und Mädchen, hat Haus und Hof und Auto in Kopenhagen und ist seit 10 Jahren fest angestellt, sehr angesehene und gut bezahlte Redakteurin an »Berlingske Tidende«, der größten Zeitung Kopenhagens. Reist viel, fliegt herum, war voriges Jahr 3 Monate in U. S. A., dann in London, in Zürich, hat den größten Journalistenpreis bekommen, den ihr Land zu vergeben hat, und ist sehr intelligent und dabei zart und menschlich charmant. Sie besuchte mich 45 als War-correspondent, wohnte bei den

Engländern, ich durfte sie im Hotel nicht aufsuchen u sie nicht an ihren Wagen bringen: »Papa, das ist Fraternisieren und das darf ich nicht.« Aber wir verstanden uns glänzend, obschon wir uns 7 Jahre nicht gesehn hatten.
Die Bozenerstr., in der ich seit 1938 wohne (verschafft hat sie mir noch Erich Reiss durch eine Wohnungsfirma Kamnitzer, Bruder von Ernst Kamnitzer, seligen Angedenkens – so schließen sich die Kreise) liegt dicht am Bayerischen Platz, der völlig zerstört ist, überhaupt ist die ganze Gegend garnicht mehr vorhanden, – kennen Sie die Gegend, erinnern Sie sich noch? Es sind vier Zimmer, eines für meine Praxis, eines für die meiner Frau, ein gemeinsames Wartezimmer und ein Hofzimmer, wo wir privat wohnen. Wenn mal jemand herkommt, was Gott sei Dank selten der Fall ist, ist er entsetzt über dies Hinterzimmer (parterre), wo im Hof die Wäsche des ganzen Hauses hängt und die Hühner gackern (die nicht mal meine eigenen sind), aber mich stört das alles nicht, ich bin völlig unabhängig von äußeren Dingen und finde jede Art von repräsentativem und gesellschaftlichem Leben lächerlich und unerträglich. Meine eigentliche Natur ist ja immer weiter das gänzliche Alleinsein. Zur Zeit ist meine Frau für einige Wochen verreist, die Praxis ist totenstill, die Hausangestellte alt und tüchtig, ich spreche tagelang kein Wort außer: bitte Pflaumenkompott und abends Haferflocken, und dieser Zustand ist mein Glück. Sie schreiben merkwürdig leicht über das Altwerden, ich empfinde es als eines der größten Rätsel und nicht als leicht zu tragen, die inneren und äußeren Müdigkeiten, die unerklärlichen Mißstimmungen, die Fremdheit, die man plötzlich in sich selber spürt, auch die Hoffnungslosigkeit des Ganzen. Zu meinem so viel jüngeren Partner kann ich mich darüber auch nicht in vollem Umfang aussprechen, um ihn nicht zu beunruhigen, ich muß das für mich allein abmachen.
Zum Schluß noch einmal die Literatur. Ich stehe mit keinem der früheren Kollegen mehr in Verbindung, sie haben sich alle so hundsföttisch gegen mich benommen, als es mir politisch schlecht ging, sie sind ja auch alle produktiv am Ende, keiner schreibt mehr etwas, das mich interessieren könnte. Als Fazit meiner Existenz sage ich, daß es nichts Besseres für einen potenten Kopf gibt, als immer wieder und das ganze Leben lang

für anrüchig zu gelten und unterdrückt zu werden, wer sich diesem Gesetz beugt, kommt durch, und ich denke oft an das Wort von Monet: »il faut décourager les arts.« Meine Götter geblieben sind immer noch Heinrich Mann, Nietzsche und Taine, an denen habe ich mich gebildet. Dann gefällt mir Gide als Haltung sehr, nämlich daß er nie sozialistisch und magistral denkt, immer artistisch. Ich bin nicht fromm geworden wie Döblin, der nur noch in Religion macht und Ora et labora zelebriert und nicht wie Eliot, der mir überhaupt etwas konventionell vorkommt. Sofern mich mal ein französischer oder amerikanischer Schriftsteller besucht, jüngere Leute, die hier in Kulturpropaganda und Umerziehung machen, gebe ich die Sternheimsche Maxime weiter: *streichen Sie die Adjektiva!* Ein großes Wort von ihm! Mehr wert als der ganze Rummel mit dem Existentialismus. Ein Wort, das die wirkliche ästhetische Lage von heute blendend erhellt.

Wissen Sie noch, wie ich eines Winterabends mit St. in La Hulpe ankam, ein kleiner Pony hatte uns von der Bahn gezogen, Mops brachte ihrem Vater die Hausschuhe, sie war rot und struppig, noch nichts von der späteren Schönheit und Sensitivheit war zu sehn. Einige Unterhaltungen aus den beiden Tagen haben mich durch das ganze Leben begleitet und der Eindruck, daß man morgens sein Frühstück auf das Zimmer gebracht bekam, war mir als Rustikanem und Kleinbürgerlichem ganz neu. Aber ich will nun schließen. Seien Sie nicht böse, wenn ich so viel schrieb. Bitte schildern Sie mir Ihr Leben etwas, wenn Sie noch einmal die Gewogenheit haben, mir zu schreiben. Sind Sie französische Staatsangehörige? Und Mops Amerikanerin? Und Nucki – wo in der Schweiz lebt sie –, aber ich gerate schon wieder ins Fragen und Schreiben, also Schluß.

Ihnen, hochverehrte Stoisy, küßt die Hand
Ihr unwandelbar ergebener
Gottfried Benn

Der Verleger heißt: Max Niedermayer. Falls er schreibt, haben Sie bitte die Güte, ihm freundlich zu antworten. Schließen Sie Ihren Roman mit den Heeren in der Luft, die Sie im Brief schildern!

An Max Bense

Berlin 9. IX 49.

Sehr verehrter Herr Professor Bense,
gestern erhielt ich von meinem Verleger Ihren Brief vom 27. VIII an ihn, in dem Sie schreiben, ich hätte Sie an einer Stelle des Ptolemäers »attackiert«. Unverzüglich muß ich Ihnen mitteilen, daß ich Sie nicht attackiert habe und nie attakkieren würde aus Respekt vor Ihrem enormen Wissen und Können, das ich ja nun jahrzehntelang zu studieren mir angelegen sein ließ. Die Stelle, die Sie erwähnen stammt in der Tat aus Ihrer Arbeit »Geist der Mathematik«, – aber der »kleine feine Kreis«, den ich am Schluß des Abschnitts anbringe, ist ja keine Attacke! Eines der Dinge, die mich in allen den neuen Büchern wiederholt beschäftigten, ist die Frage, wie sonderbar es ist, daß gewisse zentrale Begriffe unserer Denkweise, die wir alle als selbstverständlich hinnehmen, allgemein anthropologisch gesehn lokaler Bedeutung sind und daß gerade sie uns die Realtiät der abendländischen Axiomatik so gegenständlich nahebringen. In diesem Sinne erörtere ich S. 47/48 des Ptl. die *Dialektik* und Seite 136/137 nochmals ein Thema der *Mathematik*, ich tue es fast in kindischer Form, aber meine Absicht dabei ist unentwegt ernst. Die Relativität unseres Kulturkreises, das Gefühl für Kulturkreise überhaupt – sei es für die acht solaren Spenglers oder die 32 von Toynbee – ist, scheint mir, ein neues und einschneidendes Erlebnis unserer Generation und ein Stoß gegen das Abendland, von dem es sich kaum wird wieder erholen können. Daher überall meine Betonung des nur regional bedeutungsvollen, geographisch begrenzten, des *phänotypischen* Charakters unserer Denkrichtung, die selbst innerhalb des Abendlandes noch innerhalb jeder Generation wechselt und sich umfärbt. Von dieser Seite aus kommt auch meine Tendenz, die »Geschichte« sachlich zu bagatellisieren und sie nur noch als Reservoir für Bilder, Ausdrucksexzesse und ästhetische Gruppierungen zu verwenden und gelten zu lassen (s. S. 131 in Ptl.). Daher meine wiederholte Frage: »ist Denken Zwang?«, s. S. 109/110.
Ich möchte nicht weiter in diesem Augenblick darauf ein-

gehn. Ich möchte Ihnen nur bei dieser Gelegenheit, auf die ich schon lange warte, sagen, daß Sie zu den ganz wenigen Autoren gehören, deren Äußerungen bei mir seit je eine völlige Sonderstellung einnehmen. Stoße ich irgendwo auf eine Äußerung von Ihnen, lege ich sie beiseite, warte eine Stunde ganz besonderer Konzentration ab und lese sie Wort für Wort, mehrmals und, um auch das gleich zu sagen, nicht immer mit dem Erfolg, daß ich alles verstünde. Das meiste, das in Deutschland geschrieben wird, geht mir leicht ein, bei Ihnen stoße ich auf Schwierigkeiten, da sie aus Wissensbereichen stammen, denen ich nicht gewachsen bin und mit denen ich mich nie genügend beschäftigen konnte, um ihre Problematik zu übersehn. Ihre mathematisch-logizistische Herkunft ist mir unheimlich, ich fühle ihre Unantastbarkeit, stehe aber immer vor Rätseln. Daher interessierte mich Ihre Studie über die expressionistische Prosa im Merkur tagelang, da Sie hier Ihre aus völlig anderen Bereichen stammende Methode unerwarteterweise an stilistische Probleme heranbrachten und sie bewältigten. Ich schrieb damals an Herrn Paeschke, wie sehr ich danach verlangte, von Ihnen eine noch schärfere Analyse des existentialen und des expressionistischen Stils zu hören, die Sie als getrennt empfanden, während ich selber sie kaum zu trennen vermöchte. Ich weiß nicht, ob Ihnen Herr P. darüber berichtet hat.
Sehr verehrter Herr Bense, ich freue mich, auf diese Weise mit Ihnen brieflich in Kontakt gekommen zu sein und ich hoffe, daß Sie mir nicht die Absicht zusprechen, Sie offensiv behandelt zu haben. Nichts lag mir, wie gesagt, ferner.

In der Hoffnung, daß es Ihnen persönlich gut geht

Ihr sehr ergebener

Gottfried Benn

An Erna Pinner

Berlin 26 X. 49

Liebe Erna, Du wirst aus Italien zurück sein und ich kann Dir schreiben, um Dir für Deinen Brief vom August zu danken mit den interessanten Beilagen der »Tat«. Und mit dem wahrhaft charmanten Bild von Dir – wie bist Du jung und lebendig geblieben! Und ein so volles, strahlendes Gesicht – gratuliere, Cleve Road bekommt Dir gut!
Den von Dir erwähnten Turel verfolge ich mit großem Interesse sei langem. Ich finde auch, daß der Journalismus, die Zeitungen, die Zeitschriften ungewöhnlich viel Anregendes enthalten, – ich war immer ein großer Zeitungsleser und bin es noch und sauge mir manchen Honig aus den abwegigsten Notizen.
Sind, – vielmehr ist Dein neues Buch jetzt schon erschienen? Damit Du siehst, daß die von Dir bereicherte »Tat« auch meiner öfters gedenkt, lege ich Dir einen Prospekt bei, den mein tüchtiger Verlag kürzlich hervorgebracht hat, – Max Rychner hat sogar einen 32 Seiten langen Aufsatz über mich in der »Neuen Schweizer Rundschau« veröffentlicht, der großes Erstaunen überall hervorgerufen hat, da ich ja doch immer noch als Outsider u. »Umstrittener« gelte – was mir sehr lieb ist, ich stehe lieber auf schwarzen als blütenweißen oder rosaroten Listen.
Wie war es in Italien? Hast Du Deinen alten Freund getroffen, er schreibt im Augenblick so viel über eine neue Italienreise in den Zeitungen, daß ich das vermute? Kennst Du eine deutsch-englische Dame . . .
Allmählich melden sich manche alte Genossen wieder bei mir, die Sternheims aus Paris, auch einige aus U. S. A. waren hier bei mir, aber sehr viel Berührungspunkte fanden wir nicht mehr. Nur die Sternheims, Mutter und Tochter, sind unverändert freundschaftlich und haben sich ihren Geschmack und ihre Literatursensitivheit erhalten. Auch aus London bekam ich vor einigen Tagen aus Anlaß eines Rundfunkgesprächs von mir über meine neuen Bücher einen ungewöhnlich netten Brief von einem Herrn Karl Otten, der zur Zeit der »Aktion«

(Pfemfert) mit mir in Berührung gestanden hatte (long, long ago –: 1914–1920).
Lebe wohl. Bleibe so schön und jung, wie Du dem Bild nach offenbar bist. Viel Erfolg weiter und vergiß nicht ganz Berlin und Deine alten Verehrer.

Mit herzlichem Gruß und einem Handkuß
immer Dein
Gottfried Benn

An Frank Maraun

[Berlin] 20. XI. 49.

Lieber Herr Maraun, manchmal habe ich ausgesprochene Sehnsucht nach Ihnen so z. B. heute. Dank also Ihnen für Zeitschrift mit Grande-Illusion-Artikel, für Brief, Zeitung und Frau Else für ihren Brief, der so überwältigend heiter und gutgelaunt klang, daß wir Sie in Saus und Braus vor uns sahen. Sie werden wohl »Trunkene Flut« bekommen haben, jedenfalls teilte mir Herr Niedermayer es mit, und Sie sehen sich auf dem Umschlag mit Ihrem hybriden Urteil über die dann folgende Lyrik. Ich würde gerne Herrn *Glaeser* ein Exemplar mit Widmung senden, weiß aber seine Adresse nicht, können Sie sie mir sagen?
Uns geht es leidlich. Meine Praxis ganz schlecht. Berlin ist wahrhaft trostlos, trotz Kohlen, Licht und neuen Geschäften. Kein Mensch verdient mehr, alles stirbt ab. Im Frühjahr wollen wir Sie besuchen, ich muß einmal hier fort. Sie müssen uns ein Hotel in der weiteren Umgebung von St.[uttgart] nennen, wo wir 14 Tage hausen können. Ich soll in Darmstadt vorlesen und werde es wohl tun, um die Reise zu finanzieren. Vielleicht kommt noch anderes dazu. (So ungern ich das ja tue.) Hier lebe ich weiter gänzlich asozial und gehe nirgends hin.
Betrachten Sie bitte das Dezemberheft des »Merkur«, wo ich meinem Affen wieder Zucker gebe. Schreibe auch sonst wieder Neues *ohne* Konformismus und Klassizität. – Meine Frau

war von Eliots Schlips und Demut begeistert, ich bin nicht hingegangen trotz Einladung von seiten der Engländer. Verehrte Marauns, ich vermisse Sie sehr, kein vernünftiger Mensch in Berlin, dazu Müdigkeit und Novembernebel und Alter und Einsamkeit.

Tausend Grüße.
Immer Ihr
Benn

An Adolf Frisé

Berlin-Schöneberg, 24. XI. 49

Lieber Herr Frisé,
wenn Sie rufen – sofort, postwendend, selbst wenn ich einen Schnupfen habe, daß mir die Augen triefen, wie heute. Ob Sie es bringen können, müssen Sie entscheiden. Jedenfalls sehen Sie meinen guten Willen.
Viele Grüße
immer
Ihr
G. Benn.

1) Von Ausländern beschäftigte ich mich mit Perse, Auden, Ezra Pound. Von deutschen Autoren las ich Bücher, die mich interessierten, von Max Bense, Krämer-Badoni, von Brentano und vor allem das große Werk von E. R. Curtius: Europäische Literatur und lateinisches Mittelalter. Im Übrigen finde ich, daß im Augenblick Zeitungen, Zeitschriften und Radio zusammen mehr vom Wesen der Epoche zum Ausdruck bringen als Bücher.
2) An der deutschen Literatur vermisse ich garnichts, es ist alles da, was ihr Durchschnitt immer bot: Romantik, Sentimentalität, Historismus, politische Ergebenheit, Erziehungswille, kurz alles, was mit Kunst wenig zu tun hat, aber auch nicht nachteilig wirkt.
3) Ich vertrete nicht den Standpunkt des Autors, sondern den

Standpunkt von Problemen, die auf des Messers Schneide stehn, von Existenzentscheidungen mit tödlichen Gefahren. Breitere Leserkreise bewahrt man besser vor dem Einblick in diese Katastrophen.

Gottfried Benn.

An Armin Mohler

Berlin, 26. XI. 49.

Sehr verehrter Herr Mohler,
haben Sie vielen Dank für Ihren Brief vom 17. XI. und den beigelegten Zeitungsausschnitt. Da ich Abonnent von Christ und Welt bin (wenig Christ, viel Welt), hatte ich Ihren Aufsatz schon gelesen.
Von dem Wuppertaler Bund habe ich nichts gehört, überaus neugierig bin ich auch garnicht auf den Inhalt der dortigen Diskussionen, aber es ist sehr nett von Ihnen, sich meiner angenommen zu haben.
Daß ich Herrn Jünger einen Brief nicht beantwortet haben soll, kann ich mir nicht gut denken. Herr Jünger war mir immer ein bemerkenswertes Beobachtungsobjekt, seit ich seinen Arbeiter besaß, der bei mir auch alle Zeitwenden und Umzüge überstand, bis ihn mir im vorigen Jahr Herr Hürsch leider entführte, um ihn einem Schweizer Attaché auszuhändigen, der ihn nicht wiedergab. Also, der Arbeiter! Ich entsinne mich, wie in einer erregten Debatte in der Akademie der Künste, der sogenannten Dichterakademie, Herr Döblin äußerst aggressiv gegen J. wurde und ich ihn bezw. den Arbeiter lebhaft feierte und verteidigte – Herr Döblin, der uns heute beide, wie ich höre, bei jeder Gelegenheit als »Schufte« tituliert – warum ist mir unerfindlich, aber es berührt mich auch garnicht mehr. Also, ich möchte mit Sicherheit behaupten, daß der Brief nicht in meine Hände gelangt ist.
Ihre Bemerkungen über die »Statischen Gedichte« sind mir interessant, ganz verstehe ich Ihre Meinung nicht. Lyrisch habe ich mich eigentlich doch nicht so gewandelt? Nehmen

Sie vielleicht nicht hauptsächlich Anstoß an dem Wort *Statisch* und erblicken darin eine Absage an Revolution, Dynamik, Avantgardistisches? Aber liegt in der Kunst nicht alles allein in der Form, nicht im Inhalt und hat nicht vielleicht unser olympischer Urgroßvater recht, wenn er lehrt: »vergebens werden ungebundene Geister nach der Vollendung reiner Höhe streben« –? Ich erlaube mir, Sie auf einen Vers in den »Stat. Gedichten« hinzuweisen, der eigentlich mein Bekenntnis zu diesem Thema ist:

Form nur ist Glaube und Tat,
die erst von Händen berührten
und dann den Händen entführten
Statuen bergen die Saat.

Damit aber auch die Ihnen näherstehenden Schädelstätten und Orphischen Zellen zu Ihrer Verfügung sind, erlaube ich mir, Ihnen das gerade neu erschienene Buch der früheren Gedichte zu übersenden, in dem sie enthalten sind.
Von Herrn Hürsch erhalte ich auch gelegentlich Nachricht, allerdings nicht so ausführlich wie Sie. Ein beneidenswerter Mann, dieser Erhard, bei den Azteken und Chimus den europäischen Winter zu vergessen.
Ich wünsche Ihnen für Ihre Tätigkeit in Deutschland und bei Herrn Jünger alles Gute, sicher wird es dort sehr interessant sein. Kommen Sie nicht einmal zum Besuch hierher?
Bitte empfehlen Sie mich Herrn Jünger, falls Sie ihm von unserem Briefwechsel erzählen.

Mit vielen Grüßen
Ihr sehr ergebener
Gottfried Benn

An Armin Mohler

[Berlin] 5. VI. 50.

Lieber Herr Mohler,
tut mir sehr leid, daß sich die »Nation« in Bern so über mich ärgern mußte. Dank für die Zusendung! Aber es ärgern sich ja

viele – man kann's nicht ändern. Ich persönlich finde an einem Autor, der mich fesselt, gerade das Biologisch-Familiäre sehr interessant. Ich bedaure unendlich, daß man von Hölderlin oder Goethe nicht weiß, wieviel Zentimeter sie groß waren, wie hoch ihr Blutdruck war (»nur Menschen mit hohem Blutdruck machen Gedichte«), ob sie pyknisch waren u. zur Dicke neigten oder leptosom, ob sie Durst hatten, ob sie Bier oder Wein tranken, ob sie gut schliefen, – auch die Krankengeschichte von Nietzsche aus der Jenaer Klinik ist sehr dürftig, daß er ein Genitalekzem bei der Einlieferung hatte, ist weniger wichtig. Valéry stand morgens um 4 auf u. rauchte 80 Zigaretten, hörte ich kürzlich in einem französischen Vortrag – so was ist des Nachdenkens wert.
Bitte sagen Sie gelegentlich Herrn Friedrich Georg Jünger, daß ich sein Nietzschebuch studiert habe u. es bewundernswert finde in seiner unpersönlichen Art. Bitte empfehlen Sie mich dem Brüderpaar.

Mit Dank u. Gruß
Ihr ergebener
Benn

An Max Bense

Berlin 12 X 50.

Lieber, sehr verehrter Herr Bense,
Berge, Täler, Wälder, Wein – steht auf dem Poststempel von Boppard und darüber schwebt eine Traube als Symbol dieser 4 Elemente. Tanzen, Englisch, Abtreiben, *Mathematik* – wenn ich das in meiner Jugend gelernt hätte und diese 4 Elemente heute beherrschte, wäre mein äußeres u. inneres Leben anders verlaufen und die Traube, die darüber schwebte, wäre der große Genuß, alle Ihre Ausführungen und Gedanken verfolgen, beurteilen u. mir einverleiben zu können. Diesen wehmütigen Gedanken versäumter Gelegenheiten und mangelhafter Begabung habe ich immer, wenn ich Ihre Arbeiten lese. Ich muß mich allen Ihren Äußerungen gegenüber immer mit

dem Eindruck begnügen, daß hier etwas Großartiges vorliegt, dem ich erkenntnismäßig nicht gewachsen bin. So auch den beiden neuen Arbeiten gegenüber, die Sie mir zuzusenden die Freundlichkeit hatten. Ihre Vielseitigkeit der Themen und Ihre Produktivität an neuen Formulierungen ist verblüffend. Dagegen wirkt nahezu alles, was sich auf Philosophentagungen, neuerdings Symposien genannt (Bremen), versackt u. halbfertig. Ihre Anwendung mathematischer und logistischer Methoden auf die Literatur und Sprache ist dabei nur ein Sonderfall Ihrer fundierenden neuartigen Produktivität. Ich muß Ihnen das einmal mit diesen dürren Worten aussprechen und Sie bitten, sich das gefallen zu lassen. Seien Sie versichert, Sie wirken auf alle Intellektuellen, mit denen sich eine Unterhaltung lohnt, stark und stehen für sie an der Spitze. Ich erlaube mir Sie zu bitten, Ihren exponierten und isolierten Charakter als Denker und Schriftsteller zu wahren und mit Ihren Gedanken weiter zu gehn. »Einige erfinden – der Rest schmückt aus«, sagte, glaube ich, Swift. Sie stehn bei den Erfindern u. ich danke Ihnen dafür.
Nehmen Sie meine Grüße, meinen Dank und meine aufrichtige Ergebenheit!

Ihr
Gottfried Benn

An Thilo Koch

[Berlin] 12. 10. 50

Lieber Herr Koch,
ich schreibe Ihnen einen freundschaftlichen Brief: fassen Sie Ihre Stellung nicht anders auf als einen Broterwerb, treten Sie nicht hervor. Die Öffentlichkeit ist der Gestank einer Senkgrube und die Politik das Gebiet von Reduzierten. Halten Sie sich heraus. Blicken Sie die Leute langsam und schweigsam an – das genügt! Aber Ihren Broterwerb erhalten Sie sich, und zwar hier in Berlin. Keine Flucht. Das dumme Geschwätz, mit dem der moderne Staat sich zu rechtfertigen sucht, daß

alle an allem teilnehmen müßten, damit »es gelingt« (was eigentlich?) –, das ist doch reiner Zinnober. Sie schlagen doch jedem auf die Klappe und machen ihn arbeitslos, wenn er anders als die Majorität denkt – spricht. – »Das Abwartende pflegen und das Auswirkenlassen des Seins«, dies mein so geliebtes Wort von Lao-tse, nehmen Sie in sich auf. Oder wie der »Ptolemäer« sagt: »sich abfinden und gelegentlich auf Wasser sehn.« Vielleicht sind Sie noch zu jung und stürmisch dazu, aber versuchen Sie es als *praktische* Maxime.

Ihr
Benn

An Dieter Wellershoff

[Berlin] 22 XI 50.

Lieber Herr Wellershoff, ich habe Ihren Brief und Ihren Aufsatz bekommen und sofort mich mit Ihrer Arbeit eingehend beschäftigt. Sie ist ausgezeichnet, sie ist hervorragend. Selten wohl wird ein Autor zu Lebzeiten vor sich sehen, so durchleuchtet, durchröntgt, so viviseziert zu werden – es ist eine Kompensation dafür, daß man alt und grau wird. Haben Sie vielen Dank für Ihre Mühe, die Sie sich mit mir gaben und, um es gleich zu sagen, zu meiner Jugend war die Literaturwissenschaft nicht mit so sublimen Methoden der Stilkritik ausgerüstet, mit so viel Witterungsvermögen für die psychosomatischen Hintergründe der Sprache begabt. Ihrem Lehrer meine Bewunderung dafür!
Ihrer kritischen und historischen Methode gegenüber liegt mir daran hervorzuheben, wie naiv sich diese absonderliche Sprache in mir entwickelte, natürlich bewegten einen innere Strebungen, natürlich hatte man Notizen von Dingen und Sätzen, die einen aus irgendeinem Anlaß einmal erregten, aber der Ablauf beim Schreiben dann war völlig unter Zwang. Man fühlte, das nächste Wort *muß* so viel Silben haben, es muß beladen sein mit Glanz oder Abstieg oder Trauer. Vergessen wir auch nicht den Reiz und die Rettung, die aus gebrochenen Worten, angedeuteten Silbenwurzeln kommt,

aus Anklängen, gemischt aus Inhaltlichem und Diphthongen. Kurz primär ist ein inneres Bild des zu formenden Satzes, an dem modelliert man instinktiv herum bis er so klingt, wie man ihn wollen mußte, damit in einem gelöst wird, was als Last und Zwang, als Fremdkörper, einen bedrängte. Es ist ein Vorgang von ausgesprochen katarrhtischem Charakter, es ist ein Eliminationsprozeß, ein Durchgang von panischen Insulten und Bedrängungen, ein phallischer Prozeß mit dem Ziel, Spannungen zu beseitigen und produktive Füllungen zu applanieren.

Zu Edmées Zeit stand »das Südwort« bei mir hoch im Kurs, vom Süden umlagerte Worte und Themen verschafften mir Auferstehung, eröffneten meine Verschlüsse – da strömte ich hin, hinein, hinüber in die Bläue, das Wolkenlose. *Blau* – ein äußerst wichtiges Thema in meinen Prozessen und Elevationen – ein neues Wort für Blau: »ein frevelhaftes Blau« (im »Englischen Café«), – »sphinxblau an Schnee und Meer« (in »Einst«) – es war das Hinübergehn aus Starre und Gebundenheit in Strömen und Vergehn. Wie erinnere ich mich der Jahrzehnte, in denen ich das erlebte – meines Wissens habe ich das in dem von Ihnen erwähnten »Epilog und lyrisches Ich« dargestellt.

Redensarten wie die: »wie er es hervorspielte« oder »War Hinzufügbares vorhanden« oder »hatte er es erschaffen« oder »nun wollte er sie lieben« usw. sind erstens technische Mittel, um die Inspiration weiterzuführen, dann aber soll ja auch immer wieder nicht vergessen werden, daß Edmée nicht Wirklichkeit ist, sondern Produktion, die der Autor immer wieder überprüft hinsichtlich seiner Schaffungsmöglichkeit, seiner Fähigkeit, innere Realität, üppige, tiefe, beladene zu erschaffen, da es eine äußere Realität für ihn nicht mehr gibt – er würde also ohnedem leer, unmenschlich, verloren, ohne Sammelpunkt über die Erde verstreut sein animalisches Leben fristen müssen. Das ist seine Grundhaltung, seine Substanz: ist er fähig, produktiv das zu wahren und zu ersetzen, was an äußerer Welt tragisch und für immer verlorengegangen war.

Also eine Elevation durch das Wort, eine Sakramentation des Worts, ein Heiligungs- und Erlösungsphänomen mit Hilfe des dichterischen Worts – das ist Rönne.

Sie nennen an Stilen: den eindringlichen Stil, den knappen Stil, den musikalischen Stil, den innerlichen Stil – alles ausgezeichnete Gesichtspunkte, aber vergessen Sie nicht: den expressiven Stil, den Stil, bei dem es nur noch auf die Faszination und Ausdrucksprägung ankommt, bei dem die Inhalte nur noch Euphorisationen für Kunstausübung sind (vergl. hierzu meinen Nietzscheaufsatz). Betrachten Sie bitte hierzu die Roman- und Verssprache der II. Hälfte des 19. Jahrhunderts. Diese hat etwas Braves, Biederes, Ehrliches (im alten Sinne), ist keineswegs ohne Reiz, aber sie *schildert*, Stimmungen, Beziehungen, Tatbestände, vermittelt Erfahrungen und Kenntnisse, aber hier ist die Sprache nicht das schöpferische Agens an sich, sie ist nicht sie selbst. Dann kommt Nietzsche und *die* Sprache beginnt, die nichts will (und kann) als phosphoreszieren, luziferieren, hinreißen, betäuben. Sie zelebriert sich selbst, reißt das Menschliche ganz in ihren schmalen, aber auch gewaltigen Organismus, sie wird monologisch, ja monoman. Ein tragischer Stil, Krisenstil, hybrid und final – im Hintergrund steht schon der triploide Mensch, der gezüchtete, mit 66 Chromosomen, der Riese, und jagt Ihnen die alte Quartärsprache nur noch in Fetzen durch die grauen Zellen. Eine Mutation ist im Gange.

Und dazu betrachten Sie doch bitte einmal die konventionelle, die Umgangssprache, wie völlig entleert von Substanz und anthropologischem Bestand sie geworden ist. Hat sie überhaupt noch irgendeinen Rang? Hat die Sprache überhaupt noch einen *dialogischen* Charakter im *metaphysischen* Sinne? Mir scheint, sie ist reiner Ausfall, abgewetztes Palaver. Alles redet aneinander vorbei. Die Aufgabe der Rede und des Worts hat sich verschoben, sie ist Rotwelsch geworden. Slang, Argot, Gauner zwinkern sich mit Worten zu, man kann auch sagen, die Sprache ist rein politisch geworden, an irgendeine menschliche Tiefe rührt sie überhaupt nicht mehr. Es kann die Jugend mit dem Alter nicht reden, dort der Trieb, hier die Erfahrung und wenn das Körperliche nicht mehr so drängt, kommt die Moral. Es kann der Religiöse mit dem Weltkind nicht mehr reden, wem das Geschenk des Glaubens nicht zuteil ward, denkt flächig und linear. Es kann die Mutter mit der Tochter nicht reden, denn die Tochter verschweigt ihre Ge-

nüsse und ihre Scham. Es kann der Künstler mit dem Politiker nicht reden, der letztere ist jetzig, der andere achronisch. Es ist alles nur Gemähre, nichtswürdiges Vorwölben von Süchten und Verschleiern und Sesselgemurmel – in der Tiefe ist ruhelos das Andere, das uns machte, das wir aber nicht sehn. Wir zehren von Selbstbegegnungen in kurzen Stunden – aber wer begegnet sich selbst? Nur wenige und dann allein, – Rönne begegnet sich selbst –
Eine lange Antwort werden Sie sagen und wahrscheinlich zu weit ab von Ihrem speziellen stilkritischen Thema. Aber ich wäre glücklich, wenn ich Ihnen gegenwärtig gemacht hätte, daß es sich nicht um Stil und Sprache allein handelt, sondern um substantielle Fragen. Das Wort ist die Selbstbegegnung der Schöpfung und ihre Selbstbewegung. Am Anfang war das Wort und es wird am Ende sein – das was von ihm übrigbleibt – es ist ein Zug durch die Wüste, ein sibirisches Inferno, das an keiner Beresina endet. Es ist die Entelechie des Quartär, von der Sie handeln, man kann diese Dinge überhaupt nicht hart und real genug sehn. Sie arbeiten an edlem Gestein, an Solitärs. Tragen Sie Ihre Gedanken weiter, bauen Sie sie aus, erleben Sie sie jetzt am Rhein und später, wer weiß, am Ohio oder an der Lena – diese Dinge bleiben, während die Reiche vergehn, oder um mit Balzac zu schließen: »ein Wort wiegt schwerer als ein Sieg.«
Bitte empfehlen Sie mich Ihrem Herrn Chef und Lehrer unbekannterweise.

Mit nochmaligem Dank und Grüßen an Sie

Ihr
Gottfried Benn

Ich tippe selbst u. nicht gut, entschuldigen Sie.
Ich sende Ihnen morgen den neuen Band: »Frühe Prosa u Reden« zu.

An Ewald Wasmuth

Berlin 27 III 51.

Lieber Herr Wasmuth, vielen Dank, daß Sie sich meiner erinnert, mir geschrieben und das Buch gesandt haben. Ich wußte, daß, bevor die Sonne sinkt, völlig sinkt, tief genug ist sie ja schon herab, sich unsere Räume noch einmal streifen würden – nun ist es geschehn und ich freue mich aufrichtig.
Mit Pascal habe ich mich in den letzten Jahrzehnten ja oft befaßt, aber immer war es eine zwiespältige Begegnung, zu irgendeiner Klarheit über ihn bin [ich] nicht gelangt. Vielleicht wird das neue Studium mir weiterhelfen. Einzelnes immer unvergleichlich, aber das Ganze wie aus einer anderen Substanz, als wir es heute sind. Mit Kierkegaard geht es mir ähnlich. Das Moralische und Religiöse habe ich keine Organe zu erleben. Wir sind ja alle in Bezug auf das Produktive viel mehr festgelegt, als wir meistens ahnen und unsere prästabilisierte Disharmonie hält uns in engen Grenzen.
Ja, innerhalb der Literatur bin ich wieder etwas hochgekommen, man macht Doktorarbeiten über mich in Minnesota und in Bonn und ich bin wieder Mitglied so ziemlich aller Akademien, sogar der exklusiven Bayerischen Akademie der Schönen Künste in München, die keine Norddeutschen sonst aufnimmt. Natürlich ist das schön für einen, aber ich lebe so einsam und zurückgezogen wie ich es immer tat und habe mit den alten Literaturgenossen von einst gar keine Beziehungen mehr. An Einstein denke ich oft und lese in seinen Büchern, der hat was los, der war weit an der Spitze. Überhaupt die Jahre von 1912–1933 waren ja wohl die großen Geniejahre, die letzten die Deutschland hatte. Was jetzt herumkreucht, ist, international gesehen, ja ganz obskur. Wenn ich mich selbst zitieren darf: »verworren sein und nicht schreiben können, ist noch kein Surrealismus.«
Viele Grüße sende ich Ihrer Frau. Wenn Sie einmal etwas Zeit hätte, wäre es sehr liebenswürdig von ihr, wenn sie mir über das Ende von Aga Hagen etwas mitteilen könnte. Ich habe 1945 noch ein oder zwei Briefe mit ihr gewechselt, dann hörte ich nichts mehr von ihr. Wann ist sie gestorben? Und in jenem

Lager in Schlesien? Der einzige Mensch, der darüber sonst noch etwas wissen könnte, wäre Herr K . . ., aber mit dem habe ich jede Verbindung verloren und habe auch nicht die Absicht, sie wieder aufzunehmen.
Vielen Dank für Ihre freundliche Einladung. Möglich, daß mich mein Weg einmal nach Stuttgart führt und dann werde ich nicht versäumen, nach Tübingen zu fahren. Aber ich bin seit 45 nur einmal über die Grenze gefahren, im vorigen Herbst, um meine Tochter in Kopenhagen endlich wiederzusehn, die längst verheiratet und Mutter von Zwillingen (ein Junge und ein Mädchen), hochbezahlte und angesehene Redakteurin an Berlingske Tidende [ist] . . . Sonst verlasse ich meine Wohnung kaum, lehne alle Einladungen zu Vorlesungen und Vorträgen ab, selbst in die Schweiz bin ich nicht gereist, wohin mich die Basler Studentenschaft eingeladen hatte. Ein Schriftsteller existiert ja außerhalb seiner Bücher nicht, nur die Sätze gelten und auch diese nur in der Formulierung, die man ihnen gerade gegeben hat.
Je älter man wird, um so unklarer werden die Dinge, um so fragwürdiger das Persönliche, schließlich vergißt man sich selbst und will auch garnichts mehr von sich wissen. Auch der Trost mit dem Kulturkreis, in dem irgend etwas angeblich weiterlebt, erscheint einem als Illusion und idealistisches Keep-smiling.
Seien Sie nicht unglücklich, daß Sie nicht mehr in Berlin leben, es ist ein trauriges Kapitel, es ist wie Charbin u. die Steppe wächst darüber hin.
Bitte Grüßen Sie Ihre Frau, auch meine Frau läßt Sie grüßen, unbekannterweise.
Haben Sie Dank, leben Sie wohl. Lassen Sie uns die angeknüpfte Verbindung nicht wieder abreißen.

Immer Ihr

G Benn

An Thea Sternheim

[Berlin] 4. IV 51

Liebe Verehrte, ich bin ein schlechter Mensch, aber auch ein müder, liege herum, hinke, dämmere vor mich hin. – Dank für Ihre Karte. Das Buch von Zweig ist hier unbekannt, Zweig ist ja »östlich«, also in West-Berlin nicht »tragbar«. Warum schrieb ich kein abschließendes Bulletin über Ihr Buch? War nicht mehr nötig, da Sie ja wußten, wie außerordentlich es mich beschäftigt hat. Herr Niedermayer fragt an, ob ich es bei Erscheinen besprechen und gewissermaßen einführen will. Natürlich will ich das, wenn Sie es erlauben. Ich werde dabei an die Autorin einige Fragen richten: z B: Was ist nun eigentlich die Hauptsackgasse? Woran geht die Ehe Annas kaputt, an ihrem Pazifismus u. ihres Mannes Nationalismus oder daran, daß er überhaupt noch ein anderes Ziel hat als seine Anna? Marie, die reizende Figur, verläßt mit einem Hund die Szene statt mit einem Mann – ist sie die Frigide oder die Scheue oder die Geläuterte? Ist das Buch eigentlich idealistisch oder skeptisch (banal gefragt)? (Wird der Hund am Schluß nun vergiftet??) Wenn Sie sich die Mühe machen würden, mir in einem Satz zu sagen: was ist die oder sind die Sackgassen? Verzeihen Sie so zudringliche, direkte Frage! – War Herr François Bondy bei Ihnen u. brachte Ihnen Gruß von mir? Sehr netter u. kluger Mann.
Grüße, Handkuß, – schönen Frühling!

In Verehrung Ihr alter
Benn

An Erich Reiss

Berlin, 20 IV 51

Lieber Erich, Dank für Ihre Briefe! Aus der Schilderung Ihrer Krankheit bin ich nicht ganz schlau geworden – war es nicht ein *periproktitischer Abszeß*, also eine *äußerlich* verursachte

Krankheit? (Nicht so viel jucken u. kratzen!) Nun, ich bin froß, daß Sie es überstanden haben – armer Erich! Am 2. V werde ich 65 Jahre. Mein Verleger hat Madame u mich dazu nach Wiesbaden eingeladen u wir fahren für 3 Tage hin. Er tut so viel für mich, daß ich nicht anders kann, sonst ist mir Feiern ja sehr widerlich.
Hinke; habe ein schlimmes re. Knie, gehe am Stock. Meine Frau zieht mir Zähne, um Herde zu beseitigen; es scheint zu nützen. (Fokalinfektion.) Bin überhaupt marode, liege viel herum in meinem Hinterzimmer u. döse. Praxis sehr schlecht (bei Madame *sehr gut*). Literatur u. Rundfunk bringen etwas ein. Bier schmeckt noch. Keine Bekannten mehr hier, – Zeit, daß man abschrammt. Aber bis zum Tode werde ich Sie lieben u. Ihrer gedenken.
Gruß an Frau Lotte.

Ihr
Benn

An Gertrud Zenzes

Berlin 23 IV 51

Mein liebes Trudchen, in der nächsten Woche werde ich 65 Jahre – ich kann Dir das ruhig mitteilen, denn ich bin dann nicht in Berlin u. Du kannst mir nicht gratulieren u. brauchst nicht zu schreiben. Ich will aber diesen Lebensabschnitt nicht abschließen, ohne Dir für Deine unendliche Güte u. Großartigkeit in den letzten 5 Jahren zu danken, Du bist u warst der goldigste und feinste Mensch von beiden Seiten des Atlantik der mein Leben berührte. Sei umarmt, sei bedankt. Wir werden in Wiesbaden sein bei meinem Verleger, der uns eingeladen, 3 Tage dort zu verbringen, und obschon ich lieber hier wäre, fahren wir hin, da dieser Verleger sehr nett zu mir ist u. alles für mich tut. Es wird anstrengend sein, mit Radiosendungen u dem ganzen Unfug, der dazugehört. Aber es muß sein. Und Ilse will natürlich gerne reisen u. hier mal raus, sie ist ja noch sehr lebenshungrig u. neugierig auf die Welt.

Ich bin klapprig geworden in letzter Zeit, hinke, gehe am Stock, re. Knie ist nicht in Ordnung, Gicht oder dergl. Nun, es ist Zeit, daß man einpackt; das Leben war manchmal schwer, aber ich habe es ertragen u. im wesentlichen würde ich nichts anders machen als ich es machte.
Dank, vielen Dank noch für die Büchse Café zu Ostern! Und für Ilses Strümpfe. Du lieber Mensch!

Sei umarmt und nie vergessen.

Dein Gottfr. Benn

An Lotte Reiss-Jacobi

[Berlin] 15 V 51

Liebe Frau Lotte Reiss, keine Nachricht aus der ganzen Welt hätte mich mehr betrüben können als die, die Sie mir schickten. Es ist immer wieder so schwer zu begreifen, daß ein Leben nun nicht mehr ist, mit dem man verbunden war – wenigstens nicht mehr in der Gestalt ist, in der man an sie dachte u. vor sich sah. Ich glaube ja an eine irgendwie geartete Weiterexistenz auch nach dem Tode, es ist kein Aufhören, die Toten bleiben bei und u. gehören dazu, trotzdem bleibt das Aufhören des Sichtbaren und Ansprechbaren eine große Erschütterung. Seien Sie, liebe Frau Jacobi, meiner Trauer u. Teilnahme versichert; ich bin froh, daß er noch meinen letzten Brief bekam, – den allerletzten Gruß allerdings nicht mehr, den wir – meine Frau u. meine Tochter – ihm aus Wiesbaden am 4. V schrieben. –
Er starb also an dem gleichen Leiden wie seine Mutter. Wohl ihm, daß ihm deren langes Siechtum erspart geblieben ist. Ich bin in großer Trauer u habe Tränen in den Augen. Leben Sie für heute wohl und seien Sie meiner immerwährenden Freundschaft versichert.
Auch von meiner Frau herzliche Grüße.

Ihr

Gottfried Benn

An Max Niedermayer

Berlin, 14 XII 51.

Lieber Herr Niedermayer,
Dank für die Sendung vom 10 XII. Anbei Vertrag zurück u. der Umschlag von »Sackgassen«. Das ist in der Tat unmöglich.
Von Rowohlt bekam ich den neuen Hemingway-Roman, die Sache von dem Oberst in Venedig – nach meiner Meinung ein schwaches Buch, sehr snobistisch, affektiert, kokett, trotz aller immer wieder betonten Männlichkeit des Helden, aber dafür *sehr militaristisch*, wenn ein Deutscher das geschrieben hätte, würden alle Kritiker über ihn herfallen, der ganze Inhalt dieses Obersten-Helden-Lebens sind die beiden Kriege.
Was ich in Arbeit hatte, ist jetzt fertig, 30 Schreibmaschinenseiten. Und was ist es? Nach meiner Meinung – ein Hörspiel! Allerdings ein sonderbares.

Herzlichen Gruß
Ihr
Benn

An Max Niedermayer

[Berlin] 30 I 52

Lieber Herr Niedermayer, vielen Dank für die schnelle Rücksendung der amerikanischen Sache und Fräulein Schlüter meinen Dank für ihre Korrekturen. Ich wußte garnicht, daß sie eine so große Expertin in Englisch ist. Ich werde ihre Bemerkungen und Herrn Oelzes Brief dorthinschicken.
Herr J . . . atmet ja förmlich auf, daß Sie ihm die Entscheidung abgenommen haben. Am Rundfunk können selbst die intelligenten Leute nicht über das hinausgehn, was ein mittlerer Film oder die Constanze oder Walther von Hollander an Gedankengut bietet. Man kann es ihnen nicht verdenken, da das Radio ja doch im wesentlichen ein populäres Instrument ist.

Aber ich bitte, nun garnichts mehr von sich hören zu lassen und keinesfalls die Sonntagszeitung allein senden zu lassen, es ist für mich und eine neue Arbeit von mir besser, in der Isolation zu bleiben und die eventuellen Liebhaber auf sich zukommen zu lassen. Meine Abneigung gegen alles öffentliche Auftreten ist schon berechtigt. Merkwürdig ist ja nur, daß so oft was zunächst extravagant und unmöglich schien, dann doch allmählich seine Kreise findet.
Dank für Ihr Angebot, mir das Georgebuch zu senden, aber im Augenblick habe ich keine Stimmung dafür. Meine Gedanken sind im Moment nur von der Sehnsucht erfüllt, wenn es warm wird für 4 Wochen hier fortzugehn und zu baden, mich massieren zu lassen und zu entschlacken – in Schlangenbad oder Kohlgrub oder am Chiemsee oder in Bertrich oder wo immer, wo es Wasser und Sonne gibt.
Wissen Sie, daß hier zweimal Audens Buch vorgetragen wurde von jungen Schauspielern im British Centre – in der einen Vorlesung war meine Frau, sie sagt, es war ganz nett, hoffentlich haben Sie hier genügend Exemplare hergeliefert, denn es ist ja zu vermuten, daß Nachfrage danach war.

Mit herzlichem Gruß
Ihr ergebener
Benn

Ich finde, Herr J... hätte nicht warten sollen, bis Sie ihm schreiben, sondern sich von sich aus melden müssen!

An Max Niedermayer

Berlin 16 II 52

Lieber Herr Niedermayer,
nach Ihrem Anruf, für den ich herzlich danke, ein Wort zu Ihrer sorgenvollen Bemerkung, daß schon einige über die »St. h. d. V.« betroffen seien. *Mir* ist das nicht unangenehm. Es handelt sich ja doch um *ernste* Fragen. Um Dinge, denen wir innerlich und äußerlich alle gegenüberstehn. Auch bin ich der Meinung, es ist besser u. anständiger, bis zum Schluß sei-

ner Produktion hart zu bleiben, statt milde, reif u. familienhaft zu werden, wenn man es in seinem Wesen doch nicht ist. Ich bin mir völlig klar darüber, daß ich mir durch diese neue Publikation Anhänger verscherze u Chancen äußerer Art nehme (Preise usw.), aber wenn etwas aus echter produktiver Substanz u. menschlicher Notwendigkeit stammt u strömt, wäre es feige, zurückzuschrecken. Ihnen muß ich um so dankbarer sein, daß Sie sich seiner annehmen. Also, auf in den Kampf – wenn es sein muß.

Herzlichen Gruß!

Ihr dankbarer

Benn

An Edgar Lohner

Berlin, d. 19. 2. 52

Sehr geehrter Herr Lohner,
vielen Dank für Ihren Brief vom 11. Februar. Es ist charmant, mit Ihnen zu korrespondieren. Den Brief an Herrn Oelze habe ich weiterbefördert, er ist sicher begeistert mit Ihnen in Beziehung zu treten. Sein Urteil wird immer klug sein, er ist Bremer Gentry, von Beruf Importkaufmann, seine Ästhetik ist vielleicht ein ganz klein wenig klassizistisch, er hat sich ein ganz bestimmtes Bild von mir gemacht und ist eigentlich immer böse, wenn ich etwas Neues schreibe, das nicht ganz in dies Bild paßt. Aber das stört unsere Freundschaft nicht.
Daß Sie ein Schüler von Curtius sind, interessiert mich sehr, wir stehen, ohne daß wir uns persönlich kennen, in einem gewissen freundschaftlichen Briefwechsel. Ihr Bild, lieber Herr Lohner, ist bezaubernd . . .
Ich beantworte jetzt Ihre Fragen:

I. Zu dem Gedicht »Spät«.

   a) »Silberapparat«. Gemeint ist ein Telefonapparat, und da es sich um reiche Leute handelt, stelle ich es so dar, als bestünde er aus Silber, ich hätte auch schreiben können aus Elfenbein, wenn es in den Rhythmus der Reihe gepaßt hätte.

b) Der Name Louella Parsons ist mir unbekannt. Mir lag nur an einem Vornamen, und dieser stand meines Erinnerns in dem Zeitungsartikel, dem ich, in meiner Stammbar sitzend, den ganzen Stoff entnahm.

c) »Steinfliesen«. Ich stellte mir vor, Marion ginge in dieser Begräbnisstunde auf der Terrasse oder sonstwo hin und her und auf die letzte warf sie das Glas – es klirrt, es ist aus.

d) »Mischung – hochprozentig«. Mischung ist Cocktail oder irgendein Getränk, das berauscht. Hochprozentig soll heißen, dieser Cocktail ist sehr stark, sehr berauschend, er ist hochprozentig in Bezug auf den Alkoholgehalt.

II. Die Chopin-Worte. In der Klabund-Rede sind sie das Originalrezept von Chopin. In dem Chopin-*Gedicht* verwende ich diese Worte lyrisch frei.

III. *»Haune«* ist ein Wort, das ich in meinem Leben nie gehört hatte, bis ich es in Ovids »Verwandlungen« in seinem Gedicht »Orpheus« in der Übersetzung von Johann Heinrich Voß fand. Es erschien mir ein gutes Wort, ich forschte ihm nach, jedoch ohne Erfolg. Da ja aber Johann Heinrich Voß ein sehr starkes und originelles Übersetzungsgenie war, muß er das Wort gekannt haben, und es muß damals, zumindest in Norddeutschland, gebraucht worden sein. Ich nehme an, daß es mit Huhn garnichts zu tun hat, sondern man muß nach der Stelle annehmen, daß es sich auch um eine Art Waffe gehandelt hat oder um einen Gegenstand der Feldbearbeitung, also auch eine Art Hacke oder vielleicht ein Eisen vom Pflug. In Berlin ist der Ausdruck ganz unbekannt.
Hacke ist Feldhacke. Vielleicht haben Sie die Möglichkeit, sich Ovids Verwandlungen, die ja ein wunderbares Buch sind, aus einer Bibliothek zu leihen, Sie werden dann an dieser Stelle sehen, daß es sich um Waffen gehandelt haben muß, mit denen die rasenden Weiber Orpheus töteten.

IV. Jazz vom Rio [del] Grande. Einen Grund hierfür kann ich nicht angeben, ich brauchte diesen Vers, seinen Inhalt und seinen Rhythmus.

V. »Eigen-Immortelle«. Das hat mit seltsam nichts zu tun, sondern soll folgendes bedeuten: das späte Ich ist ein einsames Ich, auf sich selbst gestellt und nur sich selbst erlebend. Das ist ja das Zeichen seiner extremen Lage. Also auch die Unsterblichkeit, die Immortalität, endet für dies Ich mit seinem Tode, eine allgemeine objektive Immortalität gibt es für ihn nicht, die allgemeine Immortalität ist ein ideologischer, bürgerlich-kultureller, von Wohlwollen der Nachwelt und von Todesangst der Mitwelt geprägter moralischer Begriff. Es gibt ihn nicht für den finalen Typ, der nur in sich selber lebt, nur sich selbst gestaltet und sein Schicksal und seine Unsterblichkeit mit hinabnimmt, wenn die Stunde schlägt. Alles dies soll in dem vielleicht nicht glücklichen Wort »Eigen-Immortelle« sich ausdrücken oder zumindest durchschimmern. In dieselbe Richtung zielt der reichlich unpassende Ausdruck »Abgänger« in der gleichen Strophe, d. h. der Mensch ist ein Samenerguß ohne Befruchtungswillen und Befruchtungsmöglichkeit, er geht in die Nacht, aus dem Traum, ins Nichts und kennt keine Gemeinschaft, auch keine geschlechtliche mehr. Liebe ist das Elysium der Unproduktiven, derer, die nicht denken und Ausdruck schaffen können. Der Extreme in seiner Finallage gibt auch die Liebe nicht mehr ab, er behält sie für sich selbst. Dasselbe sagt ein Vers aus einem anderen Gedicht, nämlich dem Gedicht »Synthese«, da steht der schreckliche Vers, der seit seinem Erscheinen vor etwa 25 Jahren immer wieder Anstoß und Empörung erregt: »Auch was sich noch der Frau gewährt ist dunkle süße Onanie.«

Hoffentlich, lieber Herr Lohner, bestimmen Sie diese Ausführungen nicht, Ihr freundliches Interesse für mich aufzugeben.

Bitte grüßen Sie herzlich Herrn Cid Corman, ich stehe Ihnen gern weiter auf alle Fragen mit einer Antwort zur Verfügung, es interessiert mich sogar sehr, jetzt rückblickend diese Dinge noch einmal in mir wachwerden zu lassen.

Mit vielen Grüßen Ihr sehr ergebener

Gottfried Benn

An Helmut Lamprecht

Berlin 4. III. 52

Sehr geehrter Herr Lamprecht,
haben Sie vielen Dank für Ihr Schreiben vom 20. 2. 52 und die Zusendung des Exemplars Ihrer letzten Zeitung. Ich bin sehr erfreut, daß Sie meinen Arbeiten so viel Interesse zuwenden. Ein unveröffentlichtes Gedicht kann ich Ihnen leider im Augenblick nicht zusenden. Was ich an unveröffentlichter Lyrik in meinen Mappen zu liegen habe, ist für Ihre Zwecke vielleicht nicht geeignet. Dagegen will ich Ihre Fragen gerne beantworten.
Zu 1) Ich kann mir einen sozialistischen Realismus als Kunstform nicht vorstellen. Wenn etwas Kunstform geworden ist, ist es nicht mehr sozialistisch und auch nicht mehr realistisch, dann ist es eben Kunst d. h. etwas mit eigenem Inhalt und aufgelöstem Material, sonst wäre es ja weiter Ansichtsäußerung und politischer Journalismus.
Zu 2) Johannes R. Becher war in seinen jungen Jahren einer der begabtesten Lyriker meiner Generation. Sein Buch »Triumph und Verfall« war großartig, es hatte geniale Züge. Von seiner späteren politischen Dichtung halte ich garnichts.
Zu 3) Ich kenne Bert Brechts »Verhör des Lukullus« nicht, weder die erste Fassung noch die, wie Sie sagen, befohlene Umarbeitung. Dabei fällt mir ein, daß Kleist seine Penthesilea jedenfalls nicht umarbeitete, um sie für Weimar aufführungsfähig zu machen.
Sollte ich noch ein Gedicht finden, das ich Ihnen schicken könnte, werde ich es tun, aber bitte rechnen Sie nicht damit.

Mit nochmaligem Dank und vielen Grüßen
Ihr ergebener
Gottfried Benn

An Hans Paeschke

Berlin 29 IV 52

Lieber Herr Paeschke, haben Sie vielen Dank für Ihren handschriftlichen Brief vom 25. IV. Ich denke gern an die kurzen Minuten bei Ihnen im Büro und in Ihrer Wohnung zurück, in der ich Ihre so charmante Gattin kennenlernte. Wenn ich auf Literarisches und dergl. einzugehn nicht sehr gestimmt war, so keineswegs aus dem Grunde, daß ich mit dem Merkur nicht übereinstimmte und seiner Haltung kritisch gegenüberstünde. Durchaus nicht. Avantgardismus oder was man so nennt aus Prinzip vertreten zu wollen, wäre doch ganz unsinnig, besonders, wo doch so wenig Derartiges bei uns vorhanden ist und meistens nur eine gewisse Frechheit und Überheblichkeit der Hintergrund aller dieser Unternehmungen ist. Eine seriöse Monatsschrift kann garnicht anders geführt werden, als Sie es tun.

Es hat andere Gründe, wenn ich zur Zeit etwas schweigsam bin. Ich will bis auf weiteres garnicht mehr an die Öffentlichkeit treten, ich habe in den letzten Jahren mich ja über alles ausgesprochen und versinke wieder in mich selber, um zu prüfen, ob es sich lohnt, auf Neues das ja doch immer wieder etwas Altes ist, diese so mühselige, kampf- und fragenumlastete Arbeit zu richten. Es gibt Zeiten, in denen man alles in sich selber in Frage stellt und gegen sich selbst die gleiche destruierende Funktion ausübt, die später das Alter, die Zeit und das allgemeine Vergessen übernehmen. Keine angenehmen Zeiten, aber sie müssen sein und gehören dazu.

Also bleibe ich weiter ein treuer Anhänger des Merkur und werde es mir immer zur Ehre rechnen, in ihm gedruckt zu werden.

Nehmen Sie viele Grüße und bitte empfehlen Sie mich Ihrer reizenden Gattin mit einem gehorsamen Handkuß.

Ihr alter
Benn

An Heinz Friedrich

Berlin, 23 V 52.

Lieber Herr Friedrich – ausgezeichnet! Mit großer Spannung gelesen! Die Methode der Kontrastierung ist sehr eindrucksvoll. Neuer Beitrag zur Desillusionierung des »Poetischen«. Sie sehen glänzend *hinter* den Worten u Reimen u Sätzen den Raum, den leeren Raum. Eine ungelöste Frage: wirkt nicht der heutige Schreiber auch durch seine Mängel? Ist er nicht dadurch *unsere* Zeit? Es könnte ja heute niemand schreiben wie Goethe, wie Hölderlin, wie Eichendorff – das wäre noch grotesker. Die Erwartung, daß es in jedem Zeitalter eine »erste Hand« gibt, ist vielleicht zu idealistisch, es werden immer die »zweiten Hände« u die dritten im Vordergrund stehn u. müssen es nach meiner Meinung. Um die »erste Hand« muß es still bleiben – kein Händeschütteln! Sehr viele, sehr schwierige, ich glaube: unlösbare Probleme rühren Sie an. Auf jeden Fall ist der Nachweis der Hohlheit, der Pose, des Eitlen, der Leere vieler Poeten Ihnen glänzend gelungen. Die Sendung ist hochinteressant und bedeutend.

Dank u Gruß
Ihr
Benn

An Thea Steinheim

10 VI 52.

Meine Teure, das Buch ist so schön, daß man nicht auf einer Postkarte darüber schreiben sollte. Ich nähere mich dem Ende, habe vieles angestrichen, viele Notizen gemacht, habe Einwände gegen einiges, bin aber immer von neuem hingerissen. Hoffentlich werden das viele bei uns sein.
Diese seltsamen Dia-Monologe! Ich fürchte, ich werde dem Oeuvre mit meinem Geschwätz nicht gerecht werden können. – Einige Druckfehler sind wohl drin? Dank. Gruß. Handkuß.

G B.

An Friedrich Sieburg

Berlin 2 VII 52

Sehr verehrter Herr Sieburg,
Ihre Persönlichkeit, sublim u lukullisch, gepflegt und opulent, steht seit Ihrem Besuch bei uns mir immer wieder vor Augen. Ich bedanke mich nochmal für Ihr Kommen und für Ihren reizenden Brief vom 29. VI. In Ihnen ist eine wirklich erregende Vereinigung von innerer und äußerer Eleganz, von geistiger und sinnlicher Finesse zustandegekommen. Oh, wären es mehrere auf unserem Parnaß, von denen man das sagen könnte.
Lassen Sie uns gerne u mit Wohlwollen aneinander denken!

Ihr sehr ergebener
G. Benn

An Hans Paeschke

Berlin, 17 VII 52

Sehr verehrter Herr Paeschke,
anbei 6 Gedichte. Eines werden Sie nicht bringen wollen – dann lassen wir es weg, aber sagen Sie welches.
Bedenken Sie bitte, wie skrupellos die Ausländer ihre Lyrik starten, – ohne Rücksicht auf das Edle, Getragene, Schulbuchfähige, Präsidentengefällige, Pour-le-mérite-würdige – in Deutschland entsteht die meiste Lyrik auf dem Lande, in Provinzorten, mit Kindern u. Enkeln u. in Einehen. Lassen Sie auch einmal Banalitäten u Melancholien ihr Recht u. dem Sammelsurium unserer illegalen Seelen.

Viele Grüße
Ihr ergebenster
Benn

An Joachim Moras

Berlin 22. 9. 1952

Sehr verehrter Herr Moras!
Vielen Dank für Ihren freundlichen Brief vom 15. 9. 1952. Knokke war zweifellos sehr interessant. Vielleicht weniger unter literarischen Gesichtspunkten als unter allgemein kulturellem und politischem. Was mich am meisten beeindruckt hat, ist die immer noch intakte, völlig geschlossene französische Welt, namentlich der französischen Sprache. Ein anderes Wort als ein französisches ist während der ganzen Tagung nicht gefallen. Der Neger von Senegal sprach genau das gleiche geschmeidige, elegante Französisch, wie der Mestize aus Ekuador oder die kleine Japanerin, die uns was vortrug, oder der polnische Emigrant oder der fette italienische Kollege. Auch die so bäuerlich wirkenden Flamen sprachen nur die ihnen wohl innerlich feindliche Sprache.
Mein zweiter starker Eindruck war die Sicherheit, mit der die Schwarzen und Gelben sich bewegten. Elegant angezogen, sicher im Auftreten, eigentlich waren sie es, die uns ins Gespräch zogen.
Ich hielt mein Korreferat natürlich auch auf Französisch, ich hatte es mir hier übersetzen lassen. Dies Korreferat sollte als Ausgangspunkt nehmen das Hauptreferat, das von einem belgischen Schriftsteller stammte, einem Herrn Verhesen, dem Herausgeber des in Brüssel erscheinenden Journal des Poètes. Die anderen beiden Korreferenten waren der Herr vom Senegal und einer aus Ekuador.
Was ich vorgetragen habe, ist nicht bemerkenswert, es geht im wesentlichen auf meinen Marburger Vortrag Probleme der Lyrik zurück. Diesmal habe ich also meine Arien auf französisch gesungen, ich hatte den Eindruck, es kam nicht an. Ich schicke es Ihnen auf deutsch und auf französisch, aber es ist für den Merkur nicht geeignet, es enthält ja gedanklich nichts Neues. Ich schicke Ihnen auch noch einige andere hierhergehörige Sachen, da die ganze Tagung ja doch recht bemerkenswert und in einem äußerlich großartigen Rahmen sich darbot. Ich persönlich hatte vom Auswärtigen Amt in Bonn weitge-

hende finanzielle Unterstützung. Auch ein sehr orientierter Botschaftsrat von der deutschen Botschaft in Brüssel besuchte uns und nahm an der Eröffnung teil.
Ich erlaube mir, Sie in diesem Zusammenhang auf eine von dieser Biennale herausgegebene Anthologie aufmerksam zu machen

»Un demi Siècle de Poésie
Première Anthologie mondiale
des poètes vivants«

aus dem Verlag Editions La Concorde Lausanne. Von Deutschen sind außer mir seltsamerweise nur Brecht und Hesse darin enthalten. Leider sind von mir nur die ganz frühen Gedichte drin aus der »Morgue«, dafür wird mir attestiert, daß ich »incontestablement le plus grand poète allemand depuis Rilke« bin.
Alles was ich Ihnen sende, bitte ich mir zurückzuschicken, da ich alles nur einmal besitze.
Der Palinurus ist in Arbeit, aber vielleicht dauert es doch noch eine gewisse Zeit.

Mit vielen Grüßen an Sie und Herrn Paeschke
immer Ihr ergebenster
Benn

Knokke entwickelt sich
zu einem *Bayreuth der Lyrik*.

An Hans Egon Holthusen

Berlin, 9 XII 52

Mein Lieber, es ist sehr nett, daß Sie mir geschrieben haben, sehr, sehr nett. Natürlich hat der »Kritiker« immer ein unangenehmes Gefühl, wenn es sich um einen Autor handelt, den man persönlich kennt, gern hat, zu dem man, möchte ich sagen, *Vertrauen hat* – dann über ihn gewisse unumgängliche Einschränkungen zu machen. Aber ich würde z B auch Einschränkungen machen gegenüber dem West-Östlichen Diwan (den ich jetzt zum 4. Mal in meinem Leben so olympisch und einmalig u. comblehaft zu sehen versuche, aus Anlaß von

Herrn Rychners Neuausgabe u Vorwort, was aber zum 4. Mal mir nicht gelang ›»Der Gott u die Bajadere« ist mir mehr wert als der ganze Diwan‹) also: Die Einwände sind innere konstitutionelle Reaktionen, auf die man ausgeht, – also kurz: wenn es einen lyrischen Ifflandring gäbe u ich ihn trüge (was nicht der Fall wäre, R A. Schröder oder Carossa würden ihn tragen), würde ich ihn testamentarisch an Sie weitergeben. Betrachten Sie Ihren 4., Ringfinger, da würde ich ihn anstecken.

Gute Weihnachten Ihnen und Ihrer Frau.

Herzlichen Gruß Ihr

Benn

An Max Niedermayer

4 II 53

Lieber Herr Niedermayer, Sie sind wirklich ein interessanter Mann! Ihr Urteil über die Gedichte ist bemerkenswert. Z B. daß Sie »Amarylle« gut finden, ist geradezu überraschend, es ist bestimmt ein raffiniertes u echtes Gebilde, aber für den Normalleser infolge des »gründlich« anstößig. Gelungen scheint mir »Jener« (»Komm in unser umblühtes Haus«), es ist einfach u. raffiniert. Sonntag im »Tagesspiegel« stand »Eingeengt«, das streift vielleicht schon das Idealistische u. ist mir infolgedessen verdächtig, aber Herr Lennig findet es großartig. – »Es gibt –« ist das »Wunder« von Herrn Oelze –. Nicht ganz klar bin ich mir über »Den jungen Leuten«. – »Viele Herbste« ist vielleicht etwas derb. –
»Radio« bleibt also weg. Aber vielleicht wächst sich »Destille« noch mit 2 weiteren Knospen aus u. vielleicht nenne ich den ganzen Band *»Destillation«*, es sind ja keine natürlichen Gedichte, sondern gefilterte, sublimierte, eben destillierte. Aber vielleicht finde ich noch etwas anderes.
Leider werde ich für die französ. Gedichte keine Zeit haben. Ich habe ja in den nächsten Wochen mit der *Genfer* Sache viel zu tun. Steige auch augenblicklich nicht gerne in fremde Katakomben & Kloaken, sondern bleibe in meinen eigenen.

Gratuliere zu der Einladung nach Paris, das sind 10 Tage, eine schöne Sache! Sicher können Sie dann auch Versailles & Fontainebleau u andere Sachen (Chartres) besuchen.

Herzlichen Gruß.

Ihr
G Benn

Dank für das Februargeld!
à propos: »Destille« ist nicht Flint. Das ist ja ein hochanständiges Lokal. Aber an einer anderen Ecke hat sich eine wahre Kaschemme aufgetan, Schnaps u Bier 10–20 Pf. billiger als sonstwo, von morgens an immer überfüllt u. schmutzig, da schiebe ich abends manchmal ein.

An Friedrich Siems

Berlin, den 18. 5. 1953

Sehr verehrter Herr Siems!
Ich kam aus der von Ihnen so reizvoll inszenierten Aufführung des »Amphitryon« von Kleist und dachte folgendes: Diese ewigen antiken Kostüme! Jeden Abend andere Kothurne auf den Brettern! Helena und Antigone und Orest und Zeus und Klytämnestra und Menelaus – alles was Kostüm trägt, ist das nicht eigentlich Sommertheater? Was für ein Geklapper! Ich nehme Shakespeare nicht aus: Diese Degen und Brünnen und Wamse und Giftbecher und Dolche – als Buch gelesen unvergleichlich, aber auf der Bühne: Das Komische traurig und das Ernste zum Lachen! Verzeihen Sie, daß ich diese meine persönliche Meinung so offen vor Ihnen ausspreche, ich will damit sagen, mir scheint Alkmene und ihre Nacht kommen heute nicht mehr ganz bei uns an, unsere eigene Zeit bedrängt uns zu sehr, und das Ehepaar Sosias war vielleicht zur Zeit von Hans Sachs ein Bühnenelement, aber wir haben heute unsere eigenen Possierlichkeiten.
Die Zeitbedrängnis durch unsere eigene Zeit! Und damit sind wir bei der »Stimme hinter dem Vorhang«, die Sie in Köln

durch Schauspieler unter Ihrer Regie vorführen wollen. Zunächst: Ich habe diese Arbeit nicht im entferntesten mit dem Gedanken geschrieben, daß sie etwa je auf einer Bühne oder von einem Radio als Hörspiel gebracht werden könnte. Ich schrieb sie, wie ich meine Sachen schreibe ohne Nebengedanken und ohne Illusionen, für einen kleinen Kreis. Notizen aus der Zeit und über die Zeit, Gedanken des Tages, Impressionen von Spaziergängen und Bars, installiert in einige reichlich unmotivierte Figuren. Vor Augen hatte ich immer nur dies unentwirrbare Konvolut der Zeit – und welcher Zeit – bitte sagen Sie selbst: Aufweichungen, wo einmal Halt und Widerstand war –, die Scham zu den Hunden geflohen, wörtlich, wissenschaftlich: Sie lesen heute in den Arbeiten der Zoologen Ausdrücke über Beobachtungen an Tieren wie »Innerlichkeit«, »Begegnungen« – also Ausdrücke, die Sie heute innerhalb der menschlichen Psychologie nur errötend erwähnen würden. Oder wenn Sie aus Ihrem Fenster sehen, können Sie sich in einen Gott hineindenken, der etwas so Sanftes wie die Pflanzen und Bäume geschaffen hat? Ratten, Pest, Lärm, Verzweiflung – ja, – aber Blumen? Es gibt ein Bild aus dem 14. Jahrhundert: »Erschaffung der Pflanzen«, da steht ein kleiner, krummer, schwarzbärtiger Gott und hebt eine zu große rechte Hand, als zöge er damit die beiden Bäume aus der Erde, die dann neben ihm stehen, sonst ist alles noch ziemlich leer – können Sie sich heute diesen freundlichen Schöpfer vorstellen? Laster, Würmer, Maden, Faul- und Stinktiere – das ja, in Massen, in Fortsetzungen, in Lieferungen, 100prozentig, immer neue Auflagen – aber ein kleiner zärtlicher Gott, der zwei Bäume hochzieht? Und in was für Gestalten die Götter alles auftreten! Bei Alkmene war es ein Feldherr, im 14. Jahrhundert ein Gärtner und heute ist es ein Gerichtsvollzieher, der Staat sendet überall seine Zapfen hinein: Steuer, Miete, Sexualität, die Gesundheit, die Krankheit, überall hinein diese Staatszapfen, er hat eine Menschheit geschaffen, die ohne ihren Rheumatismus garnicht mehr leben kann, da sonst ihr letzter Lebensinhalt verfällt.

Wir wollen uns nicht in Einzelheiten verlieren, die Liste ließe sich beliebig weiterführen, weiter über die Robotergehirne, über die hunderttausend künstlichen Befruchtungen bei Kü-

hen und Frauen, Chickenfarmen mit legefördernder Musik, künstliche Verdoppelung der Chromosomen mit dem Erfolg von Riesenbastarden, weiter bis zu der geheimnisvollen Botschaft des Diamantenhändlers Salomon Roßbach, als er vom Empire-State-Building sprang: »Kein Oben, kein Unten mehr, so springe ich.«
Ja, so springen wir, und was wird werden? Verbote, Predigten, Kontrollen, Restaurationen – ich glaube nicht, daß das viel nützt. Die geistigen Dinge sind irreversibel, sie gehen ihren Weg weiter, ihren Weg bis ans Ende der Nacht. Man muß dem ins Auge sehen, das erscheint mir abendländischer, als weiter unser Menschentum zu glorifizieren. Diesen Gedanken will die »Stimme hinter dem Vorhang« Ausdruck verleihen. Sie will sagen, laßt doch euer ewiges ideologisches Geschwätz, euer Gebarme um etwas »Höheres«, der Mensch ist kein höheres Wesen, wir sind nicht das Geschlecht, das aus dem Dunkel ins Helle strebt – wohin wir streben, weiß ich offengestanden nicht, aber was wir erreichten, war in weitem Umfang das Überhebliche, das Hybride, auch das Dumme – also ein gewisser Abbau dieser unserer Arroganz scheint am Platze, ein kurzer Aufenthalt im Dunkel, selbst im Gemeinen, scheint dieser Stimme moralisch angebracht. Moralisch insofern, als ihr Satz: »Im Dunkel leben, im Dunkel tun, was wir können« den ersten Teil dieser Sentenz keineswegs als Lokkung und Triumph verkündet, sondern im Gegenteil als Forderung, nämlich: auch wenn sich das Abendland in völlig undurchsichtige Dschungel manövriert hat, müssen wir tun, was wir können, sogar Teilhoffnungen Raum lassen und das Menschliche nicht völlig verlorengeben. Ob wir allerdings die Krone der Schöpfung sind, das weiß unsere Stimme nicht, es liegt ihr näher zu vermuten, daß die Schöpfung noch andere Kopfverkleidungen und Überkronen auf Lager hat – aber dennoch: »tun, was wir können.«
Und damit leben Sie wohl, sehr verehrter Herr Siems, empfehlen Sie mich bitte Ihren Mitarbeitern, die diese gewagten Stimmen verkörpern werden und übermitteln Sie ihnen bitte meinen Dank.

Ihr sehr ergebener
Gottfried Benn

An Else C. Kraus und Alice Schuster

Berlin 16 VII 53

Liebes Cchen, liebe Alice, wenn ich Eure Adresse genau gewußt hätte, hätte ich Euch schon gleich nach Eurem Besuch bei uns geschrieben, um zu sagen, wie sehr mich das Wiedersehn gefreut hat. Nun werde ich mit Hilfe Eurer Karte wohl hinfinden. Also, Alice: Dein Finger wurde sicher noch schlimm, das war mir klar, aber an dem Tag konnte man noch nicht schneiden, es war noch zu hart; außerdem war es ja offen u keine Gefahr einer Stauung oder Ausbreitung der Infektion lag vor. Aber sicher ist nachher noch viel rausgekommen. Ihr saht beide jung und munter aus u wart ein erfreulicher Eindruck!
In Berlin lebt es sich nicht mehr gut. Ich gehe überhaupt nicht auf Gesellschaft oder Veranstaltungen, habe mit niemandem Kontakt, – alles Kruppzeug, Klüngel, Mittelstand. Außerdem haßt man mich ja unendlich, weil ich hochgekommen bin u. für mich allein lebe. Schadet nichts, zu einem Wagen werde ich es nicht bringen, aber zu verhungern brauchen wir nicht.
Meine Frau ist sehr nett, läßt den Alten in Frieden, geht ganz in ihrem Beruf auf u. hängt doch sehr an mir. Auch kann sie mit *Sicherungen* umgehn, wenn das Licht aussetzt, u. mit Rolleaux, was mir fremde Welten sind.

Laßt uns in Verbindung bleiben, bis die Schatten sinken.

Tausend Grüße

Eurer G. B

An Joachim Moras

Berlin 24 8 53

Lieber Herr Moras, wenn ich vor jemandem auf der Welt ein schlechtes Gewissen habe, sind Sie und Herr Paeschke es u. das in einem Maße, daß mir die Hände zitterten, als ich heute

Ihren Brief erblickte und öffnete. Nun, es hat keinen Zweck, weiter darüber zu reden. Ich kann mich seit einiger Zeit nicht entschließen, über Bücher zu schreiben, die Arbeit, die es einem macht, steht in keinem Verhältnis zu Erträgnissen für andere und einen selber; es kommt hinzu, daß gerade Sie so viele und ausgezeichnete Kritiker und Essayisten haben, über die Sie verfügen können, daß ich mit meinen bescheidenen Gedanken garnicht damit konkurrieren kann. In jedem Heft Ihrer unverändert großartigen Zeitschrift stehn Dinge, die mich tief beschäftigen und mich anregen, aber leider nicht mit dem Erfolg, mich für mich selbst zu inspirieren.
Palinurus: ich schlage vor, einen Ihrer Mitarbeiter anzuregen, über ihn im Verein und Vergleich mit Cioran und eventuell Fabri (sein kleines Buch: Sisyphus) zu schreiben – das war mein Projekt, als ich die Besprechung erwog, aber wie gesagt, ich bin seit einiger Zeit so mißtrauisch gegen alles, was mich betrifft, daß ich mich mit nichts mehr hervorwage. Ich weiß im Augenblick nicht, wer es war, der seine eigenen Kinder verschlang, aber ich jedenfalls verschlinge seit langem nicht nur meine Produkte, sondern schon die Bleistifte und Kugelschreiber, die ihre Erzeugung vorbereiten könnten.
Infolgedessen kann ich Ihnen garnichts anbieten, keine Dichtung, keine Prosa, nur Jammer und Elend des inneren Menschen, wobei ich schon über das Wort »inneren« lache.
Es erleichtert mich, durch Ihren Brief veranlaßt zu sein, Ihnen wenigstens dies Bekenntnis abgelegt zu haben mit der Versicherung von Dankbarkeit und Ergebenheit für Ihre und Herrn Paeschkes rastlose Arbeit u vielseitige Erweckung auch meines stumpfen Herzens.
(Einer der ernstesten Gründe meiner Depression ist, daß es in West-Berlin keine Bibliothek mehr gibt, die alte große liegt in Ost-Berlin und ist für uns nicht zugängig. Wenn ich beispielsweise feststellen will, wann Walt Whitman geboren ist, muß ich eine halbe Stunde in eine der primitiven Bezirksvolksbüchereien wandern, – vielleicht kann ich es da finden. Das wunderbare Flackern von einem Buch zum andern, das in der alten Staatsbibliothek Unter den Linden früher möglich war, ist nicht mehr zu erleben.)
Überhaupt Berlin-West – eine größere innere Tradödie als Sie

sich denken können. Wer ein paar Tage hierherkommt, ist begeistert über die angebliche Spannung hier, aber seit 8 Jahren hier leben zu müssen, ist Galeerenarbeit.
Herzliche Grüße und noch eine Bitte: bitte lassen Sie nichts über meine Gedichte erscheinen , dies ist eine *ernstliche Bitte*, ich mag nicht mehr!

Immer Ihr

Gottfried Benn

Selbst getippt, schlecht getippt – pardon! Auch die Schreibmaschine muß ich mitverschlingen.
Lamming – reizend! Be.

An Thea Sternheim

Berlin 8 X 53

Meine sehr Liebe, Sie hatten die Güte, mir die Nr. von »Les Lettres Nouvelles« zu senden, in der etwas aus »Double Vie« steht, übersetzt von Alexandre Vialatte. Derselbe hatte schon in der Nr. 3/8–9/9 53 von »L'Art« einen längeren, ganz interessanten Aufsatz über mich mit Zitaten aus »Double Vie« gebracht. Wer ist Vialatte?
. . .
Dann habe ich für die Librairie *Martin Flinker*, Paris, etwas für seinen neuen Almanach verfaßt – kurz: Frankreich im Augenblick von allen Seiten, das Seltsamste aber ist folgendes: die Académie royale de Langue et de Littérature Françaises in Brüssel hat mich in das Ehrenkomitee berufen für eine Feier für den † Charles Plisnier, zu dem Malraux, Graham Green, Silone, Dos Passos gehören. Plisnier hier völlig unbekannt. Ich verschaffte mir 2 Romane (darunter »Moriages«) u las. Mir völlig unbegreiflich, was mit dem Mann jetzt gemacht wird. Ich soll im BBC London auf deutsch über ihn reden. Seine Themen sind: reiche junge Mädchen der Bourgeoisie zwischen den Kriegen in Paris, die z. B. ein uneheliches Kind bekommen u nun »ausgestoßen« von der Familie werden. Al-

so Sudermann 1885. Warum feiert man den Mann plötzlich? Kennen Sie seinen Namen? Herr Villain wußte nichts über ihn. –
Von hier: nun, wir leben so dahin. Die Festwochen dies Jahr waren langweilig, ich habe mich nicht darum gekümmert. War in »Wir warten auf Godot«, in Paris angeblich großer Erfolg. Fand nichts dran. – Daß *Reuter* gestorben ist, war eine wirkliche echte Volkstrauer; auch wir stellten ihm Kerzen in die Fenster. – Was Sie von Ihrem Gehör schreiben, interessiert mich besonders: auch ich höre nämlich seit einiger Zeit recht schlecht. Sehr gelacht haben die Ilse u ich über Ihren Satz: »wenn Sie einen nicht leiden können, hören Sie garnichts mehr«! Sehr gut! Ich auch nicht u. darum höre ich meistens überhaupt nicht mehr u kann kaum noch antworten bei »Unterhaltungen«.
Ilse macht mir etwas Sorgen, hat seit Wochen Temperaturen um 38° u. man findet keine rechte Ursache, sie ist sehr müde u. kaputt... Ich gehe also abends meistens allein, meine 2–3 Biere trinken, u sie liegt zu Hause rum.
Falls Sie wissen wollen, ob u was ich arbeite, so liegt folgendes vor: es erscheinen jetzt so viele große Arbeiten *über* mich, Doktorarbeiten, dicke Manuskripte auch aus U.S.A, die mir Niedermayer alle schickt, da er eines drucken will. Ich muß wohl oder übel zum mindesten einen Blick hineinwerfen u das irritiert mich enorm. So genau will ich das garnicht wissen, was ich schrieb u. war u bin, das ist richtige Vivisektion, u obschon es z T großartige Arbeiten sind voll Ruhm u. Anerkennung lähmt es meine Produktion für Neues. Das bedrückt mich sehr, zumal ich körperlich ja nicht in frischester Verfassung bin. Wäre schön, wenn Sie eines Abends plötzlich in die Kneipe träten u wir reden könnten.
Aber nun Schluß. Entschuldigen Sie den langen Brief. Alles Liebe! Grüße an den reizenden Mops.

Immer Ihr Freund
G Benn

An Thea Sternheim

Berlin 3. 11. 53

(Dieser Brief ist diktiert – pardon.)
Liebe Verehrte!
Haben Sie vielen Dank für Ihren Brief vom 26. 10. 53. – Wie unverändert klar, einheitlich und sauber Ihre Handschrift immer ist, erregt mein Erstaunen und beinahe meinen Neid, sofern ich Ihnen etwas beneiden könnte. Mein Verhältnis zu meiner Handschrift wird immer unangenehmer und peinlicher. Ich kritzele nur noch und kann es dann selber nicht mehr lesen.
Es ist sehr freundlich von Ihnen (und von Mops) mich bei meinem Vortrag zu beraten. Manches von den mir übersandten Notizen ist mir sehr nützlich und interessant, besonders beschäftigt mich, was Sie über Gide schreiben, und auch seine Tagebuchblätter werde ich zum Teil verwerten. Daß er drei Paar Unterhosen übereinanderzog, erregt mich verwandtschaftlich, auch ich habe mir angewöhnt, mich übertrieben warm anzuziehen, wohl als Rest aus der Kriegs- und Bombenzeit, wo man alles bei sich haben mußte.
Aber nun hätte ich die große Bitte an Sie, ob Sie mir vielleicht noch eine Frage beantworten könnten. Mich beschäftigt nämlich im Augenblick vor allem die Frage, was dachten eigentlich die großen Matadore am Schluß ihres Lebens über sich selbst und über ihr Werk. Ich habe hier einige von der alten Garde gesprochen (keine Schriftsteller, sondern Maler und Bildhauer) und die sagten, sie könnten überhaupt nichts mehr von ihren Sachen ansehen, nicht die früheren, ganz zu schweigen von den jetzigen. Ich finde auch in den Biographien in der Literatur über große Künstler die widerspruchvollsten Angaben hierzu. Die meisten sind allerdings der Ansicht, daß sie erst im hohen und höchsten Alter etwas Wertvolles geschaffen hätten. Wie also steht es in dieser Hinsicht mit Gide?
Soweit ich mir über ihn ein Urteil gebildet habe, würde ich annehmen, daß er mit sich und seinen Leistungen sehr zufrieden war und nie bezweifelte, daß er garnichts besser hätte machen können. Dazu paßt, daß, wie Sie mir ja auch einmal mit-

teilten oder erzählten, er zum Schluß überaus eingebildet und selbstgefällig geworden war. Es wäre nett von Ihnen, wenn Sie mir darüber noch ein Wort schrieben. Sie müssen nicht fürchten, daß ich das, was Sie mir erzählen, in unpassender oder indiskreter Weise verwenden würde. Die Antwort eilt nicht – nun, und wie denken Sie, verehrte Stoisy, über das Altwerden von Künstlern, was haben Sie darüber erfahren, erlebt und von anderen gehört. Was das Lebensalter von Künstlern angeht – ein Thema, das Sie ja auch in Ihrem Brief erwähnen, so ist es tatsächlich im höchsten Maße erstaunlich, wie uralt so viele werden. Darüber spreche ich auch in meinem Vortrag. Es muß irgendeine geheime Beziehung zwischen geistiger Produktivität und Krankheitsabwehr geben, eine Theorie übrigens, die mit der modernen medizinischen Auffassung sich deckt, daß Krankheiten viel mehr zentralen Ursprungs sind, als man bisher annahm.
Dank u Grüße an Sie und Mops. Stehn Sie eigentlich mit Niedermayer in Fühlung?

In Freundschaft Ihr
Benn

An Max Niedermayer

Berlin 30 XII 1953

Lieber Herr Niedermayer,
auf einem der letzten der fürstlichen Briefbogen sende ich Ihnen herzliche Grüße zum Geburtstag. Alles Gute für Sie, Ihre Angehörigen, den Verlag, die Druckerei, für Haus und Herd! Bleiben Sie uns erhalten: jung, elastisch, strahlenden blauen Auges und so intelligent. Mit mehreren Flaschen des köstlichen Bindingbiers werde ich am 2 I 54 des Spenders gedenken – (das war wirklich ein schönes, zünftiges Geschenk!) – Vielen Dank auch noch für den Band der M. Moore. Scheint ein interessantes Buch zu sein.
Wir haben Weihnachten in Frieden zu Hause verbracht; Besuch … Ferner traf zu Weihnachten noch eine neue lange

Doktorarbeit bei mir ein: »Der lyrische Sprachstil G. Bs« von einer Dame Astrid Claes, deren Vater Bürgermeister von Leverkusen ist, u. die am 19. XII. in Köln bei Prof. Alewyn damit promovierte. Gelesen habe ich es noch nicht.
Dagegen las ich gestern in der Bücherstube *Schöller* hier am K[ur]f.[ürsten]damm ein seltsames Buch: »Tragische Literaturgeschichte« von einem Herrn Muschg, Verlag Francke, Bern, 700 Seiten (also der Verlag, der auch die Bücher von E. R. Curtius ediert). Wenn Sie können, werfen Sie einmal einen Blick hinein. Ein unfaßliches Buch! Von lebenden Deutschen fand ich nur Th. Mann u mich erwähnt. Ich rangiere mit Cocteau u. Picasso unter Gaukler, Scharlatane, u wir sind alle zusammen der letzte Dreck. Das Interessante an dem Buch ist, daß der Autor so tut, als ob der moderne Mensch u. die moderne Literatur eine absichtliche, bewußte, gemeine Erniedrigung des Menschen ist, aus Perversität u. Bösartigkeit systematisch herbeigeführt. Mir ist unbegreiflich, wie eine solche Darstellung ernst genommen werden kann. Ich hatte nicht genug Zeit, um ganz hinter die Triebkräfte und Emotionen des Autors zu kommen, aber es war verblüffend, diese pauschale Vernichtung des gesamten modernen Menschen zu finden.
Ihrer Gattin u. Ihnen herzliche Grüße, auch von meiner Frau, und Dank u happy new year u. bonne nouvelle année

Ihr Gottfried Benn

An Astrid Claes

[Berlin] 17 IV 54

Meine Liebe und Verehrte, jetzt weiß ich also, warum ich die letzte Zeit so oft an Sie gedacht habe, nicht an Ihre Arbeit, Ihr Manuskript –, an Ihre Person. Sie beschäftigen mich, und auch ohne Ihre Sendung hätte ich Ostern an Sie geschrieben.
Wie Sie mit mir reden! Stellen mich zur Rede! Unter Eid: als ich den Vortrag arbeitete (im November/Dezember 1953),

hatte ich Ihre Arbeit nicht im Auge, kannte sie ja noch garnicht. Warum soll ich also das nicht schreiben, was ich schrieb? Daß lange Studien über einen selbst u. a. eine Schockwirkung ausüben können, wollen Sie das nicht verstehen? Und daß man über sich selbst nicht viel weiß, sondern erst über sich aus solchen Analysen einiges erfährt, auch das ist eine Erfahrung, die Sie mir eigentlich nicht vorwerfen dürfen.
Was für eine Krankheit hatten Sie? *U. A. w. g.*
Seien Sie doch nicht so streng und grausam mit einem armen Mann wie Hamlet. Glauben Sie, man kann alles beantworten? Hinter Ihrer Hauptfrage, warum man etwas publiziert, stehen mehrere Nebenfragen. Z. B. grenzen Sie innerhalb »der Kunst« das Konventionelle von dem Elementaren ab. Das Konventionelle nimmt einen großen Raum ein. Publicity, Geld, Ruhm – das ganze Institutionelle des Betriebs –: da es dies gibt, wird dahin geliefert. Andererseits lockt dies auch *echte* Produktion hervor; Aufträge z. B. setzen Zögerndes in Gang, bringen Notizen und Einfälle zur Sammlung. Das gilt natürlich wohl nur für einen, der schon Blut geleckt hat, warum der Anfänger, Novize, Schüler veröffentlicht, weiß ich nicht –, bitte, verehrte Kritikerin, strenge gotische Domfigur, erlassen Sie mir weitere Bemerkungen hierzu, ich bin nicht in Stimmung darüber zu reden.
Aber nun die Hauptsache: Ihre Verse. The Raven ist schlechthin sehr gut, geradezu verblüffend. Das ist ein richtiges *wunderbares* Gedicht. Ich wollte, es wäre von mir (»nach allem Leid« hätte ich vielleicht anders gefaßt, da ja von Ihrem Leid bis dahin nichts im Gedicht gesagt und vorhanden ist), aber sonst: erstaunlich. In »Südlicher Tag« ist Vers 3 (Abend) nicht so ausdrucksvoll und der Stimmung der vorherigen beiden Verse eingegliedert. »Der Auszug« gut. »Frühling« etwas Lasker-Schüler-verwandt. Vielleicht über anderes ein andermal. Tausend Dank!
Ihr Manuskript wollte ich, wenn Sie erlauben, über meinen Verleger in Wiesbaden (Herrn Max Niedermayer, Limes-Verlag) an Sie zurückgehen lassen. Ich [habe ihm] von der Arbeit erzählt und er würde sie gerne kennenlernen. Darf ich? –
Ich wollte, aber ich werde nicht im August nach Köln kom-

men (zu Prof. Emrich, Ausländer-Ferienkurs), trete nicht mehr öffentlich auf. Habe alle Einladungen abgesagt im In- und Ausland, habe alles satt. Ich hoffe damit wenigstens bei Ihnen vor Ihren Augen Gnade zu finden. – Ein Herr aus Köln, der Sie kennt, sagte mir, Sie seien eine schlanke, elegante, attraktive junge Dame – trifft das zu? Würden Sie mir nicht vielleicht einmal ein Bild von sich schicken, das würde mir sehr interessant sein.
Ich hoffe, Sie verleben ein angenehmes Ostern und haben Ihre Krankheit ganz hinter sich. (Ich habe seit mindestens 10 Jahren keinen so langen Brief geschrieben, ich schreibe eigentlich gar keine Briefe mehr.)
Mit herzlichem Dank für die schönen Gedichte

Ihr dankbar ergebener Gottfried Benn

Was werden Sie nun werden? Journalistin? Lehrer? Politikerin? Schriftsteller?

An Hans Egon Holthusen

Berlin, 16 V 54.

Lieber Herr Holthusen, haben Sie vielen Dank für Ihr neues Buch mit der freundlichen Widmung. Sie wissen, wie sehr mich Ihre Sachen interessieren und berühren, obschon ich ja Ihre Urteile nicht alle übernehme. – Ich las über Hildesheim, dachte lange darüber nach. Ich habe ja ein ausgesprochenes Faible für das Pfarrhäusliche, obschon ich mich so weit davon entfernte. In meinem heimatlichen gab es keinen Chopin, es war völlig amusisch, mein Vater hat nie in seinem Leben ein Buch gelesen, einmal, Anfang des Jahrhunderts, war er in Berlin im Theater gewesen, in Wildenbruchs »Haubenlerche«, erinnere ich mich. Aber ein großer Zelot u. Fanatiker war er auch; aber es ging von ihm eine Stärke aus, wie ich sie nie wieder an irgendeinem Menschen erlebt habe: wenn er neben Ihnen stand, konnte Ihnen nichts passieren u. Sie konnten nicht sterben –, ein seltsamer Mann. – Ich werde weiter in

Ihrem Buch lesen. So klug sind Sie, u., wie mir scheint, nachsichtiger u. stiller geworden, gut ist das. Tausend Grüße Ihrer reizenden Frau u. Ihnen. Dankend

Ihr G Benn

An Hans Paeschke

Berlin 13 VI 54

Lieber Herr Paeschke, Sie haben mir am 17 V einen netten persönlichen Brief geschrieben, der mich erhoben u. mir wohlgetan hat. Es ist ja merkwürdig, wie mißtrauisch man gegen sich selber wird, gegen seine Anlagen, gegen seine Methoden, sich darzustellen, gegen alles, was man machte, soweit es nicht rein konventionell und gefällig war. Es entsteht die Frage: dürfen, sollen *Abwegige* überhaupt auftreten und veröffentlichen, soll nicht lieber alles in den Händen der Konventionellen bleiben, sollen Bärte wachsen, so lang sie wollen, wenn Gott die Bärte wachsen läßt. A propos, ich wundere mich, daß noch niemand die katastrophale Rolle der *Kulturkreislehre* dargestellt hat, die auch unseren eignen abendländischen Kulturkreis nur noch einstuft u. katalogisiert, was ist schon dies Quartär – ein Furz u dann wird weitermarschiert. Wer das aushält, muß schon eine Alge oder ein Virus sein u, wenn das letztere dann das, das Maul- u Klauenseuche oder Schweinepest macht.
Mit einem Wort: ich hätte 3 neue Gedichte, die im »Merkur« gedruckt zu sehen, meine Lebensgeister beleben u meine Depressionen zu einer Luftdrucksteigerung bringen könnte, ganz ordentliche Gedichte, eines lang u. neuartig; eines salopp mit der Slang-masche, die ich so liebe; eines zart u klein wie von Gustav Falke. Es eilt nicht. Aber da ich ja jeden Tag umkommen kann (»die Kartoffeln von unten besehn«) hätte ich sie gern aus der Hand gegeben! . . .
Lieber Herr Paeschke, Sie hatten in der Osteria Venetia einen Überzieher an mit den modernen Bambusrohrknebeln, sah sehr eindrucksvoll aus, sehe es vor mir.

Viele Grüße an Ihre Gattin, an Herrn Moras, an den Merkur. (...) Wo weilen Sie: kanarische Inseln, Vevey Positano, Biarritz – ich wünsche Ihnen alles Herrliche!

Ihr

Gottfried Benn

An Hans Paeschke

25 VI 54

Lieber Herr Paeschke, vielen Dank für Ihren Brief, der mich sehr erfreute. Da ich wieder auf Tournée gehe, Vortrag für den Hessischen Ministerpräsidenten, Hochschulkurs für seine höchsten Beamten (in Bad Wildungen), unmöglich abzulehnen, da nach meiner Absage Fernamt kam: »Staatsgespräch aus Wiesbaden«, ich zusammenknickte und klein beigab, – Vortrag in dem ich Heft 69 Merkur 1953 erwähne, Adorno, – also bitte aus der Hand legen zu dürfen: 3 Gedichte.
Melancholie wohl einwandfrei,
Teils-Teils fragwürdig, könnte mehr Interpunktion haben aber so besser im Fluß.
Schöner Abend, banal u. sanft, nur als Ergänzung von 1 u 2 angebracht. (»Er kann auch anders, Gemütswerte«)
Selbstmord ist mein Spezialthema. Im Krieg im Oberkommando der Wehrmacht hatte ich zu bearbeiten die Selbstmorde aller 3 Wehrmachtsteile. (Unter dem Gesichtspunkt der Versorgungsberechtigung der Hinterbliebenen. Sehr gewissenhafte Prüfung, jeder Fall mit psychiatr. Gutachten.) Ich kam zu überraschenden Resultaten: nur in 20 % der Selbstmorde liegt ein *Grund* vor (Kriminelles, Ehekrisen, Angst vor Strafe, Geschlechtskrankheiten u. s. w.) 80 % sind *ohne Grund*. Spontanhandlungen, oft unter Alkohol. Ich untersuchte etwa 1000–1500 Fälle. (Das O. KW. war sehr überrascht.)
Ich kann Ihre Handschrift nicht gut lesen. Ich glaube, Sie sprechen von einem Herrn P... Gar kein Zweifel für mich, daß er sich wegen *Ejaculatio praecox* erschoß (nach dem was Sie

angeben), der Samenerguß erfolgt früher, als der Penis eingeführt ist, meist schon draußen. Eine tragische Neurose. Habe viele Fälle beobachtet, unheilbar, vielleicht, glaube ich, kann Psychoanalyse helfen, vielleicht. Viele Ehen sind daran gescheitert. Männer äußerlich robust, stark, normal, aber in diesem Punkt angebrochen. Gegensatz dazu: Rasputin, der stundenlang konnte, ohne daß es ihm kam. Daher die überfüllten Vorzimmer bei ihm mit Hofdamen u. Großfürstinnen. So zwischen Ejaculatio praecox u. Priapismus spielt die Weltgeschichte ihr drolliges Spiel. Übrigens nehme ich auch an, daß Hitler an Ejaculatio praecox litt u seine Überkompensationen sich davon herleiteten.
Aber wie dem sei, lassen wir die Heroen u. heiligen Teufel, folgen wir Frau Boveris Ratschlägen, uns aus- u. anzugleichen, während ich ...
Neulich besuchte mich Herr *Zierold*, Generalsekretär der Deutschen Forschungsgemeinschaft, Bonn, alter Bekannter von mir. Ich hörte mit großer Befriedigung von ihm, daß er den »Merkur« unter seine Lieblinge zählt. Ich trieb ihn an, ihn noch lieblicher und wertvoller zu finden.
Tausend Grüße an die verehrten Damen u. Herren.

Ihr oft Ihrer gedenkender

Benn

P S. Wenn ich an Sie schreibe, bin ich meistens etwas angeschickert, abends 11–12; tagsüber *nie*, aber von 8 h. an jener Durst, der durchaus metaphysischen Charakter hat.

Be

An Astrid Claes

30 VII 54.

Liebe A. C. Netter energischer Brief vom 28. VII.! Unfallfolgen Gott sei Dank ohne Sachschaden vorbei! Scharfe Dialektikerin dieser Steinbock (Kolibri!) »von hohen Bergen« – verteufelt wach! Also zur Sache:

1) »Wind u. Wetter«; klar, daß es Jargon enthält. In meinen Augen kein Schade. Ich bevorzuge das in *gewissen* Fällen: a) als Maulschelle gegen Ästheten b) das Gefühl, den Schwung, das Lyrische immer wieder sofort herunterholen zur Erde. Das »hohe« Gedicht ist heute nicht immer das echte. *Trotzdem haben Sie recht.* In diesem Gedicht sollte alles konform sein. Vielleicht finden Sie ein besseres Wort, ich dachte nach u. fand keins. (Ungefähr aus dem Milieu, zweisilbig usw.) Sie werden es finden.
2) E. L.[asker-] Sch.[üler] Jedes Gedicht an alle die Männer u. Frauen war echt. Sie spuckte auf alles Unechte. Nur das Wiederholbare führt zur Kunst. *Wiederholungszwänge*, nur sie, ergeben Stil, nur sie führen das Gefühl des Notwendigen u. Schicksalauferlegten in einem Werk dem Aufnehmenden zu. Kennen Sie die kurze Ansprache, die ich vor einigen Jahren hier auf sie hielt? *U. A. w. g.* Wenn nicht, sende ich sie Ihnen. Haben Sie die Ausgabe von 1917, erschienen bei Kurt Wolff? Wunderbarer Band, Rarität. Wenn Sie wollen, gebe ich ihn aus der Hand an Sie. (Enthält die vielen Gedichte an mich, genannt Giselher; aber auch alle die andern Liebesgedichte.) U. A. w. g.
3) »Gegenstand«: die größte Hymne an die Frau, je von einem Mann ersonnen. Es gibt nämlich Gegenstände aus Porzellan, Ming-Porzellan, unbezahlbare, im Aussehn schön u. beim Berühren – warum legen Sie es als Steingut aus? (Weil *ich* es sage, Sie legen ja alles *gegen* mich aus.) Ich hätte natürlich schreiben sollen: »ist u. a. *auch* ein Gegenstand, gelegentlich.«
4) Heute geht noch ein Brief von mir ebenfalls nach Köln-Lindenthal, Meister Ekkehartstr. 9. Da wohnt z. Z. mein U.SA-Übersetzer u. Propagator Herr Edgar Lohner. Der war einige Tage in Bremen bei meinem alten Freund Dr Oelze (schrieb ich Ihnen davon oder stand das in dem Brief, dem so netten, den ich geschrieben u. dann vernichtet hatte, als Ihr schlimmer Brief kam?), der mein Referent für Englisch ist? Wenn es nicht so aufdringlich wäre u. ich Sie schon genügend behelligte, würde ich Ihnen gerne seine Übertragungen zur Kritik senden? U. A. w. g. Lohner ist irgendwie auch mit Prof. E. verbandelt u. gehört zu dem Ferienkurs. E. schreibt,

ich möge kommen. Bleibt es dabei, daß Sie am 20. VIII. nach London fahren?
Eben war der Manager vom Hanser-Verlag, München, bei mir, um mich für »Akzente« zu erwärmen. Kennen Sie »Akzente«?
Leben Sie wohl, liebste Astrid. Was machen Ihre grünen Augen, Ihre zarte zarte Gestalt, Ihre drei Ringe? Warum gehen sie so gebeugt? Denken Sie nie, daß ich Sie nicht unmittelbar im Auge hätte u. behielte. Daß Sie mein Teeeingießen in K. so in der Erinnerung behielten, überrascht mich wirklich. Wahrscheinlich ist es das einzige Gute, was Sie von mir im Gedächtnis behielten.

Meine liebste Astrid,
immer
Ihr
Gottfried Benn

An Edgar Lohner

Berlin 31. 7. 54

Lieber Herr Lohner!
Vielen Dank für Ihren freundlichen Brief vom 27. 7. Ich bin sehr glücklich, daß es Ihnen in Bremen gefallen hat und daß Sie mit Herrn Oelze in persönliche Berührung gekommen sind. Wenn ich gewußt hätte, daß Sie nicht bloß einige Stunden, wie Herr Oelze mir geschrieben hatte, sondern mehrere Tage in Bremen waren, wäre ich gekommen, um Sie zu begrüßen und Ihnen meinen Dank mündlich abzustatten. Bremen ist ja von hier nicht allzu weit, nach Köln zu reisen, ist schon eine größere Unternehmung. Ich habe von Oelze schon einen Bericht über Ihren Besuch bekommen, er ist ja ausgesprochen erfreut, daß Sie bei ihm waren, und er Sie kennenlernen konnte. Hoffentlich war das Wetter an den Tagen so, daß sie den schönen Garten um sein Haus in sich aufnehmen konnten.
Vielen Dank für Ihre ausführliche Darstellung des Zustandes von Professor C[urtius]. Es klingt ja, was Sie schreiben, für

die Zukunft seiner Arbeit und seiner ganzen Existenz leider nicht günstig. Wirkliche seelische Störungen lassen ja Schlaganfälle meistens nicht zurück, aber die Kraft und die Leistungsfähigkeit der Persönlichkeit ist ja doch fast immer gebrochen. Übrigens die Bemerkung, die er hinsichtlich meiner machte, möchte ich etwas korrigieren. Ich hatte ihm nach der Lektüre über den Roman »Haus aus Hauch« geschrieben und dann hinzugefügt, mehr noch als der Roman selbst interessierte mich der Weg, der diese Übersetzung von ihm für ihn selbst bedeutete, denn es sei doch ein weiter Weg vom »Theseus« des André Gide zu diesem Buch von Goyen. Der Theseus ist doch ein auf weite Strecken zynisches und frivoles Buch, während der Goyen doch ein zartes und verschleiertes ist. Aber dies war keine bösgemeinte Bemerkung von mir, es tut mir leid, daß er sie mißverstanden hat.
Wie lange bleiben Sie noch in Deutschland und wo alles werden Sie sich aufhalten? Vielleicht kann ich es doch noch einrichten, daß ich Sie sehe. Für den Kurs von Professor E. nach Köln zu kommen, hatte ich ja seinerzeit abgesagt, aber wenn Sie da sind, überlege ich es mir vielleicht noch. Bitte teilen sie mir doch auch mit, wann Ihr Vortrag im NWDR stattfindet.
Nochmals vielen Dank für alles, bitte empfehlen Sie mich doch auch unbekannterweise Ihrer Frau, und, wenn Sie ihn sehen, bestellen Sie bitte auch Professor E. einen Gruß.

Nochmals viele Grüße und Dank!

Ihr sehr ergebener
G. B.

An Astrid Claes

[Berlin] 22. 9. 54.

Liebstes Fräulein Astrid, ich muß mit einer Liebeserklärung beginnen: Sie sind das reizendste Wesen, das es überhaupt geben kann. Kein besonderer aktueller Grund für diese Erklärung; ich überblicke nur Ihre Art und Ihr Wesen und Ihre

Briefe in diesem Augenblick und finde das. Im Gespräch mit Herrn Lohner bemerkte ich, daß Herr G... der Verfasser jenes Aufsatzes über Jünger u. das Dandytum gewesen ist, den ich von ihm erhielt, sehr gut fand, aber nicht recht anwendbar auf J. Ich schrieb ihm das damals auch. Mes hommages à Monsieur Gr.

In der »Welt am Sonntag« vom 12. IX. 54 standen drei weitere Gedichte von mir, die Sie nicht kennen, eines davon aus dem Jahre 1936. Ich kann Ihnen die Nummer nicht schicken, da es in West-Berlin die Westdeutsche Ausgabe nicht gibt (nur eine geringere Berliner Ausgabe). Schreiben Sie mir bitte, welches Gedicht aus dem Jahre 1936 ist. (Wenn Sie sich die Mühe machen wollen.) Das Ebereschengedicht hat mir viele Anbetungszuschriften eingebracht, aber mir fiel die Reihe: »zu Gott geboten« schwer u. ich zögerte, sie zu lassen.

Ihren Fragebogen werde ich mit Entzücken beantworten. Fragen Sie, was Sie mögen, Privates, Literarisches, Kaufmännisches, Amouröses, Diesseit- u. Jenseitiges.

In Oberneuland war das einzige Interessante, das mir begegnete, die Mitteilung Lohners über Ihre Frisur; was jetzt los ist mit den Haaren, erfuhr ich leider nicht werde es aber vielleicht einmal sehn.

»Einsamer nie« – auf einem Hügelgasthof auf einem der kleinen Höhenzüge bei Hannover (Deister, Ith, Solling), hingefahren mit Autobus, wie ich das damals immer tat. Nachmittag, Ernteende. Bei mir eine Dame aus Paris, die mich 2 Stunden in Hannover besuchen wollte, aber dann eine Woche blieb, weil das alte berühmte Hotel Kaster ihr so gut gefiel. Ende August 1936.

Ich hänge Ihnen wahrhaftig keine Benn-Wahnsinnigen an. Von Herrn W.s Aufdringlichkeit weiß ich nichts. Sie haben sich aber in den Bannkreis begeben u. müssen es nun büßen.

Verzeihen Sie das, Teuerste, Ihrem Sie so sehr verehrenden

Gottfried Benn

Also: es waren Nelken. Sehr schade. Ich kam in das Fleuropgeschäft, dessen ich mich bei Gelegenheit bediene, u. sah in einer hohen Vase 2 große schlanke Stengel mit unwahrschein-

lich schönen, blaßblauen Blüten, – weit, sternenförmig, etwas gelappt. Ich fragte »was sind das für Orchideen?« Keine Orchideen antwortete man, das sind Klematis. Gibt es die wohl auch in Köln? »Sicher, Köln ist eine Blumenstadt.« Also 4 solche Stengel, wenn sie absolut schön sind, so wie diese. Wenn das nicht, dann Nelken, rot u. weiß – Wenn eine Beziehung beginnt, sind Nelken angebracht, wenn es sich aber um eine ältere, engere Beziehung handelt, sind sie etwas zu kalt u. steif u. drücken das nicht aus, was man sagen wollte. Dies die Geschichte der Fleuropblumen. Man sollte überhaupt einer Frau nur Blumen schicken, die man selber gesehen hat, selber empfunden, selber gestreift.
Über »Gin« grübele ich immer noch. *So viel* Talent, so viel Intelligenz, so viel Schick im Innern u. Äußeren – seltsame schillernde Astrid Veronika!

An Max Niedermayer

[Berlin] 30 XII 54

Lieber Herr Niedermayer, ich danke Ihnen aufrichtig für Ihren handgeschriebenen Brief vom 24 XII, aus dem eine freundschaftliche Gesinnung für mich sprach, die mir überaus wohltat. Die Vereinsamung, in der ich lebe, ist ja doch sehr groß und über die helfen auch alle Briefe literarischer Anhänger, Männer und Frauen, nicht hinweg. Innen in einem ist es grau und fragwürdig und unaussprechbar, und hinter der Maske der Ironie und Höflichkeit nach außen zerreißen sich immer von neuem die letzten Bestände von Leben und Glück.
Ich hoffe, Ihre Fahrt nach Bayern war nützlich und erfreulich und ich hoffe, Sie sind gut heimgekehrt.
Dies nur ein kurzer Gruß für heute zu Neujahr.

Immer
Ihr
Gottfr. Benn

An Erna Pinner

Liebe Erna, Dank für Deine süßen Katzen u. den Gruß dazu. War mir eine große Freude. Bin sicher, es geht Dir gut, bist so klug u. tapfer.
Ich wurstele so weiter: schreibend, reisend u. meine Arien singend, müde, gealtert. Umstehend siehst du meine Heimat, den Bayerischen Platz; auf den Bänken um das Rondell sitze ich manchmal in der Sonne. – Berlin stirbt ab. Wird immer trüber u. isolierter. »Keine Schwalbe bringt Dir zurück, wonach Du weinst«, aber auch nicht, worüber Du lachtest. Lebe wohl, gedenke manchmal ohne Groll an dieses Land.

Immer Dein Gottfried Benn
[Berlin] 13. I 55

An Erna Pinner

Berlin 18 I 55

Liebe Erna, Dein Brief ist so süß, daß ich Dir gleich danken muß. Pamela hat mir natürlich keinen Gruß bestellt, mich allerdings auch nicht gesehn (nur Tilly treffe ich gelegentlich in München) – . . .
Ich habe gerade einen längeren Aufsatz beendet als Einleitung für eine Anthologie meines Verlages: »Lyrik des expressionistischen Jahrzehnts, 1910–1920«: Da bin ich in Germany der einzig noch Lebende von der Generation u. mußte meinem Verleger den Gefallen tun. Dabei habe ich nochmal jene Jahre 1910–1914 an mir vorüberziehn lassen, diese herrlichen, großartigen Jahre – war es nur die Jugend, die das so strahlend heute sehn läßt oder war es doch eine wirklich glänzende, bewegte geniale Zeit mit so viel Möglichkeiten, die dann kaputtgingen? Diese Jahre u dann 1918–1933 waren wohl Deutschlands u Berlins wunderbarste, ich möchte sagen: *Pariser* Jahre, so voll Talenten u so voll Kunst. Wird nie wiederkommen.
Freue mich so sehr, daß es Dir so gut geht u Du so erfolgreich bist . . .

Denke an Dich immer in großer Anhänglichkeit, ja Liebe. Warst eine ganz wundervolle Person, liebe Erna! Dein

Gottfried Benn

Mach seit 2 Jahren keine Praxis mehr.

An Karl Schwedhelm

Berlin, 22. 1. 55

Lieber Herr Schwedhelm,
haben Sie vielen Dank für Ihren Neujahrs- und Weihnachtsgruß, die schönen Verse und das Geschenk des italienischen Romans. Ich schreibe ferner heute an Sie wegen meines einmal zu Ihnen geäußerten Gedankens, mich an den Unternehmungen des Schiller-Jahres zu beteiligen. Ich muß sagen, mein Wunsch danach ist nicht gewachsen, seit man überall liest, daß Thomas Mann der Matador dieses Jahres sein wird. Unter seinen Fittichen und in seinem Schatten mitzuspielen, ist eigentlich nicht so furchtbar reizvoll. Ich bin bestimmt ein alter Verehrer von Thomas Mann und habe das unentwegt auch noch in meinen letzten Büchern ausgesprochen, aber dieses stürmische Liebeswerben um ihn und seinen Namen, das Deutschlands Gaue durchzieht, ist mir eigentlich doch ein Rätsel. Sicher wird er wieder die interessantesten Dinge herausdrechseln, aber er selber wird noch interessanter bleiben wollen. Ich las kürzlich wieder einige Sachen von Knut Hamsun, der ist doch im kleinen Finger mehr als dieser zerfetzte Intellektuelle. Aber andererseits geht es mich nicht viel an, und ich erwähne es nur zu Ihnen aus Anlaß des in Frage stehenden Themas.
Meine Frau läßt Sie grüßen. Bitte, grüßen Sie auch Ihre Frau

herzlich Ihr alter

Benn

An Hans Paeschke

Berlin, 10. IV 55.

Lieber Herr Paeschke, es ist Ostern, das sind 2 Tage, wo ich auf nichts reagiere, keine Post, kein Telefon u die Kette vor der Korridortür. Trifft sich wunderbar, daß es regnet u schneit, keiner sagt: Komm wir wollen in die Sonne gehn. Trotzdem war ich eben unterwegs u überquerte den Innsbrucker Platz u. gedachte Ihrer Herkunft, Ihrer Heimat, Ihrer Wiege.
Die Jahreszeiten kommen u. die Menschen schreiben Bücher. Einige Besuche: Herr Leo *Matthias* aus Ascona (schlecht zu sprechen auf den Merkur wegen Golo Mann), Herr *Heller* (aus U. S. A. oder London oder Wien) gut zu sprechen auf den Merkur. Immer sprechen wir vom Merkur. Ein Herr Christopher *Sykes* aus London (B B. C), der mir Grüße von Eliot brachte. (Wäre ich ein bestimmter Essayist aus München, . . ., würde ich jetzt jeden Satz beginnen: »als mir Eliot das letzte Mal Grüße bestellen ließ« . . .
Was Karl Korn in Ihrer letzten Nummer über seine Berliner Jahre schreibt, ist interessant. Aber es ist mir völlig unbegreiflich, wie er Herrn Ihering »eine Kritikernatur ersten Ranges« nennen kann. Ich hielt ihn, H. I., immer für eine reine Nonvaleur u. halte ihn auch heute dafür. (I. spricht sich: Jehring aus u Kerr nannte ihn immer: Herr Spärlich.) Ferner war Gabriel *Marcel* hier u. spielte sich als Philosoph auf. Wenn ein Deutscher erzählen würde, in der Kantgesellschaft, wie der Tod seiner Mutter seine Philosophie beeinflußt hätte, würde man wohl nicht viel Aufhebens von ihm machen. Ich begrüßte ihn, da wir uns von Genf her kannten.
Wo werden Sie Ostern sein? Berlin ist eine traurige Heimat geworden, glauben Sie mir.
Herzliche Grüße an Ihre Gattin, an Herrn Moras von Ihrem Ihnen immer zugewandten u. freundschaftlich ergebenen

Gottfried Benn

An Ulrich Riemerschmidt

Berlin 10. VI. 55

Sehr verehrter Herr Riemerschmidt,
Ihnen endlich meinen Dank auszusprechen für die Redaktion des Ullsteinbuchs, ist mir ein aufrichtiges Bedürfnis. Es ist eine Auswahl von wirklichem Geschmack u. Urteil, Sie haben mir ein interessanteres Profil gegeben, als ich eigentlich beanspruchen kann. Von allen Seiten höre ich die größte Bewunderung für Ihre Arbeit. Mein italienischer Übersetzer, Herr Traverso in Florenz, dem ich es als »G. B-Potpourri« sandte, schreibt, das ist »kein Potpourri, sondern die Quintessenz, das geistige Testament in symphonischem Aufbau, das Sie uns hinterlassen«. Da an diesem Aufbau ich ja ganz unbeteiligt bin und nur Sie sich der Mühe unterzogen, ihn zu gestalten, möchte ich Ihnen diese Worte aus Italien übermitteln und sie mit der Versicherung meines wärmsten Dankes verbinden.
Das Buch soll sogar gekauft werden, höre ich!

Nehmen Sie bitte Grüße und
nochmals Dank entgegen von
Ihrem sehr ergebenen
Gottfried Benn

An Friedrich Sieburg

Berlin, 22 VI 55

Lieber, sehr verehrter Herr Sieburg,
vielen Dank für Ihre Besprechung des Buches der express.[ionistischen] Lyrik in der »Zeit«. Ich danke eigentlich im Namen meines Verlegers, der z. Z. im Ausland ist und schon sehr betrübt war, daß das Buch keine Beachtung fand, und nun kommen Herr F. S. persönlich und befassen sich damit, und auch die F. A. Z. tut es. Ich habe Herrn Niedermayer immer gesagt: das ist ein totgeborenes Kind, ein Zwitter, halb

Wissenschaft u. halb Poesie. Es zu besprechen, dazu gehört Bildung u man muß unterrichtet sein, das ist bei der Jugend nicht der Fall u. die ältere Generation hat dies Thema satt. Aber – leider fand ich einen Satz von mir erst zu spät in einem meiner alten Notizbücher, sonst hätte ich ihn als Motto für das ganze Buch vorgeschlagen: – »was wäre der Sommer ohne die Flüge der Schwalben und was wäre das Land ohne die Gräber der Dichter« – vielleicht bewog Sie eine ähnliche Stimmung, sich in so fesselnder Weise über das Buch zu äußern.
Wie geht es sonst? Bei mir stellen sich die Präludien dessen ein, dem die Stunde schlagen wird: zu hoher Blutdruck, und die Geschenke des Lebens müssen rationiert werden zu einer Tasse Café, ein Glas Mosel u ohne Zigarette –, aber wenn man bis 70 Jahre mit seinem Körper wirklich machen konnte, was man mit ihm wollte, schonungslos, muß man wohl zufrieden sein.
Verehrter, wirklich oft in meinen Gedanken Verweilender, Angehörter, Studierter – mit Grüßen auch von meiner Frau

Ihr aufrichtig ergebener
Gottfried Benn

An Erna Pinner

25. VIII 55. Berlin.

Liebste Erna, tausend Dank für die letzte Sendung mit den Zeitungen u. Deinem lieben Brief u. Dank für den Auschnitt aus der »Weltwoche«, den ich längst zurückgesandt hätte, wenn ich nicht:
wie alle die Leute aus den 80er Jahren nun auch etwas leidend geworden wäre, längere Zeit liegen mußte, nicht essen, nicht trinken, kein Salz. 2 Apfelreistage in der Woche u. die geliebten Getränke Café und *Pilsener Bier* (verachte mich nicht) aufgeben mußte. Tat das alles brav, reiste jetzt 4 Wochen fort u. nun ist der Blutdruck wieder herunter, u ich kann die deutschen u. chinesischen Mittel (Rauwolfia serpentina) wieder fortlassen. Reiste, da ich lange Fahrten u. große Hetze nicht

vertrage, u. da wir kleine Leute sind, nicht nach Mallorca u. Taormina, sondern an die Ost- u. Nordsee, das war ja ein Sommer, wo die Wellen von Sylt warm waren wie das Mittelmeer oder jedenfalls 22° hatten. Die paneuropäischen Bewegungen sollten sich vor allem mit den *Kofferträgern* befassen, die es auf keinem Bahnhof genügend gibt u. die die internationalen Reisebeziehungen sabotieren, so daß man als alter Mann seine Sachen selber schleppen muß. Zum Glück begleitete mich diesmal meine Frau, die stark u. jugendlich packt und trägt, bloß daß das für den Mann nicht angenehm zu sehn ist. Nun bin ich also braun u. gut erholt seit gestern wieder »zu Haus«. Länger als 3 Wochen sind ja die Pensionen u Hotels auch garnicht auszuhalten, finde ich.
Erhole Dich, liebste Erna, u. bade u trage Deine Schönheit über den weißen Sand u denke manchmal an die Jahre, die schönen u das schlimme, wo Du an der Ostsee leiden mußtest. –
Nun ist der große Thomas tot, er schwebte ja seit Jahrzehnten als großer alter Erzengel über uns allen, die wir ja zum größten Teil Putten u. Amoretten geblieben sind. Etwas fiel mir auf: die Nachrufe waren um einige Töne gedämpfter, als die Hymnen zu seinem 80. Geburtstag gewesen waren. Vielleicht ist es für ihn doch schade, daß der Krull sein letztes war. Denn die so gerühmte »Heiterkeit« war doch in großen Teilen »Simplicissimus« von 1910 u. manchmal sogar etwas läppisch. Aber decken wir es zu: »Wer das Tiefste gedacht, liebt das Lebendigste.« – Vielleicht sende ich Dir in den nächsten Tagen ein neues kleines Gedichtheft, gerade erschienen. Eigentlich wollte ich es niemandem senden, denn ich hätte es vielleicht nicht herausgebracht, aber mein Verleger reißt mir alles aus der Hand. Titel: »Aprèslude«, (etwa 25 Gedichte).
Was den Band expression.[istischer] Gedichte angeht, in den Du Einsicht nahmst, so ist er ein großer Erfolg, Paris, Zagreb, Stockholm haben ihn lang u. gut besprochen. Leider fiel mir zu spät ein Satz aus einem alten Notizbuch von mir in die Hände, der gut als Motto für den Band gepaßt hätte: »Was ist der Sommer ohne die Flüge der Schwalben und was ist das Land ohne die Gräber der Dichter.«
Über Dein Buch würde ich mich sehr freuen. Übrigens be-

komme ich manchmal Besuch von englischen Schriftstellern, die mich recht interessieren. Kennst Du den Namen: Christopher *Sykes?* Brachte mir eine Empfehlung von Eliot. Stottert, aber sehr feiner Mann. Ist am B. B. C. London.

Tausend Dank, tausend Grüße
Immer in Freundschaft
Dein Gottfried Benn

An Edgar Lohner

Berlin, 1. 10. 55

Lieber Herr Lohner,
Vielen Dank für Ihren Brief von 31. 8. – mir eine Freude, von Ihnen zu hören und von Ihnen etwas in der Hand zu halten. Am Tage, wo Sie diesen meinen Brief erhalten, ist es wohl ein Jahr her seit jenem Nachmittag in Bremen und Oberneuland, wo wir uns begegneten (4. IX. 54). Für mich ist seitdem ein ziemlich rätselhaftes Jahr vergangen, kein sehr gut gelungenes, aber heute scheint die gleiche sanfte schöne Septembersonne wie an jenem Tag, dessen Eindrücke durch die Photographien Ihrer Gattin oft in mir wieder lebendig wurden. Daß Sie Herrn Oelze wiedersehen werden, ist mir eine Art Genugtuung, da dadurch Ihre Verbindungen mit ihm und damit auch mit mir gefestigt werden. Daß Sie nach Berlin nicht kommen können, ist mir ein Kummer, aber zu sehen ist an dieser traurigen Stadt ja nicht viel. An Herrn Moras werde ich schreiben, bitte sagen Sie das unserer Freundin A. C.
Den neuen Gedichtband habe ich Ihnen nicht geschickt, er ist mehr ein Werk von Niedermayer als von mir. Sie kennen die Tapferkeit von alten Boxern, die sie zwingt, noch einmal in die Mitte des Rings zu treten, statt von ihren Zinsen zu leben oder eine Bar zu eröffnen. So ungefähr ist was es bedeutet das Schlußgedicht: Aprèslude.
Von der Übersetzung in *Partisan Review* ahnte ich nichts, bis ich von Herrn Moras vor 3 Wochen einen Scheck erhielt. Interessant ist, daß – fortzeugend Böses muß gebären – nun auch

eine argentinische Zeitschrift *Sur* diese amerikanische Übersetzung ins Argentinische übertragen will und mich dazu um die Erlaubnis gebeten hat. Wie schön wäre es für mich, wenn diese amerikanische Übersetzung von Ihnen stammte.
Leben Sie wohl. Bitte grüßen Sie Ihre Gattin sehr herzlich von mir, wie gerne unterhielte ich mich von neuem mit ihr und sähe ihre fesselnde interessante Erscheinung. Sie war auf der Rückfahrt von Oberneuland nach Bremen zu freundlich mit mir, dem schweigsamen alten Mann, danken Sie bitte ihr nochmals dafür.
Mit herzlichem Gruß an Sie, lieber Herr Lohner, immer Ihr

dankbarer

Benn

An Kasimir Edschmid

[Berlin] 5. Oktober 1955

Lieber Herr Edschmid!
In unseren jungen Jahren verband uns ein Mann, der uns beide verlegte: Erich Reiss. Er schilderte Sie in Ihrer äußeren Erscheinung so deutlich, daß ich manchmal auf der Straße glaubte, Sie kämen mir entgegen. Aber es vergingen Jahrzehnte, bis wir uns persönlich trafen: In Darmstadt, Ihrem Heimatsort, an jenem 21. Oktober 1951, als ich einen Preis entgegennahm, den auch Sie einmal erhielten und der den Namen Ihres größten Dichterlandsmanns trug. Wir wollen Ihren 65. Geburtstag nicht feiern, ohne dieses Erich Reiss zu gedenken, mit dem ich auch in den Jahren seiner Emigration in Fühlung blieb, der mir nach dem Krieg das erste Carepaket schickte und der im Mai des Jahres 1951 in New York starb. Ich bin sicher, auch Sie erinnern sich seiner in großer Freundschaft.
Ich glaubte damals, Ihnen auf der Straße zu begegnen, da ich so erfüllt war von Ihren ersten Büchern, den »Sechs Mündungen« und »Timur« – dem ersten Rauschen jenes Prosasturms, der dann in den allgemeinen Begriff des Expressionismus mit

verschmolzen wurde. Döblins Prosa war anderer Art, gigantisch, geladen, dicht, aber sie war nicht so hinreißend wie die Ihre.

Die jungen Leute von heute wissen nichts mehr davon. Sie nehmen es als gegeben an, daß unsere Generation die Sprache des letzten Jahrhunderts sprengte, auseinanderriß, daß wir die Steine weiterwälzten, es versuchten –, und sie wissen noch nicht, was es heißt, im Vers oder in der Prosa die Säulen des Herkules auch nur um einige Regenwurmlängen weiterzurücken – was es heißt und was es kostet. Sie wissen wohl auch kaum noch etwas von dem, was hinter uns stand, auch hinter Ihrer Prosa, sie wissen nichts mehr von Heinrich Mann, d'Annunzio, Oscar Wilde, Huysmans, Maeterlinck – alle diese, die uns beeinflußten, uns banden, aber die wir auch überwinden mußten, um zu uns selber zu gelangen. Merkwürdigerweise sind es allein die großen französischen Lyriker des 19. Jahrhunderts, die auch heute noch lebendig sind. In Ihrem Buch »Die doppelköpfige Nymphe« haben Sie ja diesen Fragen bemerkenswerte Erörterungen gewidmet.

Ich hatte während der letzten Wochen Veranlassung, auf unsere Generation noch einmal zurückzublicken. Ich schrieb die Einleitung zu einer Anthologie, die mein Verlag herausgibt unter dem Titel »Die Lyrik des expressionistischen Jahrzehnts«. Ich blickte dabei nicht auf die Prosa, deren führender Autor in dem Jahrzehnt Sie waren, aber vielleicht umfaßt mein Aufsatz auch einiges von Ihrer Person. Darf ich Ihnen einige Sätze hier anführen: »Es war eine belastete Generation: verlacht, verhöhnt, politisch als entartet ausgestoßen – eine Generation jäh, blitzend, stürzend, von Unfällen und Kriegen betroffen, auf kurzes Leben angelegt. Ich habe mich in den letzten Jahren oft gefragt, welches das schwerere Verhängnis ist, ein Frühvollendeter oder ein Überlebender, ein Altgewordener zu sein. Ein Überlebender, der zusätzlich die Aufgabe übernehmen mußte, die Irrungen seiner Generation und seine eigenen Irrungen weiterzutragen, bemüht, sie zu einer Art Klärung, zu einer Art Abgesang zu bringen, sie bis in die Stunde der Dämmerung zu führen, in der der Vogel der Minerva seinen Flug beginnt. Meine Erfahrung hinsichtlich des Überlebens heißt: Bis zum letzten Augenblick nichts anerken-

nen können als die Gebote seines inneren Seins. Das heißt, man muß als Künstler auf die Dauer nicht nur Talent, sondern auch Charakter haben und tapfer sein.«
Das ist mein Glückwunsch und mein Wunsch zu Ihrem Geburtstag: Versuchen wir Überlebenden, uns zu halten. Auch wenn die Stunde der Dämmerung für uns beginnt.

An Friedrich Sieburg

Berlin, 11. XI 55.

Verehrtester Deuter des Traditionellen wie des Zukünftigen, ich bin kein fester Mann u. sage meistens direkt meine Meinung, also: mir scheint Ihr neues Buch eines Ihrer vorzüglichsten zu sein. Um es gleich zu sagen, ich habe die Stellen über mich nicht gelesen, um mir mein Urteil nicht trüben zu lassen, aber das andere, fast alles bisher, studierte ich sofort. Mir fallen mehrere Dinge auf: z. B. Ihre große Konzilianz, auch Erscheinungen gegenüber, die Sie eigentlich in gewissen Partien Ihres Wesens nicht goutieren können, aber es ist ja ein Zeichen alternder Reife, wenn wir konziliant werden, ein Zeichen jener inneren Höflichkeit, die dem großen Mann gut ansteht. Wenn ich Ihren jetzigen Stil nennen sollte, würde ich sagen: Baumkuchen, also das edelste u. teuerste Gebäck, das es gibt. Nicht Makronen, nicht Marzipan, sondern dieser weiche, zarte Teig, in dem man so viel Verdecktes u. Verstecktes schmeckt. Manche Urteile haben mich entzückt z B. das über den Obersten in Venedig (Hemingway) – ein greuliches Buch, aber schöne Stellen – obschon das Koitieren immer bei offenem Fenster, durch das der eisige Wind hineinweht, nichts für mich ist. Auch finde ich das vornehme Getue mit dem angebotenen Familienschmuck, den er *nicht* annimmt, recht übel, in U. S. A. ist man damit wohl ein feiner Mann, aber bei uns ist damit doch nicht viel Staat zu machen. – Großartig: Lekkerli! »Der Weg zur Gnade« beschäftigt mich gerade besonders, da ich nächsten Dienstag im NWDR Köln mit Reinhold Schneider diskutiere (blödes Thema: »Soll die Dichtung das

Leben bessern«), aber Schn. selbst als Person (er war neulich bei mir) u. als Schreiber hat etwas an sich, das mich sehr beeindruckt.
Es wäre schön, wenn wir uns wieder einmal unterhalten könnten. Im Januar komme ich vielleicht nach Stuttgart (2 Radioengagements, beide auch recht blöd, aber gut honoriert), es ist dann vielleicht die Möglichkeit mich bei Ihnen zu melden.
Nochmal Dank für Buch u Widmung u dazu die Versicherung meiner aufrichtigen Verehrung.

Ihr sehr ergebener
Gottfried Benn

An Hans Paeschke

Berlin 25 XII 55.

Lieber Herr Paeschke, Dank für freundlichen Brief vom 21. 12...
Ja, 1956 wird kein angenehmes Jahr – wenn man es übersteht. Wäre nicht unglücklich, wenn ich es vor dem Mai beenden könnte: »Die Helden sind müde« – nicht nur ein guter Filmtitel, sondern es trifft zu. Habe Zeiten großer Gebrochenheit, innen u. außen. Habe ja auch in zwei bis drei Berufen (Literatur, Arzt, Soldat) immer zu tun gehabt. Das Glück zum Schluß ist, daß ich auf diese Weise nie Verleger, Zeitungen, Redaktionen aufsuchen mußte, sondern nur schrieb, was mir auf den Nägeln brannte, u. nun sind diese Nägel reichlich abgebrannt. Die Leute aus den 1880er Jahren haben ihre Arbeit gemacht u. nun geht einer nach dem anderen »die Kartoffeln von unten besehn«. Hoffentlich wächst oberhalb was nach – nun, wird schon, alles in allem sind wir ja doch eine geniale Nation, wenngleich sie heute eher verdunkelt u verdummt erscheint.
Lieber Herr Paeschke, Ihnen u. Herrn Moras meine herzlichsten Neujahrsgrüße, auch Ihrer Gattin bitte ich, mich zu emp-

fehlen. Ich werde mir erlauben, dem »Merkur« zu senden, was ich für gut genug dafür halten kann.

Alles Gute u Dank!

Ihr

Gottfried Benn

(Neues Briefpapier von
meinem Verleger, damit ich
endlich alle meine Briefe beantworte.)

An Max Niedermayer

[Berlin] 16 II 56.

Lieber Herr Niedermayer,
vielen Dank für Brief vom 15. II., vielen Dank für Ihre Gedanken zu dem Gedichtband. Eine Einleitung möchte ich nicht verfassen, das würde sofort wieder das Gedanklich-Essayistische einführen, während ich es für besser halte, diesmal das lyrische Werk für sich allein sprechen zu lassen. Auch historische Rückblicke erschienen mir störend. Aber Ihr Gedanke, das letzte Gedicht als 1. zu setzen, gewissermaßen als Schluß u. Abschied, erscheint mir gut. Es würde als solches vielleicht noch besser hervortreten (u. jede Einleitung ersetzen), wenn Sie das Datum 6 I. 1956 daruntersetzten. Dann sähe man, das ist das letzte Gedicht des Bandes. Ich überlege mir, ob ich einen anderen Titel dafür nehmen soll, der noch mehr das Schlußhafte hervorkehren sollte, also z. B. Nachwort oder dergl, aber ich finde den jetzigen Titel: »Kann keine Trauer sein« lyrischer u ich möchte sagen erhabener. Aber ich höre mir gerne Ihre Gedanken u. Vorschläge dazu an.
Was »Merkur« angeht, wäre mir eine Anfrage von Ihnen sehr lieb, in der Sie einfach nach dem Zeitpunkt des Erscheinens des Heftes mit diesem Gedicht fragten, ich hatte seinerzeit geschrieben für das *April*heft u die Hefte erscheinen jetzt neuerdings Anfang des Monats.

. . .

Entschuldigen Sie den langen Brief.

Herzlich Ihr Benn

An Max Niedermayer

Berlin 8 IV 56

Lieber Herr Niedermayer, bezugnehmend auf unser gestriges Telefongespräch betreffend den 2 V erlaube ich mir folgendes zu schreiben: meine Frau u. ich haben beschlossen, in Berlin zu bleiben, und wir wären sehr glücklich, wenn Sie mitfeierten. Unser Plan ist der: wir ziehn vom 1. V.–3 V in ein Hotel u zwar in das *Hotel am Steinplatz*, Charlottenburg 2, Uhlandstr. 197 (dicht am Kurfürstendamm, sehr renommiertes Haus). Meine Tochter quartieren wir auch da ein u wir würden für Sie beide ein Zimmer bestellen, auch für Frl. Schlüter, wenn Sie sie mitnehmen (sie will ja Berlin schon lange mal kennenlernen). Ich nehme an, daß Sie am 1. V ankommen. Wir frühstücken dann am 2. V morgens alle zusammen, auch mit Ehepaar Oelze, falls sie kommen, und um 10. gehn meine Frau u. ich in die Wohnung, um zu sehen, was hier los ist. Von 12–2 h. Siesta im Hotel, von 4–6 h. Cocktailparty in der Wohnung (nach der Minute, um 6 h. wird alles hinauskomplimentiert) u. um 8 h. geben wir unseren nächsten Bekannten ein kleines Souper im Hotel, das dafür Raum hat. Es werden kaum 12 Teilnehmer sein, wir haben ja sehr wenige Bekannte, die uns näherstehn. (Von 10 h. an Besuch von Bar im Hotel oder anderweitig ad libitum.) Von Ihrem Eintreffen in Berlin an bitten wir Sie, unsere Gäste zu sein, was aber nicht bedeutet, daß Sie nicht über Ihre Zeit frei verfügen können zu Besichtigung, Einkauf usw. Nur zu dem kleinen Essen um 8 h können wir sie nicht entbehren. Reden dürfen nicht gehalten werden.
Bitte teilen Sie mir mit, ob es Ihrem Geschmack entspricht, u. daß wir mit Ihrem Kommen rechnen dürfen. Kämen Sie mit Auto oder geflogen?
Dies ist also eine richtige Einladung u wir wären sehr glücklich, wenn Sie sie annähmen. *Anzug beliebig.*

Mit herzlichem Gruß an Ihre Gattin und Sie und Fräulein Schlüter

Ihr alter

Benn

An Erna Pinner

[Berlin] 25. IV 56.

Liebes Ernachen, es ist so lieb von Dir, mir zu schreiben. Tausend Dank. Es liegen 2 Dinge vor, die mich bedrängen. 1) eine schwere Depression, eine echte, endogene, 2) im Anschluß an die völlige Ernährungs- u. Lebensänderung wegen des Ulcus duodeni ein Ekzem, ein furchtbar juckendes am Hals u beiden Unterarmen. Weißt Du, was ein Ekzem ist, weißt Du, was *Jucken* ist? Eine demoralisierende Sache, das erniedrigendste Körpergefühl, das es gibt. Und kaum zu beeinflussen trotz aller Antiallergica u. Anti-Histamine. Und dann dieser 70. Geburtstag! Auch eine fatale Sache. Keineswegs ein Glückstag. Und all der Rummel, den er mit sich bringt. Wenn ich nicht noch so leidend wäre, wäre ich verreist, aber wohin, es ist überall noch kalt. – Liebes Ernachen, schön, wenn aus alten Zeiten ein freundschaftliches Wort an einen gelangt. Alle meine Leute sind eigentlich tot oder in anderen Ländern. Man vergreist so vor sich hin. Meine Tochter weit fort (Kopenhagen), spricht kaum noch Deutsch. (Redakteurin seit 15 Jahren an Berlingske Tidende, sehr bekannt, wirtschaftlich sehr gut dran mit Haus u. 2 Zwillingen u geschiedenem Mann. Wird kommen, mich besuchen.)
Bitte teile mir unverzüglich mit: Deinen Geburtstag u Jahr. Dein Buch wird von einem Journalisten in einer – sehr guten – evangel. Sonntagszeitung besprochen. Sende Dir dann zu. Sende Dir auch die »Gesammelten Gedichte«, die jetzt erscheinen, 360 Seiten.

Sei bedankt und umarmt
von Deinem schäbigen
alten Freund
Gottfried Benn

An Friedrich Sieburg

[Berlin] 29 IV 56.–2 V.

Lieber Herr Sieburg, vielen Dank für den Brief vom 9. IV. und das darin ausgesprochene freundschaftliche Interesse an meiner Gesundheit. Nun, es geht comme çi comme ça, clopinclopant: das Herz voll Kummer u. das Haus voll Rummel wegen dieses 70. Geburtstags, den zu erleben ich niemandem wünsche. Nicht schön – glauben Sie es mir! Aber ich möchte, daß Sie, mein Lieber, gerade an diesem Tag einen Gruß von mir bekommen, da Sie zu den ganz Einzelnen gehören, die mir in meinen letzten Jahrzehnten innerlich nahegekommen sind u. an die ich oft, ich erlaube mir zu sagen, in Freundschaft denke.

Alles Gute für das neue Buch!

Ihr Verehrer
Gottfried Benn

An Hans Egon Holthusen

Berlin, 5 V 56.

Lieber Herr Holthusen, hoffentlich sind sie gut in München angekommen. Ich danke Ihnen noch einmal sehr, daß Sie sich der Mühe der weiten Reise unterzogen haben. Ihre Rede war erstaunlich, war großartig, hat alle Zuhörer überwältigt. Zwei Punkte beschäftigen mich: 1) daß Sie das »Späte«, »Septemberliche« so oft u. stark betonten – hat nicht vielleicht Lyrik immer damit zu tun und ist nicht jede Generation »spät«? Ich habe ja oft bestritten, daß wir in einer *besonderen* Finallage sind. »Sagen Sie nicht apokalyptisch«, heißt es in den »3 Alten Männern«, »das siebenköpfige Tier aus dem Meer und das zweihörnige aus der Erde war immer da (S. 20).«
2) Eine große Freude war mir, daß jemand jene Stelle aus »Phänotyp« nicht nur erwähnt hat, sondern sie in ihrer gan-

zen Raffiniertheit darstellte: jene: »die schwefelgelbe, die heiße süße Rose Diane vaincue.« Das ist für mich eine zentrale Stelle, ich war damals, 1944, erschüttert, als ich sie schrieb, als sie mir zu schreiben gelungen war, u. auch heute finde ich sie sublim. Klar, daß nur sie auf diese Stelle aufmerksam werden konnten, da Sie die Worte nicht lesen, sondern schmecken.
Also Dank, lieber Meister Holthusen, u. gutes Gelingen für die *fabellose* Romansache, die Sie unter den Händen haben. Wird sicher äußerst faszinierend werden.
Bitte grüßen Sie Ihre Frau. Tat mir neulich leid, daß Sie kein Auto zur Verfügung hatten, von der Bibliothek zum Hotel zu fahren. Wir hatten alles vorbedacht, aber Pannen gibt es trotzdem manchmal.

Dank und Gruß!

Ihr Benn

An Max Niedermayer

Berlin 16 V 56.

Verehrte Familie Niedermayer,
tausend Dank für repariertes Feuerzeug. Frau Lilo, sehr lieb von Ihnen! Dank für Romigal, werde es versuchen. War verzweifelt: Da ließ ich einen mir empfohlenen *Masseur* kommen, daß es so was Brutales gibt, ahnte ich nicht, der riß mich auseinander, fuhr wie ein Trecker über den Rücken hin u her, bis jetzt merke ich noch keine Besserung, aber im Prinzip ist es wohl richtig. Vielleicht komme ich zum Schluß nach *Schlangenbad* u. kuriere da weiter – meine Schmerzen hindern mich am Lesen aller der Artikel; die ganze Jagdbeute ist: 80 Telegramme, 200 Briefe, 50 Blumensträuße – einmal u nie wieder! Auch der Hessisch. Kultusminister hat noch telegrafiert. – Wir danken nochmal für den herrlichen kostbaren Teppich, den Stolz unserer Wohnung.

Dank u Grüße

Ihr Benn

Anhang

Nachwort

In einem Brief an seine Tochter Nele schrieb Gottfried Benn 1947, seine junge Frau habe sich einen Hund angeschafft, »und das ist fürchterlich, ich hasse ja Tiere, sie stören mich ...« Dieser Ausbruch meint mehr als bloße Besorgnis vor Störungen in der Sphäre des Heims durch ein Wesen eigener Lebendigkeit mit Affekten, Trieben, Forderungen, Körpernähe; er kommt aus einer Schicht, in welche die verwöhnten Empfindlichkeiten nicht hinabreichen.

Ein Brief von 1941 an F. W. Oelze gibt zu erkennen, welch gedankenvolle, trotzdem aber unheimliche Erschütterung schon der ferne Anblick des Tieres in Benn bewirkte; er spricht von einem Besuch im Berliner Zoo: »Bären, Robben, Jaguare und mein Lieblingstier: der Puma regunslos auf einen Ast gestreckt, monoman, mit grünen Augen. Ich muß sagen, ich war tief beeindruckt vom *Tier*, dem Verhafteten, ungeheuer Unterworfenen aller seiner Wendungen und Bewegungen, seinen schauerlichen Wiederholungszwängen im Traben, Schaben, Wetzen, Heulen, dieser ganzen Neuronen- und Reflexspannung von geradezu fühlbarem Charakter, die nur die Entladung in die Muskulatur kennt, – offenbar die älteste Vorform des Bewußtseins –, noch ohne jeden Ausweg in die Trennung vom Objekt, die wir dann brachten.« Die vitale Spannung im Tier so beschwert mitzufühlen, bezeugt eine fast totemistische Verbundenheit mit ihm, oder doch die manchmal bejahte, manchmal verneinte Fähigkeit dazu – im Gedicht gefeiert, im Leben verworfen. Den täglichen, stündlichen Anblick des »ungeheuer Unterworfenen« fürchtete er in dem kleinen Hund; am Puma, der nicht angemenschlichten Großkatze, gefiel er ihm, denn da prangte das Tierische formal so schön und offenbar zusagend in sich beschlossen, daß die Teilhabe an der ihre Begrenzung bedrückend vorzeigenden Sphäre der Urtriebe erleichtert wurde durch ebenso unmittelbare ästhetische Evidenzen. Kein Dichter hat das Tierische am Menschen so beständig im Blick behalten wie Benn, das Körperleben, die Vitalseele, die Instinktgaben, die Triebmuster; er, der die menschengeschaffene Geschichte als sinnlos verhöhnte, hat die Vor- und Frühgeschichte der menschlichen Natur um so ernster sich vorzustellen versucht und hat sich über den Sprung des Menschengeschlechts ins Bewußtsein, den er eine »kosmische katastrophenhafte Entspannung für das All« nannte, sein Leben lang nicht beruhigt. In jüngeren Jahren hätte er das unbewußte Hündchen beneidet – »ich bin der Stirn so satt« –, der spätere Moralist der Form büßte den Glauben ein an den Hirnstamm als Zone einzig uns erreichbaren Glücks. Die Tiere im Zoo offenbarten sich ihm in einer Art Unterweltsvision, geplagt von Wiederholungszwängen wie Sisyphus, ausweglos in den Lebensdrang gebannt wie der ins Lechzen gespannte Tantalus: Grauen packte ihn, wie es an das Untere in ihm rührte. Selbst der kleine Hund erschien da als ein mahnender Sendbote aus lichtlosem Reich – zudem spielte in diesem Falle vielleicht auch die Eifersucht ein wenig mit.

Anders sprach das Pflanzenreich zu ihm. An Friedrich Siems 1953: »... können Sie sich in einen Gott hineindenken, der etwas so Sanftes wie die Pflanzen und die Bäume geschaffen hat? Ratten, Pest, Lärm, Verzweiflung – ja, – aber Blumen?« Und er erwähnt ein altes Bild, dargestellt sei »ein kleiner zärtlicher Gott, der zwei Bäume hochzieht«. Schwebte ihm vielleicht Tintorettos Erschaffung der Pflanzen in Venedig vor? Genauer bekennt er sich Ernst Jünger gegenüber, wobei natürlich auch eine Ablehnung mitlaufen muß: »Wald mag ich nicht, mochte ich nie, aber Blumen über alles.« In Gedichten will er manchmal die Verzauberung durch Worte wieder heraufbeschwören und dem Leser schenken, die er durch Blumen erfuhr, wobei die Schönheit der Namen – Levkoje, Bougainville, Amaryllis – etwas von ihrer Schönheit widerspiegeln soll. Das sprachlich umschmeichelte Ohr soll dem inneren Auge Bilder erwecken die in Musik erscheinen, für einen Augenblick, und wieder untergehen in der Nacht, die uns erfüllt. Erhöht wird eine Unbekannte durch die stumme Anrede »Du Rosenhirn«: durch ihre Schönheit hat sie teil an der der Vollendung nahen Rose, reicht sie an etwas Höheres heran als die kentaurische Vermischung von Mensch und Tier, die sie auch ist. In der Blume scheint die Natur die ihr mögliche Kunst zu erschaffen, aber während das menschliche Kunstwerk der Zeit ein Stück Dauer abgewinnt, gibt sie mit den ihren ein besonders bewegendes Beispiel der Vergänglichkeit. (Freilich auch der Wiedergeburt.) Benn wurde berührt vom Blumenschicksal; an H. E. Holthusen schrieb er: »Blumen tragen die Sonne, den Sommer und die Nacht, ich empfinde sie als durchaus tragisch: sinnlos und schnell verblühend.«

Also tragisch – aber die Zuweisung des raschen Blütentodes an die Sphäre des Sinnlosen bezeugt auch in diesem Fall eine Gegnerschaft zu Naturgesetzen, die etwas theologisch Starres hat und sich im Grunde gegen die Natur selbst und die gesamte Schöpfung richtet. Einfach war es nicht für den hochbegabten Späterwachten, aus dem strenggläubigen väterlichen Pfarrhaus in die agnostischen Naturwissenschaften der neunziger Jahre überzutreten und alles zu Hause Eingebleute ins Gegenteil verkehren zu müssen: Gottesglauben in Unglauben, vollkommene Schöpfung in mißratene, das Menschendasein als Offenbarung seiner Sinnlosigkeit – bis dann dem Nichts aller Werte die überschlanke Gottheit des Kunstwillens abgewonnen wurde. In einer Schöpfung aus Grausamkeit ist für Benn der schnelle Blumentod noch im besonderen quälend, weil da die Natur ihren eigenen Kunstwillen scheinbar ungeduldig verneint, also das, was sie beinahe über sich selbst hinaushebt und sie rechtfertigen könnte. Vielleicht jedoch fürchtete er im Grunde diese mögliche Rechtfertigung, da sie die Reinheit seines umfassenden Neins gefährdete. Wie bitter streng war er gegen das, was er in sich als Schwäche wußte oder glaubte! Das erste in den *Gesammelten Gedichten*, der Auftakt zur Morgue, ist ein Abschied an eine Aster: der tote Bierfahrer, zwischen dessen Zähne sie geklemmt ist, beschäftigt den sezierenden Arzt einzig als anatomischer Gegenstand, doch die Blume rührt den Dichter an, wie er sie am Ende mit der Holzwolle in die Brusthöhle stopft: »Trinke dich satt in deiner Vase! / Ruhe sanft, / kleine Aster!« Diese Schlußverse sind eine Blüte der Zärtlichkeit, der Todgeweihten huldigend und dem zärtlichen kleinen Gott, der sie schuf.

Die Briefe sind aber schließlich, auch wo sie von Tier- und

Pflanzenwelt handeln und dabei von ihm, der in ihnen von anderem spricht, an Menschen gerichtet, im innern Hinblick auf jeweils einen oder zwei Partner: Geliebte, Freunde, Bekannte, Unbekannte; in jedem von ihnen wird zunächst eine Beziehung zu zweit deutlich, oder halbdeutlich, sodann die Benns zu sich und zur Umwelt – heute gewinnen sie eine neue Bestimmung, indem sie dem dialogischen Kreis enthoben und in die Fremde unter die vielen geworfen werden, wo sie allen Wahlverwandtschaften, Zuneigungen, Befremdungen verfügbar sind. Ihre Wechselströme der Sympathie werden, nach den Spielarten der Induktion zwischen Menschen, neue Sympathien erregen, ihr Sachgehalt Interesse, das nur dafür bereit war und nur daran lebendig wird; ihr Stil wird die Überzeugungsmacht des persönlich Folgerichtigen ausüben, wird *extreme* Zustimmung, extreme Abneigung hervorrufen. Die Rückwirkungen einer ins Vertrauen gezogenen allgemeinen Leserschaft werden eine Summe von Bennschen Figuren in Gefühlen und Gedanken ergeben, dort noch, wo diese sich entziehen möchten; andere als die Rückwirkungen auf das dichterische Werk, aber ihnen zugehörige. Bruchfiguren als Folge von Schocks werden sich bilden, am andern Ende der Skala zarte Arabesken, Nachbildungen der lianenhaft gewundenen Liebenswürdigkeiten, die in dieser Briefprosa zahlreich vorkommen. Dazwischen Kreise der Bestürzung, Ellipsen der Ungewißheit, Quadrate der Bewunderung, Vielecke komplizierter Einverständnisse: eine ganze Geometrie.

Der Band bietet eine Auswahl; ich kenne nur diese und halte mich daran. Geschrieben wurde der überwiegende Teil der Briefe in Berlin 1913–1956, in der Einsamkeit und Kälte der Großstadt, ohne die Benn nicht leben konnte, die er bald als Reiz, bald als Qual empfand und in der er sich mit lebensklugег Taktik barg. Der Gesellschaft wich er aus; die Begründung an eine Freundin, die ihn in ihren Kreis einlud, lautete: »Mein Herz ist zu melancholisch.« Natürlich gibt es Ausbrüche aus der Einsamkeit, denn seiner Abwehr entgegen arbeitete beständig das Anziehende seiner Person, damit verbunden der elementare Wunsch, geliebt und erkannt zu werden. Er brach wohl aus, doch verstand er es, sich allenfalls wieder zurückzunehmen: der Briefwechsel mit einer Freundin wechselt vom allzunahen Du in eine gemäßigtere, aber herzlich reichere Zone des Sie über. Immer wieder muß ein Gleichgewicht hergestellt werden zwischen den Forderungen des hervorbringenden Ichs und denen einer Umwelt, die aus Neigung oder Interesse, ohne es zu wissen oder wollen, das Ich überanstrengt und das an ihm lähmt, was sie doch als seinen Wert weiß und so haben will. Abneigung gegen die sich immerhin frei bildende Gesellschaft – über deren umfassende organisierte Form, den Staat, gibt es nur ganz wenige, freilich äußerst entscheidene Bemerkungen; die eine stehe für sie: »Bin heute wieder von der Steuer mit Pfändung bedroht, wenn ich nicht sofort 500 M. zahle. Die Leute sind irre, der Staat muß zertrümmert werden« (1931). Welch eine Begründung dieser ehernen Folgerung, die von einem Bakunin-Schüler stammen könnte! Zu bedenken bleibt, daß zu jener Zeit in Berlins Publizistik kaum jemand Wort und Stimme hatte, der nicht das Zertrümmern empfahl: die Weimarer Republik, der Kapitalismus, die bürgerliche Gesellschaft, die Kirchen, das Christentum, die Parteien, die Familie, die höhere Bildung und wie vieles noch sollte nach der Ansicht von Fanatikern und Dogmatikern, die mit dem Hammer – mit nichts sonst – philosophierten, endlich »überwunden« werden. Den anarchischen Hang zum Ungeschorenbleiben von seiten des Staates hat Benn nur ehrlicher bekannt als andere, die ihn ebenso hatten; das Paradoxe ist, daß er unter den Nazis das straffste staatliche Ordnungsgefüge, die Armee, bejahen und als Zufluchtsstätte der inneren Emigration aufsuchen mußte. Er stammte noch aus Zeiten, wo es zum Stolz des Gebildeten gehörte, unpolitischer Konstitution zu sein und seine Interessen nicht mit denen des Staates zu vermischen, die als wesentlich unrein galten. Was sollte denn ein Dichter, der »die Sinnlosigkeit des Daseins« als seinen einzig möglichen Glauben annahm, der in der Mitte des Lebens, 1921, schrieb: »Ich glaube weder an Wissenschaft noch an Erkenntnis, insonderheit halte ich die Naturwissenschaften für Komparserie bei allen ernsteren Fragen und zum Schluß glaube ich weder an Entwicklung noch Fortschritt weder des Einzelnen noch der Gesamtheit...« was sollte er von den Organisationen politischer Gebilde halten?

Ein sinnloses Leben muß auch eine sinnlose Geschichte haben und machen; Benns Hohn gegen die der Geschichte abgewonnenen Sinngefüge nahm mit den Jahren zu. Nur die Erdzeitalter nahm er ernst; er bestimmte den heutigen Menschen als den des Quartärs. Theodor Lessings Buch *Die Geschichte als Sinngebung des Sinnlosen* fand damals, in einer Zeit überwiegend optimistischer Geschichtsgläubigkeit in Hegels Nachfolge, überzeugbare Leser. Der Mensch war da »die Sackgasse des Lebens überhaupt«, er war »eine Krankheit«, ein Fauxpas der Natur, der die Grundwerte seines heiligen kosmischen Sinnes mit seinem sogenannten Geist, den er größenwahnsinnig überwertete, bereits zerstört hatte. Wo geriet da der Homo sapiens hin? Die Entscheidung zum Geist wurde auf geistreiche Art als Sündenfall des Menschengeschlechts erklärt; sie war der Ursprung aller Übel, die zusammengefaßt wurden unter dem Namen Zivilisation. Klages, Dacqué, Frobenius, Spengler sind dem Umkreis dieser Anschauungen zuzuordnen, die auf Benn so mächtig einwirkten. »Der Schritt vom Ausdruck der Seele zum Zweck, von Triebhaftigkeit zu bewußtem Wollen, von Lebensgemeinschaft zu Gesellschaft, von damit verbundener ›organischer‹ zu ›mechanischer‹ Weltanschauung, vom Symbol zum Begriff, von Geschlechterordnung der Gemeinschaft zum kriegerischen Staat und zur Klassenscheidung, von den mütterlichen chthonischen Religionen zu den geistigen Stifterreligionen, von Magie zu positiver Technik, von einer Metaphysik der Symbole zu positiver Wissenschaft – das ist nach dieser Lehre eine strenge Phasenfolge eines sicheren Todesweges ...« Diese Zusammenfassung so gearteter Lehren in einem Satz, die kaum überboten werden könnte, stammt von Max Scheler. Von Verlust zu Verlust würde sich demnach die Geschichte bewegen, hinweg von den einst den Menschen und die Welt einenden Bildern! In dionysischen Augenblicken kommt es noch zu solcher Einung mit der metaphysischen Wirklichkeit des Lebensdranges – »Unbewußt, höchste Lust«, *Tristan und Isolde* –, sie inmitten des intellektuell fehlgeleiteten Lebens heraufzurufen war dann folgerichtig das Amt des Dichters, des Lyrikers, der um das Verlorene wußte und es den danach Verlangenden durch seine Sprachmagie, einer Entsprechung zur ur-

sprünglichen echten Magie, zu übermitteln vermag. Sie ist das große Thema Benns, nachdem die dionysische Vision seines bewunderten Nietzsche in ihm tiefer gedrungen war als die apollinische, die ihn zunächst kalt ließ. Einung: das war ihm zutiefst nichts Zwischenmenschliches, Gesellschaftliches, Persönliches, sondern eben die Auflösung der Person in der Hingabe an den dunklen rauschhaft einfließenden Willen des Allebens. Sein beherrschendes Bestreben war die Herbeiführung solcher großen Berührungen, noch sein abendlicher Gang in die niedrig belebte Einsamkeit der Destille hatte das Ziel der Beschwörung, wo der in sich Versunkene zum Mysten, sein Bierglas zum Opferkrug wurde und die Gedanken in die Bilder einzugehen drängten, die in der daktylisch fallenden Musik seiner Schwermut durch ihn zogen. Und wenn das Ich von seinen Erfahrungen der Aufhebungsversuche seiner Einsamkeit sprach, so sprach es zu sich, auch wenn es Du sagte. Aus astronomischer Entfernung traf dann sein fremder Blick auf die Pathetiker und Ethiker des Soziallebens, die, jeder mit seinem Rezept, daran waren, das Gewimmel zu dessen nun bevorstehendem immerwährendem Glücke zu bändigen. Er allein, sie zu Tausenden. Welcher Mut!
In jedem Brief jedoch wandte er sich an ein wirkliches Du, dessen Daseinskraft er spürte und dessen Eigenleben er genau bedachte. Er spricht von sich, zudem verstand er aber die Kunst der Anteilnahme, und er war, auch wenn ihn sein Beruf zwischendurch langweilte, Arzt genug, um schreibend den Partner stets auch als Körper mit dessen gefährdeten Funktionen vor sich zu sehen. Ich erinnere mich an ein Gespräch 1953 im Glockenhof, Zürich, einem Hotel, wo auf jedem Nachttisch die Bibel liegt: wir waren allein in einer Art Frühstücksraum; über das blaukarierte Tischtuch, den Tee und die Aprikosenkuchen hinweg schauten die großen hellen Augen freundlich, aber auch bestandaufnehmend auf alles, was meine Erscheinung ihnen darzubieten vermochte, dann erkundigte er sich, ein erfahrener Frager, nach meinem Wohlergehen, nach Krieg und Frieden meines vegatativen Nervensystems und meinen politischen Verhaltungsweisen dazu. Untersuchend wird ja, vom Patienten, auch der Arzt untersucht – auf Echtheit und Grad seines Interesses, auf Vielfalt, Ein-

falt, Wesentlichkeit der Fragen, Sicherheit der Handgriffe, Verknüpfung des Erschauten mit Wissen, Erfahrung, Analogien, Nachdenken und so weiter. Benn war erstaunlich, wie er ins Allgemeine überging, von der Weisheit des Körpers sprach, als redete dieser selbst aus Jahrzehntausende hindurch angelegtem Gedächtnis, das seine Wünsche, Bedürfnisse, Abneigungen regulierte. Unter die Zivilisationsverluste rechnete er die Trägheit, deren Bereich heute der Betriebsamkeit und ihren Spannungen zum Opfer falle; er wies auf die Zeiten, in denen Goethe in einem produktiven, erholenden Sinn »faul« war, ohne Gewalttätigkeit gegen sich, um dann auf höherer Stufe einen neuen Anfang zu setzen. Die vitale Seite des Schöpferischen beschäftigte ihn, seine Phasenwechsel, die Pubertäten und Altersschübe, das Aussetzen derselben – Unruhe ging dunkel durch seine Augen, denn da stieß auch er an eine Wand ohne Türe. Dann sprach er, vom Einzelmenschen überspringend, von der Menscheit: der Nihilismus sei nicht die letzte Weisheit, die Verachtung, zu der er so oft geneigt habe, sei im Grunde nicht erlaubt, denn sie, die Menschheit, sei, aufs Ganze besehen, etwas Hohes, ein grandioser Versuch, Urheber unbekannt...

Der Verächter: das war er, wie George, wie Borchardt, wie Valéry, gleich entschieden wie sie, und das Zeitalter bot ihnen Stoff genug. Seine Verachtung ging auf Menschen, auf den Menschen, auf das, was er in sich als allzumenschlich fürchtete und, allzu getreu, auf das, was Nietzsche zu verachten lehrte. Flauberts Impassibilité schwebte ihm vor, dieses Phantom eines Überempfindlichen; er nahm seine Attitüden an: »Es mag auch sein, daß ich menschliches Leid nicht mag, da es nicht Leid der Kunst ist, sondern nur Leid des Herzens. Sehe ich menschlichen Gram, denke ich: nebbich; sehe ich Kunst, Erstarrtes auf Distanz und Melancholie, aus Trauer und Verworfenheit, denke ich: wunderschön« (1922). Das ist Artistenrhetorik nach den grellen Melodien der Poètes maudits, nietzscheanische Mitleidsentwertung, und es ist, trotz der objektiven Kälte der Aussage, wahrscheinlich nicht einmal wahr. Denn zu sehr litt er selbst an der »mörderischen Indifferenz« des Lebens, die er als die wissend und schweigend hinzunehmende Voraussetzung allen Daseins feststellte. Gefühlsausbrüche, sie galten ihm für gering, verglichen mit diesem grundlegenden Existenzgefühl, in ihnen empfinde man das Leben »zu eng, zu individuell, zu epileptisch. Nur wer an jeder Stunde die Klauen, die Hauer, die rostigen Nägel sieht, mit denen sie unser Herz in Stücke reißt, der hat das Leben in sich aufgenommen und steht ihm nahe und darf leben« (1929). Vom Leiden der Kreatur Mensch wußte er alles, und der vorgeblich mitleidlose Artist stand Tag für Tag klein und gedrungen im weißen Ärztemantel in seiner Sprechstunde und half kranken, bedrückten Menschen, während aus den Federn von Scharen selbstsüchtiger Schriftsteller mit bedenklicher Privatmoral Heerscharen von sozialmoralisch aufgepumpten Phrasen in Zeitungen, Zeitschriften, Büchern spektakelten ... Schwach entwickelt ist allgemein die Einsicht dafür, wie billig die meiste geschriebene Ethik mit ihren Forderungen, immer an andere, ist und bleibt. Teilnehmend und entfernt: er war beides, er war immer nur mindestens auf zwei Nenner, nie auf einen einzigen, zu bringen. Ambivalenz, dieses Wort kommt in den Schriften häufig vor. Beziehungsscheu, mimosenhaft, aggressiv, die Briefe zeigen ihn so. Liebesbriefe sind keine darunter; ich könnte mir denken, daß es die köstlichsten wären ...

Auch sie wohl nicht ohne Haken und Angeln für die Partner, die mit schmalbegrenzter Erwartung einsinnige Lyrik empfangen wollen. Es gibt da ein merkwürdiges Geständnis in Form eines Lehrsatzes: »Liebe ist das Elysium der Unproduktiven, derer, die nicht denken und Ausdruck schaffen können. Der Extreme in seiner Finallage gibt auch die Liebe nicht mehr ab, er behält sie für sich selbst« (1952). So schrieb der Sechsundsechzigjährige in einer brieflichen Erläuterung des Wortes Eigen-Immortelle, das in einem Gedicht vorkommt. In seiner Finallage: das Wort ist erfüllt von Todesahnung. Für Augenblicke war er doch ein Myste der Erotik gewesen, der die ersehnte Einung in einem oder durch ein Du erfahren hatte; sein schönstes Gedicht, Aus Fernen, aus Reichen, wäre sonst nicht entstanden, auch nicht Wie lange noch. Vom Tod der Liebe wußte er, wie von ihr nicht? Sie ist ihm angelegt auf Erblühen und schnelles Sterben, wie die Blumen, ihr Wunsch nach Dauer ist gesättigt mit Unwirklichkeit.

Und dein eigenes Herz
so wandelbar, bodenlos und augenblicklich –

Wie könnte sie sich dem tragischen Gesetz entziehen, das er über die Welt verhängt sieht und das ein leidender Rebell in ihm dennoch nie annimmt! Die Illusionslosigkeit, die er sich errichtete, hat sein Herz nicht vor Ergriffenheiten bewahrt, welche dichterisch Eros und Thanatos vereinen. Wie Orpheus hat er seine Liebe noch im Totenreich gesucht und dann die Tiefe der Erfahrung über ihre Dauer gestellt:

Doch sehe ich ein Zeichen:
über das Schattenland
aus Fernen, aus Reichen
eine große, schöne Hand,
die wird mich nicht berühren,
das läßt der Raum nicht zu:
doch werde ich sie spüren,
und das bist du.

Solches Ausströmen wollte der Alternde nicht mehr, als er sich selbst den unterweltlichen Fluten nahe fühlte und mit verbissenem Willen nur mehr seinem Kult der Form zu leben vorhatte. In den Briefen an eine junge Dichterin ersieht es sich, wie seinem überstirnten Weg auch spät noch Feuer umzuckten und umspielten und ihn nicht ganz unentzündet durchließen, mochte er auch im Schutz seiner Lehre von der Finallage und ihren Erfordernissen der Selbstbewahrung dahinschreiten. In dem fechterischen Hin und Her dieses Briefwechsels hat er Formeln von galanter Liebenswürdigkeit untermischt mit Sticheleien, die nicht nur obenhin treffen sollten: »Man liegt vor einer Frau nicht Tag und Nacht auf den Knien und murmelt zu ihr Gebete empor, eine Frau ist ein Gegenstand.« Der erlesen Höfliche konnte brüskieren, nicht aus dem Versehen des Taktlosen, sondern nach Plan und Absicht, nicht nur einen Briefpartner, sondern seine Leser. Wie André Gide Aufrichtigkeit um jeden Preis sich auferlegte, nicht ohne Genuß an dieser ethischen Unternehmung, stellte Benn seine Aussagen auf Rückhaltlosigkeit ab, angewidert durch die von den dozierenden Literaten, den Geschichtsopti-

misten, betriebenen Schönfärbereien des Menschenbildes nach späthumanistischen Schablonen. Dazu kommt die Neigung zu der berlinischen Keßheit des Ausdrucks, zum Ordinären, Krassen, Antibürgerlichen um jeden Preis in der Sprache als echtestem Zeugnis der Zeit – der Geschichtsfeind war darauf bedacht, genau in der Zeit, der seinen, zu stehen – die zum Extrem auf jeden Fall! Er war ein Meister der Herausforderung; die Jahre, die er kaum beachtet, oder beachtet aber unerwünscht war, haben seine Haltung nicht gelockert, im Gegenteil. In einem Brief 1949: »Ich weiß, was für gewalttätige Dinge ich denke und schreibe. Aber Belletristik gibt es ja genug und Keuschheitslegenden auch, meine Idealität ist nicht die einer Mimose.« Im selben Jahr: »Ich höre weiter, daß die Wirkung meiner Bücher im einzelnen stark ist, aber im ganzen alle Welt schockiert und geradezu bösartig macht. Nun, das ist nicht gegen meine Wünsche. Mit offenen Armen aufgenommen zu werden, würde mich sehr bedenklich machen. Ein Brief aus Schweden trug eine – *Strindberg*briefmarke! Dieser giftige unerbittliche geniale Kopf, den sie verhungern ließen – jetzt ist er also eine Briefmarke und die Bürgerwelt entgiftet ihn mit ihrer Spucke.«
An Nietzsche wird er erst recht gedacht haben; der Isolierte hat stets die in ihrer Zeit Isolierten gegrüßt, die auch das Schrille stilistisch einsetzten, um sich vernehmbar zu machen. Gut hundert Jahre früher hatte es Jean Paul in Berlin nicht gewagt, den Titel seines entstehenden Romans in Gesellschaft zu nennen, weil er anstößig sei. Es handelte sich um die *Flegeljahre* ... Seither hatte die Literatur die naturalistische Treue in der Wiedergabe von Slang, Soldatenjargon, Ganovenrede eingeübt und, in der Lyrik, den Rückgriff auf Villon, der seinerseits auch auf die Kaschemmensprache zurückgegriffen und den Worten der unteren Sphären das Schämen in den oberen ausgetrieben hatte. Neben Gedichten, die wie vor einem höheren göttlichen oder menschlichen Wesen sprechen, entstanden solche, die so sprechen, wie man zu sich selber spricht, welche Tabus hielten sich da noch? Der innere Monolog der Marion Bloom im *Ulysses* von Joyce zeigt es literarisch; die Tiefenpsychologie war längst in die Bilderzone der Triebe eingedrungen: das Verschwiegenste wurde in die

öffentliche Sprache hereingeholt; es sollte nun im Gedicht auch singen. Seine Wahrheit galt als total und absolut, so daß an ihr gemessen wurde, wer und was »verlogen« sei – dieses Wort *verlogen* wurde nach 1918 rasch eine verbreitete Waffe wie ein billiges Revolvermodell, das man reihum einer auf den andern richtete. – Verachtung, Alleinsein, Zurückhaltung der Liebe, gewalttätige Dinge sagen, Melancholie, Ennui: es gibt eigentümliche Übereinstimmungen mit Briefstellen Paul Valérys; bei beiden Hohn auf Weltanschauungen, Ideologien als Wille zu geschichtlichem Wirken und gegen die Geschichte insgesamt. In einem Brief an Gide 1894 erzählt Valéry von seinen Kriegsvisionen, die ihn als trunkene Flut überwältigen, dionysisch, aus einer Region, die er nicht kennt. Alle Untergänge waren vorausgesehen. Benn: »Die Mythe des Menschen schrie nach Exekution.«

Die Mythe des Menschen, der man teilweise, phasenweise selbst war, wie in den Oasen der Briefe, die den Gatten, Vater, Freund, den geistig Teilnehmenden zeigen, genau, aber kaum jemals von nahe. Hier gibt es die kompensierenden Gegenstücke zum Schonungslosen, zum gewollten Schock, zum überbewerteten »Kaltschnäuzigen«, das einer zitternd-feinen Sensibilität vom Druck des extremen Formulierungszwanges abgepreßt wurde. Nichts jedoch von brieflichem Sichgehenlassen, selbst im Vertraulichen wieviel sachlicher Ernst! Fast vollständig fehlt das Element der Heiterkeit, an seiner Stelle sind als Leuchtbojen Sarkasmen über die Umwelt ausgestreut. Überlegt und überlegen ist die Taktik, mit der er den freiwillig, aus Verehrung ihm aus seiner Verfemung Helfenden dabei half: er wünschte Wirkung und Ruhm, um über sie geringschätzig verfügen zu können. Es gibt Briefwechsel, die eine kurze Zeit intensiv geführt werden, dann verstummen, nachdem die Situation, die sie hervortrieb, sich und ihn, den Schreibenden, erschöpfte. Wenige Freundschaften; einen einzigen Mann redet er mit Vornamen an: »Lieber Erich ...« Aber auch da bleibt es beim Sie. Im *Doppelleben* heißt es mit Anspielung auf Erich Reiss: »Der einzige, den ich vielleicht als Freund bezeichnen könnte ...« Vielleicht ... Es ist die arme Summe eines ganz auf sich allein Gestellten, unter dem Druck seiner Botschaft Lebenden, eines Dichters, der in seinem Werk keinen Menschen geschaffen hat als sich. Beim Tode jenes Freundes schrieb er an dessen Gattin 1951 dies: »Ich glaube ja an eine irgendwie geartete Weiterexistenz auch nach dem Tod, es ist kein Aufhören, die Toten bleiben bei uns und gehören dazu, trotzdem bleibt das Aufhören des Sichtbaren und Ansprechbaren eine große Erschütterung.« Da rührte er an einem Geheimnis, von dem er nur dieses eine Mal, und wie verschleiert! sprach. Es ist ein Anklang an das, was eine der Eingebungen zum *Unaufhörlichen* ist: »Ja, dieser Mensch wird ohne Ende sein.« An Frauen wandte er sich brieflich aus größerer Nähe, veranlaßt wohl auch durch ihren Willen, der unbelasteter auf natürliche Weise mitentschied, welche Distanz gelten solle. In seinen Antworten konnte männlicher Charme erblühen, geprägt persönlicher, mit herbem Geruch, der ihn steigerte. Manche Briefe verraten es, wie er sich mit Anstrengung aus seiner Indifferenz wie aus schwerem Wasser emporwand, um die bewegenden Augenblicke einer Beziehung wieder auf sich zu nehmen, die ihrer Wirklichkeit, wo nicht der Mensch von weit außerhalb her als mutationsreifes Endexemplar des Quartärs anzusprechen war, sondern hier und jetzt als ihm von Herzen anhangende, ihn in seinem Wert erfassende Frau wie Gertrud Zenzes, oder Erna Pinner, oder Thea Sternheim und andere.

An die erste schrieb er aus der kalten Not des Nachkriegs nach Amerika, 1947, ihm keine Carepakete mehr zu senden: »Diese Geschenke haben eine Gewalt, der ich innerlich nicht gewachsen bin. Sie schneiden zu tief in das Leben ein, in dies sehr einsame, mühsam zusammengehaltene Leben, das ich – ich weiß selbst nicht warum – immer noch verteidige. Diese Bitte ist ernst.« Fast alles ging ihm zu nahe. Ein Teil der Briefe, ebenso zahlreiche Teile innerhalb der Briefe bestehen aus Abwehr eines Aufgestörten, der in den meisten menschlichen Beziehungen seinen Schmerz des Menschseins noch einmal, und schneidender, erfuhr, deshalb seiner Berührungsangst, mochte er sie auch von den Umständen gezwungen bezwingen, lauschte und recht gab. Sie regte sich in umgekehrtem Verhältnis zum Niveau seines Gegenübers, und sie macht es begreiflich, daß er Nietzsches etwas geschwollene Formel vom Pathos der Distanz aus natürlicher Neigung in Lebenspraxis umsetzte. Kam er indessen heran in die Nähe, so war seine Gegenwart, auch in Briefen, erstaunlich intensiv zu spüren; jede einzelne Äußerung über eines seiner Themen besaß dann das Gewicht all dessen, was er je darüber gedacht hatte, und im Gespräch fielen ihm Formulierungen aus seinen Schriften zwischendurch mit dem Glanz des Spontanen wiederum zu. Kompakt wie die Prosa der ausgearbeiteten Schriften ist die seiner Briefe; in jedem Satz ist er, noch in der Art des Ausweichens, zugegen, dicht, sicher, folgerichtig bis ins letzte, darum unangreifbar – bis auf die Voraussetzungen seines in sich stimmigen Weltbildes. Im Persönlichsten seiner Antworten erscheint, mehr als bei den meisten, vieles von der Persönlichkeit des Partners auf dem Lichtschirm, so daß wir unsichtbar in einem Kreis von Menschen nun zugelassen sind, der von ihm ausgezeichnet wurde. Einzelne darin manchmal zu sehr: er konnte, wenn er einen nicht sah, am Telefon, im Brief, eine Art von chinesischen Höflichkeiten bis auf die Spitze treiben, so auch die Anerkennung literarischer Leistungen, die seiner Natur eher fremd bleiben mußten. Da war er großherzig und warf einem Geschenke zu; tat er jedoch einem Autor die Ehre an, kritisch auf einen Text einzugehen, dann war es genau und durchdacht und von seinem Standort aus, deutlich von gegenüber.

Seine Güte entfaltete sich, weil ihm ein Stachel bewußt hielt, daß alles Entstandene eine Leidensgeschichte verkörpert und allein schon diese ernst zu nehmen sei. Über Dritte konnte er rasant aburteilen, wenn ihr Werk für ihn keine Förderung bedeutete, indessen sind ja Briefe nicht Tummelplätze historischer Gerechtigkeitsübungen, und wer sie vom Ausdruck momentaner Stimmungen reinwaschen will, tötet sie. Denen, die seine Verehrung gewonnen hatten, bewahrte er sie treu: »Meine Götter geblieben sind immer noch Heinrich Mann, Nietzsche und Taine, an denen habe ich mich gebildet« (1949). Ein karger Olymp – aber vielleicht war eben diese Besetzung nötig, um das Zustandekommen der Gedichte Benns zu ermöglichen. Die drei waren für ihn die wirkungsmächtigsten, während seine Kenntnis eine große Zahl von Namen, Werken, Lebensläufen umfaßte und er auch seine Neigung zu Artisten wie Flaubert, Wilde, d'Annunzio, Verwandte in ihrem Kunstwillen, gerne zugab. Aus den Naturwissenschaften müßte eine ganze Schar von Nährvätern angeführt werden. Moderne Dichter haben den Bildungsprunk der früheren ins Gegenteil verkehrt; auch Valéry gab sich, als habe er kaum fünf Bücher gelesen. Bescheidenheit und Finte zugleich! Die lebenslang durchgehaltene Höhe des Anspruchs, an sich wie an andere, und das Ergebnis daraus bezeugen anderes als solche Selbststilisierungen, die mit Verschweigungen operieren.

Für jene, die in der glücklichen, doch unerprobten Lage sind, jeweils den ersten Stein werfen zu dürfen, werden diese Briefe, die Benn so rückhaltlos enthalten wie alle seine Schriften, wiederum Ärgernis genug enthalten. Doch welcher Wurf erreichte den Dichter, der sich sein Leben hindurch furchtlos darbot! Alles, was in den Briefen auf menschlicher Ebene unerklärlich scheint, weist zurück auf jenes große Unerklärliche im Dichter, dem wir die vollkommensten seiner Verse zu danken haben. Beides ist hinzunehmen an einer Erscheinung dieses Ranges, die den Stolz ihres Daseinsrechtes keinen Augenblick preisgab und die noch ihre Schwächen zur Leistung zwang. Werke und Briefe, sie sind dicht beieinander, das Leben und seine Erhöhung, die Wahrhaftigkeit und ihr Schmerz, die schwere Stummheit und der überspringende Funkenschlag des Worts. Das Unerklärliche wirkt durch ein zum Äußersten gespanntes Dasein, das sich offenbart, entriegelnd auf Verschlossenheiten unseres Daseins, in denen Träume eines umfassenderen Menschentums umgehen. Da dürfen selbst unbequeme Rätsel bleiben – auch die messerfeine Linie von Stirn und Nase des Dichters, im Halbprofil von zauberhaftem Schwung, war eines, auch der Friede auf den Zügen seiner Totenmaske, höher als alle Vernunft, Rätsel und unerklärlich: seine Sprache noch einmal und was sie ergänzt.

Max Rychner

Zur Auswahl der Briefe

Der erste Band mit Briefen von Gottfried Benn ist im Herbst 1957 erschienen, also bereits ein Jahr nach seinem Tode. Die Anregung dazu kam von Freunden und Lesern des Dichters. Wir haben sie gern aufgegriffen, da sie auch unserer Auffassung entsprach, nämlich nicht immer ein Jahrzehnt oder mehr mit der Veröffentlichung persönlicher Dokumente eines verstorbenen Dichters zu warten, denn der interessierte, oft verehrende Zeitgenosse sollte in dieser Hinsicht nicht schlechter gestellt sein als die Nachkommenden.

Die Anlage und Zusammenstellung des Bandes erfolgte im Einvernehmen mit Frau Dr. Ilse Benn. Die schnelle Verwirklichung des Plans aber ermöglichten die Briefpartner Gottfried Benns, die uns in der wohlwollendsten Weise unterstützten und denen wir an dieser Stelle nochmals herzlichen Dank sagen möchten.

Gottfried Benn selbst hat alle Fragen nach einer Veröffentlichung seiner Briefe immer sehr uninteressiert mit dem Hinweis beantwortet, das könne nach seinem Tode entschieden werden. Auf keinen Fall sollten kränkende, noch lebende Personen betreffende Stellen gebracht werden; im übrigen seien seine Briefe nicht im Gedanken an eine spätere Veröffentlichung geschrieben.

Nun glauben wir aber, daß der künstlerische wie menschliche Rang dieser Briefe eine Veröffentlichung voll rechtfertigt, ja, daß gerade die spontane Äußerung Benns für seine Leser von besonderem Reiz sein wird, wie nicht zuletzt die biographisch interessante Tatsache, daß der Dichter lebenslange Freundschaften pflegte.

Der Mensch Benn trat immer bewußt hinter dem Dichter zurück. Hier nun spiegeln diese Briefe ein Bild seines Lebens – dieses problematischen Lebens, das immer wieder und vor allem um die Kunst kreist. Sie wird als der rote Faden erkennbar, der die Stationen dieser siebzig Lebensjahre verknüpft. Der Dichtung – »diesem unbarmherzigen Geschäft« – ist alles untergeordnet, immer gegenwärtig ist der künstlerische Auftrag, das Ringen um Ausdruck und Form. Tragik und Glück münden immer wieder im »hinterlassungsfähigen Gebilde«, in einer Seite gemeißelter Prosa, im Gedicht.

Zur Auswahl selbst ist zu sagen, daß wir in diese Taschenbuch-Ausgabe vornehmlich jene Briefe aufgenommen haben, die über Benns Verhältnis zur Kunst, zur Politik und zur Gesellschaft aussagen. Leider sind zahlreiche Briefe durch äußere Einwirkungen, wie Krieg und Emigration, verloren gegangen, so die an Carl Sternheim, an Heinrich und Klaus Mann und manche andere. Aus der großen, vollständig erhaltenen Korrespondenz mit Dr. F. W. Oelze wurden in diese Neuauswahl nicht nur Briefe aus der Kriegszeit hineingenommen, sondern besonders auch aus den Dreißiger Jahren, da Benn hier wichtige Äußerungen über sein Verhältnis zum Nationalsozialismus machte. Dafür haben wir auf andere Briefe an Ina Seidel, Ernst Jünger und E. R. Curtius verzichtet, da sie schon in einer gesonderten Publikation (Arche-Bücherei) erschienen sind. Neu sind auch die Briefe an Adolf Frisé und Carl Werckshagen.

Hinsichtlich der drucktechnischen Einrichtung ergab sich die Frage, ob man persönliche Eigenheiten der Orthographie erhalten sollte oder nicht. Wir haben uns schließlich dafür entschieden, einheitlich die heute gebräuchliche Rechtschreibung anzuwenden, also in diesem Fall nicht anders zu verfahren als bei den Ausgaben der Bennschen Werke. Offensichtliche Flüchtigkeitsfehler, wie vergessene Buchstaben und dergleichen, wurden stillschweigend korrigiert, gelegentlich fehlende Wörter in eckigen Klammern ergänzt.

Dagegen wurden alle persönlichen Eigenwilligkeiten erhalten, die nicht die Möglichkeit bergen, dem Leser im Satzbild als ungewohnt aufzufallen, ihm also die Lektüre zu erschweren; so wurde zum Beispiel die Datumsangabe jeweils links, rechts oder in der Mitte, gelegentlich auch am Schluß des Briefes, römisch oder arabisch, gesetzt, wie es dem Original entspricht; auch die zahlreich vorkommenden, in der Form häufig wechselnden Abkürzungen blieben erhalten, Zahlwörter wurden nicht ausgeschrieben. Im Original unterstrichene Stellen wurden kursiv gedruckt, mehrfache Unterstreichung ist zusätzlich durch Sperrdruck bezeichnet.

Die sehr persönliche Interpunktion blieb unverändert, nur an ganz wenigen Stellen, an denen der Sinn sonst schwer erkennbar wäre, wurde ein Komma eingefügt. Schließlich bleibt zu erwähnen, daß bei gelegentlich notwendigen Auslassungen wegfallende Namen durch drei, gestrichene Sätze durch sechs Punkte markiert sind. Es handelt sich durchweg um Bemerkungen über noch Lebende, deren mögliche persönliche Kränkung vermieden werden sollte. Einzelne Stellen, die für den Leser nicht ohne weiteres verständlich sind, wurden nach Möglichkeit im Anhang erläutert. Die Anmerkungen zu den Briefen sind von Marguerite Schlüter.

1957 Max Niedermayer
1962 Horst Bienek

Anmerkungen zu den Briefen

9 Brief des vierzehnjährigen Gottfried Benn an seine Schwester.

Onkel Eugen: Bruder des Vaters, Arzt.

bekobern: mundartlich für sich erholen, ermuntern.

Frau Gräfin: Gräfin Finckenstein, deren Söhne zusammen mit Gottfried Benn aufwuchsen.

Frau Badicke: Die Frau eines Gutsbesitzers aus der Umgegend.

10 *Cöhlers:* nicht feststellbar.

geklaut: mundartlich für »mit einer Klaue geschrieben«.

Hein: Heinrich Graf Fink v. Finckenstein, der zusammen mit Benn als Pensionsschüler in Frankfurt a. d. Oder lebte.

das neue Heft: Heft 3/4 des Neuen Pathos (August 1913).

Die Blaßschen Sachen: Das Heft enthielt unter dem Titel Heidelberger Gedichte 6 zwei Gedichte von Ernst B.: »Then you'll remember me ...« (Der Stadt verhängtes Geländ) und An die Angehörige einer feindlichen Partei (Du Angehörige hassender Partei!).

Die Lasker-Schülerschen Gedichte: Unter dem Titel Drei Gesänge an Giselheer brachte das Heft die Gedichte Giselheer dem Heiden (Ich weine), Giselheer dem Knaben (An meiner Wimper hängt ein Stern) und Giselheer dem König (Ich bin so allein).

Ihre erste Nacht: Prosastück von Paul Zech.

Über Lautensack: Die Bemerkung bezieht sich auf das Gedicht Und wie ein eingerannter Schiefer schwiert (Seit meiner letzten heiligen Kommunion) von Heinrich L.

Maiandros: Die Bücherei Maiandros war eine Schriftenreihe, die A. R. Meyer in seinem Verlag herausbrachte. Die Bemerkung »rüstet ab« bezieht sich wahrscheinlich auf einen Vermerk im Beiblatt zur Bücherei vom 1. 9. 1913, in dem mitgeteilt wird, daß die Bücherei ihren Un-

tertitel Zeitschrift von 60 zu 60 Tagen fallenlassen und fortan in zwangloser Folge erscheinen werde.
Meyer: der Verleger und Schriftsteller Alfred Richard M., in dessen Verlag die Bücherei Maiandros erschien.
ein neues Heft: der Gedichtband Söhne, erschienen im November 1913.

11 *die gute alte Morgue... konfisziert:* Genaues war darüber nicht festzustellen, doch wird im Literarischen Echo vom 1.4.1916 (Jg. 18 H. 13) ein Verbot der Morgue-Gedichte erwähnt. Ferner brachte der Querschnitt im Januarheft des Jg. 12 (1932) Auszüge aus einem für den internen Dienst der Polizei gedruckten Katalog unzüchtiger Schriften, darunter von Benn den Gedichtband Fleisch, in dem die als Einzelausgabe längst vergriffenen Morgue-Gedichte enthalten waren.
W. Rösler: der Maler und Graphiker Waldemar R., Mitarbeiter an der Zeitschrift Das neue Pathos. Er fiel wenig später.

12 *die ganze Passauer Straße:* Während seiner ersten Ehe bewohnte Benn eine große Privatwohnung in der Passauer Straße, die er noch einige Jahre nach dem Tode seiner Frau beibehielt, ehe er dann ganz in seine Praxisräume in der Belle-Alliance-Straße übersiedelte (vgl. den Brief vom 4.9.1926).

14 *Waldens:* der Verleger und Herausgeber des Sturms Herwarth W. und seine Frau Nell.

16 *[Widmung]:* Die Widmung nimmt Bezug auf ein vorausgegangenes Gespräch über Ernst Kretschmers Konstitutionstypen.

19 *Einstein:* der von Benn sehr bewunderte und ihm befreundete Schriftsteller Carl E.
dunkle Zeichen...: Die beiden Strophen sind die 5. u. 6. des Gedichts Stunden, Ströme – (Ausgew. Ged., 1936, Trunkene Flut, Ges. Ged.); die zweite hier angeführte Strophe hat eine Textabweichung – die vorletzte Zeile beginnt hier: dunkle *Wasser,* in der gedruckten Fassung dagegen: dunkle *Meere.*
meine 2 miesen Poeme: Gemeint sind Jena und Annonce (Querschnitt VI, 10), jetzt im Band Gesammelte Gedich-

te. *Artikel von R. Kurtz:* Reise um Benn (Querschnitt VI, 10).

da ein paar ruhige Wochen: G. Zenzes befand sich damals auf dem Schloß Neuhardenberg bei Frankfurt a. d. Oder, wo sie – mit Unterbrechungen – in den Jahren 1925/26 u. 1928 die 25 000 Bände umfassende Bibliothek des Staatskanzlers Fürsten v. Hardenberg ordnete.

Schilderung der K. H.: Gemeint ist Kronprinzessin Cecilie, die – wie auch Prinz L. F. – häufig auf Schloß Neuhardenberg zu Gast war.

21 *die Lage des Ich.* Der endgültige Titel des Essays lautet: Der Aufbau der Persönlichkeit. Grundriß einer Geologie des Ich (zuerst erschienen in der Neuen Rundschau 1930, 673–705).

Büchern über Amerika: Es handelt sich um: Konrad Haebler, Geschichte Amerikas. Durchgesehen von Joh. Hohlfeld, 1923; Otto Moog, Drüben steht Amerika ..., 1927–28; Moritz Jul. Bonn, Amerika und sein Problem, 1925.

das schöne Buch: die deutsche Ausgabe von André Gides Roman Die Falschmünzer.

Quiniral: Die Stelle ist nicht sicher zu entziffern; es handelt sich aller Wahrscheinlichkeit nach um ein Schlafmittel, das heute nicht mehr im Handel ist.

22 *seit La Hulpe:* die Besitzung der Sternheims bei Brüssel.

23 *Mops ...:* Carl u. Thea Sternheims Tochter Dorothea, 1905 bis 1954, damals verheiratet mit dem Maler Rudolf v. Ripper.

zu meiner Tochter: Nele Sörensen-Benn.

Ihre Sache über die »Generalversammlung«: ein Artikel in der Frankfurter Zeitung, deren Berliner Korrespondent B. damals war.

24 *dieser Tage wiederkommen:* Ewald und Sophia Wasmuth waren zum Wintersport nach Tirol gefahren.

25 *Aga:* des Ehepaars Wasmuth wie Benns gemeinsame Freundin Aga Gräfin vom Hagen; sie war lange Zeit auch mit Carl Einstein befreundet, den Benn ganz besonders schätzte.

in die weite Ferne: Gertrud Zenzes lebte seit 1925 in den

USA. Nach einem Deutschlandbesuch 1928 kehrte sie über Polen, Rußland, China, Japan und Hawaii nach Karlifornien zurück.

27 *Ihr Kapitel...:* aus E. Wasmuths Buch Kritik des mechanisierten Weltbildes, 1929.

Sätze wie der...: Die Sätze lauten: 1. Nur der Anfang ist jenseits seiner Notwendigkeit; dieser Anfang ist Zufall, ist er verwirklicht, dann ist Wachstum, Blühen und Verwelken fast auf die Stunde bestimmt. Der Roggen aus dem Norden blüht im Süden zur gleichen Stunde mit jenem der Heimat, obgleich diese Zeit zweckwidrig für das veränderte Klima ist. (Die Formulierung stammt von E. Wasmuth.) 2. Das Zufällige ist immer Anfang für uns, es ist wie der Schlag, der den Ton des Instruments ruft, »der in seiner Tiefe seit Ewigkeit geschlummert«. In dem erwähnten Werk befinden sich diese Sätze auf S. 354/355 u. 358.

Semon: der Zoologe Richard S., 1859–1918.

29 *mit Ihnen fahren:* Gertrud Hindemith hatte Benn eingeladen, mit ihr und ihrem Mann einen Ausflug in die Umgebung Berlins zu machen.

35 *Das Buch:* Fazit der Perspektiven, 1930.

Ihren Aufsatz: Der fragliche Aufsatz wurde aus zeitbedingten redaktionellen Gründen nicht publiziert.

36 *»Nietzsches Zusammenbruch«:* das Buch von E. F. Podach, 1930.

Einstein: Gemeint ist Carl E.

38 *1870...:* Diese Bemerkung ist im Original an den Rand geschrieben.

42 *Aufführung:* die Uraufführung des Oratoriums Das Unaufhörliche, die am 21. 11. 1931 in Berlin unter Leitung von Otto Klemperer stattgefunden hatte.

Der Goetheaufsatz: Goethe und die Naturwissenschaften (zuerst veröffentl. in der Neuen Rundschau, Jg. 43, 1932 H. 4).

43 *Buchladen:* Gertrud Zenzes hatte im Nov. 1931 mit einer Freundin eine Buchhandlung in San Franzisco eröffnet, die erste deutsche, die nach dem Ersten Weltkrieg dort wieder bestand. Infolge der nach 1933 einsetzenden poli-

tischen Schwierigkeiten mußte die Buchhandlung 1936 schließen.

Das Marthchen: Dr. med. Marthe Gassmann. Sie war in den Jahren um 1923 mit Gertrud Zenzes und Benn befreundet, lebt seit ihrer Verheiratung in den dreißiger Jahren in den USA, wo sie in New York eine psychoanalytische Praxis ausübte.

Der Sohn: Benns erste Frau Edith Osterloh hatte einen Sohn Andreas mit in die Ehe gebracht, der von Benn adoptiert wurde. Er starb achtzehnjährig an Tuberkulose.

jemand, der Deutschland verläßt: Thea Sternheim war zu Anfang des Jahres 1932 mit Klaus und Mops, den beiden Kindern aus ihrer Ehe mit Carl Sternheim, nach Paris übergesiedelt.

44 *Flechtheim:* Alfred F., Inhaber der Galerie Flechtheim in Berlin und Begründer des Querschnitts.

Wedderkop: H. v. W., der Herausgeber des Querschnitts.

Ihrer Tochter: Die Tochter Agnes aus Thea Sternheims erster Ehe lebte weiterhin in Berlin.

45 *das neue Buch:* Nach dem Nihilismus, 1932.

Ihre Wunde: Thea Sternheim hatte sich eine Schulterverletzung zugezogen, die genäht werden mußte.

50 *Peter-Paul:* der älteste Sohn P. S. Fleischmanns. (Die Söhne gehörten während des 2. Weltkrieges der engl. Armee an, mußten dort ihren deutschen Namen ablegen und führten von da ab den Familiennamen Fleming.)

51 *Osternummer der Basler Zeitung:* Es handelt sich um die Basler Nachrichten. Die Ausg. vom 20./21.4. enthielt einen mit G. A. gezeichneten Artikel Sparta als Vorbild.

Werckshagen: Carl W., ein gemeinsamer Bekannter, der Maraun 1924 an der Münchener Univ. mit Benns ersten Arbeiten bekanntgemacht hatte; später Regierungsdirektor und Leiter des Referats Darstellende Kunst in der Berliner Senatsverwaltung für Volksbildung.

52 *Rowohlt:* der Verleger Ernst R.

K.: Wolfgang Koeppen, damals Feuilletonredakteur der Berliner Börsen-Zeitung.

54 *Ihre Sendung:* Maraun hatte Benn einen Sonderdruck gesandt, der neben anderen Aufsätzen seine Aufsatzserie über den Bayerischen Wald enthielt.

55 *Kükelhaus:* Hugo K., Urzahl und Gebärde, 1934.
Hamecher: der Journalist u. Schriftsteller Peter H. (Ps. Paul Vois), damals als Buchkritiker in Berlin tätig. Er war schwerleidend und starb nur 3 Jahre später. Verf. des Buches Entformung u. Gestalt. Gottfried Benn – Stefan George, 1932.
Westecker: Dr. Wilhelm W., kulturpolit. Red. der Berliner Börsen-Zeitung.
8-Uhr-Abendblatt: Die Ausg. vom 1.4. 1936 enthielt einen Artikel Traum u. Schicksal von Frank Maraun.

56 *das kleine Heft:* Im Verlag Ellermann waren 14 Gedichte Benns im Rahmen der Reihe Das Gedicht, Blätter für die Dichtung erschienen (Januar 1936).
Prolog: später unter dem Titel Valse triste in die Bände Trunkene Flut und Ges. Ged. aufgenommen.
Lange-Eichbaum: Genie – Irrsinn und Ruhm, von Wilhelm L.-E., 1928.

57 *Der Fünfzigjährige:* ein Aufsatz, den Erich Pfeiffer-Belli zu Benns 50. Geburtstag im Berliner Tageblatt veröffentlicht hatte (Ausg. vom 30. 4. 1936).

58 *Ihren Aufsatz:* Heroischer Nihilismus. Zum 50. Geburtstag Gottfried Benns (Nr. 103 der Berliner Börsen-Zeitung v. 2. 5. 1936).
die letzte Nummer vom Schwarzen Korps: Die Ausg. vom 7. 5. 1936 brachte einen anonymen Artikel mit dem Titel Der Selbsterreger, in dem Benn in massivster Weise angegriffen und beschimpft wurde (vgl. Doppelleben[2], S. 113).
V. B.: der Völkische Beobachter, das von Hitler gegründete offizielle Blatt der NSDAP.
Poelzig: Architekt (u. a. Funkhaus Berlin).

61 *allen seinen Rängen:* Johst war seit Oktober 1935 Präsident der Reichsschrifttumskammer.
Schlösser: der spätere Reichsdramaturg in Theaterfragen Dr. Rainer S.

62 *Hellenen-Klamauk:* Olympische Spiele 1936 in Berlin.

63 *das wundervolle Buch:* die von E. Wasmuth herausgegebene Schrift Wilhelm v. Humboldts Über die Verschiedenheit des menschlichen Sprachbaus, 1935.

64 *Dieser Gedichtband:* Ausgewählte Gedichte, 1936

65 *Anti-Klages:* 1937 erschienene Streitschrift von Max Bense (Widerstands-Verlag, Ernst Niekisch), die lebhaft diskutiert wurde und den Unwillen insbesondere der Nationalsozialisten hervorrief.

68 *Céline:* Bagatelles pour un massacre.

69 *Sein großer Roman:* ›Reise ans Ende der Nacht‹.

Reinecke, VIII: Goethe ›Reineke Fuchs‹

73 *Ihre Idee . . .:* Anlaß zu diesen Ausführungen war eine Bemerkung Oelzes, er würde diesen Krieg auch lieber als Militärarzt mitmachen denn als Truppenoffizier; ein konkreter Plan in dieser Hinsicht hat nie bestanden.

angeheirateten Verwandtschaft: Nele Benn hatte im Sommer 1940 in Dänemark geheiratet.

75 *Lord Jim:* der Roman von Joseph Conrad.

76 *meine Frau:* Im Jahr 1938 hatte Benn zum zweitenmal geheiratet.

78 *das Buch:* Edgar Dacqué, Die Urgestalt – Der Schöpfungsmythus neu erzählt, 1940.

79 *die Besetzung Persiens:* Am 25. 8. 1941 hatten sowjet. u. brit. Truppen das Land besetzt, um es für die Alliierten zu sichern (Nachschub nach Rußland).

80 *seines Hauptwerks:* Der Untergang des Abendlandes, Bd. 1 u. 2, 1918–1922.

ein Todesfall: Am 17. 11. 1941 beging der Generalluftzeugmeister d. dt. Luftwaffe Gen.-Oberst Ernst Udet Selbstmord, weil Hitler u. Göring ihn für die Niederlage in der Luftschlacht um England verantwortlich machten.

Schleswig: Oelze war damals in Schl. stationiert.

82 *von . . . verschleppt:* Die Auslassung steht im Original – gemeint war wahrscheinlich das Wort Russen.

84 *eine Hamburger Zeitung:* Im Rahmen einer Serie von Kurzporträts vergessener und verfemter Autoren, die im Herbst 1945 in der Hamburger Freien Presse erschien, hatte Adolf Frisé auch ein Porträt Benns veröffentlicht.

das schöne Haus an der Grenze: Huize Wylerberg, Beek-Nimwegen, die Besitzung der beiden Künstlerinnen, die sie im Sept. 1944 im Zusammenhang mit den Kampfhandlungen verlassen mußten und auf die sie infolge der Nachkriegswirren erst im Mai 1946 zurückkehren konnten.

Dr. Gescher: der in der Autobiographie Doppelleben (S. 127, 2. Aufl.) erwähnte zweite Mann der Witwe Ringelnatz.

85 *hinsichtlich Ihrer Prothese:* Maraun, verantwortlich für einen von Goebbels verbotenen Film (Der verzauberte Tag), war im Sommer 1944 zur Wehrmacht eingezogen worden und hatte an der Ostfront das linke Bein verloren.

Frau Feldbinder: Else F., Berliner Journalistin, damals Verlobte von Maraun (bei der Hochzeit im Mai 1948 fungierten Benn und seine Frau als Trauzeugen).

Ihr Aufsatz: Schöpferische Dramaturgie. Er wurde von Wolfgang Goetz in den Berliner Heften gedruckt (Jg. 2, H. 3), und zwar ohne Kürzungen.

86 *Wir sind noch einmal...:* das Stück von Thornton Wilder.

89 *jener Tag in Hannover:* Während eines Deutschlandaufenthaltes im Jahre 1935 hatte Gertrud Zenzes Benn auf der Durchreise in Hannover besucht.

Lisa Billin: eine Freundin der Adressatin; G. Z. hatte eine Zeitlang in Berlin bei ihr gewohnt und wollte nach Beendigung des Krieges die Verbindung mit ihr wieder aufnehmen. Es war jedoch nicht mehr festzustellen, ob sie noch lebte.

91 *George G.:* der Maler G. Grosz, geb. 1893, lebte zunächst in Berlin, wo er mit Benn befreundet war, von 1932 an in den USA. Er ist 1959 nach Berlin zurückgekehrt, starb aber kurz darauf.

92 *Ihr großes Buch:* Mexico, Europa und Amerika unter besonderer Berücksichtigung der Petroleum-Politik. Eine wirtschaftsdiplomatische Untersuchung (Polit. Wissenschaften, H. 6), 1928.

94 *Aufsatz aus der »Neuen Rundschau«:* Das Frühjahrsheft der

Zeitschrift brachte eine großangelegte Studie: Gottfried Benn, ein Abenteuer der geistigen Verzweiflung, von Eugen Gürster-Steinhausen.
aus einem Schweizer Artikel: In der Züricher Weltwoche vom 9. 5. 1947 erschien ein vierspaltiger Hinweis auf Gottfried Benn von Peter Schmid, in dem Benn als der größte expressionistische Lyriker deutscher Sprache bezeichnet und der Wunsch ausgesprochen wurde, daß sein Werk bald wieder einen Verleger fände.

95 *Ihren Brief:* Maraun hatte von einem Besuch bei der Deutschen Verlags-Anstalt berichtet, den er unternahm, um die Möglichkeiten einer Neuauflage der früher dort erschienenen Bücher Benns und der Veröffentlichung seiner neuen Schriften zu prüfen. *im Herbst 44:* ein zeitlicher Irrtum des Dichters. Der Vertrag war ihm bereits im Herbst 1943 zurückgeschickt worden.

96 *Dr. Claassen:* Der Verleger Eugen C., Mitinhaber des Verlages Claasen & Goverts in Hamburg, plante, Benns neue Werke herauszubringen, scheiterte jedoch an der britischen Lizenzierungsbehörde.
im letzten Heft des »Ulenspiegel«: die Nr. 18/1947.
Suhrkamp: der Verleger Dr. Peter S.
noch 2 Kapitel: Titel des 2. Kapitels: Der Glasbläser.
kommen aber bald . . . zurück: Maraun hielt sich in Stuttgart auf, kehrte jedoch bald wieder nach Berlin zurück, das er erst im Oktober 1948 endgültig verließ.

97 *die Manuskripte:* Es handelte sich um den Ptolemäer und die Essays Ausdruckswelt. Als erstes Buch in Deutschland – nach zwölfjähriger Pause – erschienen jedoch die Drei alten Männer. In einem der wöchentlichen Telefongespräche, die zwischen dem Dichter und seinem Verleger eine durch Jahre festgehaltene Gewohnheit wurden, hatte Benn dies Werk erwähnt und war auf Niedermayers Vorschlag eingegangen, es als das am wenigsten umfangreiche zuerst, das heißt noch im gleichen Jahr, herauszubringen. Der Band erschien unmittelbar vor Weihnachten, wurde noch an Freunde des Dichters und an die Presse verschickt – die Auslieferung an den Buchhandel erfolgte Anfang Januar 1949.

100 *in der »Zeit«:* Frisé hat als einer der ersten nach dem Kriege wieder auf Benn aufmerksam gemacht, in seinem Aufsatz ›Die vergessenen Dichter‹.

aus jenen Jahren: Frisé hat Benn 1929/30 mehrfach besucht.

101 *in einem westdeutschen Verlag:* gemeint ist der Limes Verlag.

102 *»Kanülenernährung«:* Anspielung auf die schwierige Versorgungslage Berlins während der Blockade.

des . . .gewünschten Artikels: Es handelt sich um den Hinweis auf Gottfried Benn von Peter Schmid in der Züricher Weltwoche (vgl. d. Anm. zu S. 80).

Pressenotiz aus Hamburg: Die Zeit hatte am 28. 10. 1948 einen Beitrag Politische Kartoffelwaage von H. Fritsche gebracht.

Frankfurter »Neue Woche«: Die Nr. vom 20. 11. 1948 enthielt eine Besprechung der Statischen Gedichte durch Alfred Andersch.

»Gespräche und Studien«: veröffentlicht unter dem Titel Ausdruckswelt.

Ihren . . . Brief: Heinz Friedrich hatte für das Abendstudio des Hessischen Rundfunks eine Studie Gottfried Benn und die Überwindung des Nihilismus geschrieben, für die er in seinem Brief vom 28. 10. 1948 einen Originalbeitrag, eine Art Manifest, von Benn erbat. Außerdem legte Friedrich ausführlich den Gedankengang seines Manuskriptes dar, insbesondere die These, daß die Haltung Benns im Jahre 1933 keiner Rehabilitierung bedürfe, da sie sich konsequent seiner bisherigen Entwicklung angeschlossen habe. Nicht Benn habe unrecht gehabt, sondern der Nationalsozialismus, der sich in einer Richtung entfaltet habe, für die Benn damals noch kein aufmerksames Auge besaß – nur daraus sei ihm ein Vorwurf zu machen.

103 *anliegenden Brief:* Die Kopie eines Briefes, des sogenannten Berliner Briefes (vgl. d. Anm. zu S. 108), an Hans Paeschke, den Herausgeber des Merkurs (s. auch Verz. d. Briefpartner).

105 *einige Klammern:* eine bestimmte Art von Befestigungs-

klammern für elastische Binden, die in New York nicht zu beschaffen waren.

Lulu: Dr. med. Louise Goldhaber (erwähnt in der Autobiographie Doppelleben[2], S. 81); lebte 1949 in New York, später in Hollywood.

eine weibliche ärztliche Bekannte: Dr. Marthe Gassmann.

Etwa 1932: Der Aufenthalt in Schwarzburg ist auf Ende August/Anfang September 1931 zu datieren.

Frieda: F. Viek, langjährige Sekretärin von Reiss.

107 *der Steuerzettel:* Benn hatte Reiss als Kuriosium ein Steuerformular geschickt.

eine sehr gute Kritik: In dem Artikel wurden die photographischen Arbeiten von Lotte Reiss-Jacobi gewürdigt.

108 *Frau Braff:* Grete B., eine gemeinsame Bekannte, die ebenfalls nach Amerika gegangen war. Sie arbeitete damals in einem Hutgeschäft in Brooklyn.

Frau Hilb: eine gemeinsame Bekannte: Sie hatte sich 1939 in Uruguay das Leben genommen.

den »Merkur«: Heft 12 (Januar 1949). Es enthielt u. a.: den am 18. 7. 1948 geschriebenen Berliner Brief, in dem Benn in programmatischer Form die Aufforderung Hans Paeschkes beantwortet, im Merkur etwas aus seinen neuen Arbeiten zu veröffentlichen (später im Band Ausdruckswelt); ferner einen Abdruck aus dem Roman des Phänotyp, sowie einen Beitrag von Max Bense Über expressionistische Prosa, der Benns Prosastil behandelt.

Der »Kurier«: Es handelt sich um die Ausg. vom 2. 3. 1949.

in der »Gegenwart« Nr. 4: Diese Nr. des Jg. 4 brachte einen Aufsatz von Friedrich Sieburg über den Band Statische Gedichte u. d. T. Wer allein ist –

109 *La grande Illusion:* Es handelt sich um eine Neuaufführung des 1937 entstandenen, der deutsch-französischen Verständigung gewidmeten Films (Jean Renoir).

Herrn Moras: Mitherausgeber des Merkur (s. auch Verz. d. Briefpartner).

110 *Holthusen:* Der Schriftsteller Hans Egon H. (s. auch Verz. d. Briefpartner). Er hatte im Heft 11/12 des Mer-

kurs u. d. T. Die Welt ohne Transzendenz einen kritischen Aufsatz über Th. Mann veröffentlicht.

112 *Herr Frisé:* Dr. Adolf F., damals Feuilletonredakteur der Hamburger Allgemeinen Zeitung, hatte in der Nr. vom 18. 3. 1949 einen Artikel Literatur zwischen Traum und Wirklichkeit veröffentlicht, in dem er für Benn Stellung nahm.

113 *»Berliner Brief«:* vgl. d. Anm. zu S. 108.

Notiz aus der New York Times: Die Notiz lautet: Gide ist ein Mysterium. Wer sind eigentlich seine Leser? Wer unter den Schriftstellern gleicht ihm? Man sieht seinen Namen überall, aber man hört ihn selten. Was in aller Welt – möchten einige von uns gern wissen – hat Gide eigentlich für uns und an uns getan? (Das genaue Erscheinungsdatum war nicht mehr festzustellen.)

115 *Ihre Sendung:* Margret Boveri hatte Benn zwei ihrer Bücher geschickt: Der Diplomat vor Gericht, 1948, und Amerikafibel für erwachsene Deutsche, 1946.

117 *Freiburger Hinweis:* Benn hatte erzählt, daß er mit einer jungen Freiburger Dichtergruppe in Briefverbindung stehe und Hoffnungen auf sie setze. Es handelte sich um den »Freiburger Kreis« Rainer M. Gerhardts.

des Merkurbriefs: Gemeint ist der bereits erwähnte Berliner Brief (vgl. d. Anm. zu S. 108).

und Gedichten: Im März 1949 waren die Statischen Gedichte in deutscher Lizenzausgabe herausgekommen.

Korrektur des Essaybandes: Gemeint ist die Ausdruckswelt, die im Juni des gleichen Jahres erschien.

119 *Barbara Klie:* eine deutsche Journalistin, die damals in Berlin tätig war.

Herr Hürsch: Erhard H., ein junger Schweizer Schriftsteller. Er hatte Benn verschiedentlich in Berlin besucht und einige Zeit mit ihm korrespondiert.

Berliner Tageblatt: vgl. d. Anm. zu S. 57.

im »Schwarzen Korps«: vgl. d. Anm. zu S. 58.

Herrn Reger: der Schriftsteller Erik R., 1893–1954, Mitherausgeber und langjähriger Chefredakteur des Tagesspiegels.

Herrn Karsch: Walther K., Mithrsg. des Tagesspiegels.

Herr Kluger: Karl-Walther K., damals Feuilletonredakteur des Tagesspiegels; er starb 1951.

120 *des Jaspers-Curtius-Streits:* Zur Verleihung des Goethepreises der Stadt Frankfurt a. M. hielt Jaspers eine Rede Unsere Zukunft und Goethe (veröff. in der Wandlung, 2 [1947] S. 557ff.; später als Broschüre, 1948), in der er die kanonische Geltung Goethes revolutionierend in Frage stellt. »Die Zeit des Goethe-Kultus ist vorbei ... Wir finden bei Goethe gleichsam Erholung und Ermunterung, nicht aber die Befreiung von der Last, die uns auferlegt ist, nicht die Führung durch die Welt, die die unsere ist, und die Goethe nicht kannte.« Jaspers scheute sich nicht, die Gefahren einer falschen Goethe-Nachfolge aufzuzeigen: »Es ist nur ein Schritt ... von der Alloffenheit zur Charakterlosigkeit. Es ist ein Verhängnis der deutschen Bildung nach Goethe, daß diese Wege gegangen wurden.« Es erhob sich heftiger Protest, als Prominentester trat E. R. Curtius dagegen auf (Die Zeit vom 2. 6. 1949). Zu diesem Streit vgl. man L. Spitzer: Zum Goethe-Kult, in der Wandlung, 4 (1949), S. 581 ff.

Sie in Gastein kennenzulernen: Während des Krieges hatte Benns spätere Frau einige Jahre in Bad Gastein praktiziert.

121 *Barockabkömmling aus Franken:* Margret Boveri entstammte einer seit Ende des 16. Jahrhunderts in Franken ansässigen Familie und wuchs in ihrer Geburtsstadt Würzburg auf.

die »Tat«: Gemeint ist die bereits erwähnte Nr. vom 2. 7. 1949 mit einem Aufsatz Ausdruckswelt von Max Rychner.

in der »Neuen Zürcher Zeitung«: Die Nr. vom 2. 7. 1949 brachte u. d. T. Gottfried Benn: Der Ptolemäer einen Aufsatz von Ferdinand Lion.

der »Neuen Schweizer Rundschau«: Der Aufsatz ist überschrieben: G. B. Züge seiner dichterischen Welt und erschien im Heft 3 des Jg. 17, NF. Er wurde später auch im Merkur (Heft 18/19, Aug./Sept. 1949) veröffentlicht.

Das Goetheheft: Heft 4, Jg. 43 (1932) der Neuen Rundschau, mit dem Aufsatz Goethe und die Naturwissenschaften.

122 *den Tod von Klaus:* Klaus Sternheim, der Sohn von Thea u. Carl St., war 1946 – an einer Lungenentzündung – in Mexiko gestorben, wo er seit 1940 lebte, um sich dem Zwang, entweder auf deutscher oder auf französischer Seite kämpfen zu müssen, zu entziehn.

nach U.S.A. geheiratet: Diese Information beruhte auf einem Irrtum. Mops Sternheim lebte – mit Unterbrechungen während des Krieges – von 1932 bis zu ihrem Tode 1954 in Paris.

in Portugal ansässig: Auch diese Information war falsch. Thea Sternheim hatte nur ein paar Monate bei einem portugiesischen Freund verbracht.

Ihr Roman: Sackgassen.

124 *Herr Becher:* Johannes R. B., bis zu seinem Tode im Jahr 1958 Minister f. Kultur in der DDR.

125 *Ernst Kamnitzer:* der Dramatiker Ernst K., der sich mit seinem Lustspiel Die Nadel (1914) künstlerisch zu Carl Sternheim bekannt hatte.

126 *eines Winterabends:* Im Februar 1917 hatte Benn, damals als Militärarzt in Brüssel stationiert, die Sternheims auf ihrer bei Brüssel gelegenen Besitzung La Hulpe besucht. Es war seine erste Begegnung mit Thea Sternheim, während er Carl St. bereits aus Berlin kannte.

Sind Sie französische Staatsangehörige: Thea Sternheim hatte ihre deutsche Staatsangehörigkeit bis zum Ende des Zweiten Weltkriegs behalten. Nach Kriegsende war sie gezwungen, sie aufzugeben, um weiterhin in Frankreich leben zu können.

Mops Amerikanerin: Mops Sternheim war staatenlos.

Und Nucki –: Die Tochter Agnes aus Thea Sternheims erster Ehe lebt in Basel.

127 *»Geist der Mathematik«:* Das zweibändige Werk erschien 1946/48.

Seite 47/48: in der 2. Aufl. S. 59/60.

Seite 136/137: in der 2. Aufl. S. 175.

s. S. 131: in der 2. Aufl. S. 168.

s. S. 109/110: in der 2. Aufl. S. 140.

129 *Beilagen der »Tat«:* Gemeint sind Artikel, die Erna Pinner in der Züricher Tat veröffentlicht und an Benn gesandt hatte (Protopterus annectus, Nr. vom 8. 1. 1949, Besuch beim Taxidermisten, Nr. vom 10. 9. 1949: Der Tarsier, Nr. vom 6. 11. 1948).

Turel: der Schriftsteller Adrien T.

Deinen alten Freund: Gemeint ist Kasimir Edschmid (s. Verz. d. Briefpartner).

die Sternheims: Thea Sternheim und ihre Tochter Mops.

Karl Otten: 1889–1963; gehörte zum Kreis der expressionistischen Lyriker.

130 *Grande-Illusion-Artikel:* Maraun hatte Benn einen Aufsatz über Jean Renoir, den Regisseur des Films La grande Illusion, gesandt, den er in einer Filmzeitschrift veröffentlicht hatte.

Herrn Glaeser: der Schriftsteller Ernst G. Er hatte in den Stuttgarter Nachrichten (Ausg. vom 23. 7. 1949) einen großen Aufsatz Provoziertes Leben, zu Gottfried Benns Prosaschriften veröffentlicht.

Das Dezemberheft des »Merkur«: Gemeint ist der Vorabdruck des Abschnitts Phase II aus der Autobiographie Doppelleben, der jedoch erst im Heft 23 (Jan. 1950) erschien.

131 *Eliots...:* T. S. E. hatte am 2. 11. 1949 bei einer Veranstaltung in der Berliner Brücke aus seinem Werk gelesen.

wenn Sie rufen: Frisé hat für eine Hamburger Zeitung eine Umfrage unter verschiedenen Dichtern veranstaltet. Benns Antwort erschien zunächst als Anmerkung zu einem Brief an E. R. Curtius (Briefe, 57), wir drucken sie hier mit dem zusammengehörenden Brief ab.

132 *Ihren Aufsatz:* Mohler hatte in Christ und Welt einen Aufsatz über Ernst Jünger veröffentlicht, in dem er entgegen der landläufigen Meinung die Gemeinsamkeiten von B. und J. betonte.

Wuppertaler Bund: Der »Bund« ist eine Kulturvereinigung der Stadt Wuppertal. Auf der »Bund«-Tagung jenes Jahres hatte Mohler über Benn gesprochen und ihm dann Presseberichte darüber zugeschickt.

einen Brief nicht beantwortet: Mohler hatte Benn mitgeteilt, daß Ernst Jünger zweimal in seinem Leben spontan an einen Autor geschrieben habe: an Spengler und an Benn. An Benn habe er in den zwanziger Jahren geschrieben, jedoch keine Antwort erhalten. Seiner Erinnerung nach hatte ihn das Gedicht Gesänge (Ausgew. Ged., 1936, Trunkene Flut u. Ges. Ged.) besonders getroffen.

133 *Form nur...:* die letzte Strophe des Gedichts Leben – niederer Wahn. (Ausgew. Ged., 1936, 2. Ausg., Stat. Ged., Ges. Ged. – Zeile 3 enthält eine kleine Abweichung im Text; sie beginnt hier mit *und*, in der gedruckten Fassung dagegen mit *doch*.)

der früheren Gedichte: Trunkene Flut.

die »Nation«: militant antifaschistisches Wochenblatt in Bern, das sich nach 1945 sehr um die »Säuberung« der deutschen Literatur bemühte; seither eingegangen. Mohler hatte Benn die Nummer 17, Jg. XVII zugeschickt, die – u. d. T. Zum Thema Gottfried Benn – einen Angriff auf ihn enthielt.

135 *den beiden neuen Arbeiten:* Ptolemäer und Mauretanier oder die theologische Emigration der deutschen Literatur und Technische Existenz.

neuerdings Symposien genannt: Im Bremer Rathaus hatte vom 1.–6. 10. 1950 der 3. Deutsche Kongreß für Philosophie stattgefunden. In seinem Rahmen wurden nicht Vorträge im Sinn von Referaten gehalten, sondern man bemühte sich um Diskussion und Gespräch, die jeweils einem bestimmten Thema untergeordnet waren. Die Berichterstattung bezeichnete diese Form der geistigen Auseinandersetzung als Symposion; es ist möglich, daß sich dies Epitheton ornans zur Bezeichnung der ganzen Tagung einbürgerte.

Ihre Stellung: Koch leitete damals die Abteilung Kulturelles Wort beim NWDR Berlin.

136 *Ihren Aufsatz:* eine stilkritische Untersuchung über einen Passus der Novelle Der Geburtstag (aus dem Band Frühe Prosa und Reden).

Ihrem Lehrer: Wilhelm Schneider, damals Prof. f. neue deutsche Sprache u. Literaturwissenschaft in Bonn.

137 *Zu Edmées Zeit:* die Entstehungsjahre der frühen Novellen, 1916–1923. Edmée ist eine assoziierte Gestalt der Novelle Der Geburtstag.
im »Englischen Café«: enthalten in den Bänden Ges. Ged., 1927, Trunkene Flut u. Ges. Ged., 1956.
»Einst«: enthalten in den Bänden Ausgew. Ged., 1936, Trunkene Flut u. Ges. Ged.
»Epilog und lyrisches Ich«: enth. im Band Ges. Prosa, 1928.
Rönne: die allen Novellen des Bändchens Gehirne gemeinsame Hauptfigur – nach ihr werden die Novellen auch als Rönne-Komplex bezeichnet.

138 *meinen Nietzscheaufsatz:* Nietzsche – nach 50 Jahren (zuerst im Band Frühe Prosa und Reden, später im Briefwechsel mit A. Lernet-Holenia: Monologische Kunst –?).

140 *Mit Pascal ...:* Anläßlich des Erscheinens seiner Ausgabe der kleineren Schriften von Pascal hatte E. Wasmuth, der seit 1941 in Tübingen lebte, erstmals nach dem Kriege wieder an Benn geschrieben, dem er die Pascalausgabe senden wollte.
das Ende von Aga Hagen: Die Gräfin hatte bis zum Einmarsch der Russen bei ihrem Bruder in Möckern gelebt. 1949 starb sie in Schlieben, Kreis Schweidnitz, wo sie anfangs mit anderen »Großbauern« in einem Lager hatte leben müssen.

142 *Das Buch von Zweig:* Arnold Zweigs Roman Das Beil von Wandsbek, 1947. Thea Sternheim hatte Benn das Buch zur Lektüre empfohlen.

144 *Keine Nachricht ...:* Erich Reiss war am 8. 5. 1951 gestorben.

145 *»Sackgassen«:* der Roman von Thea Sternheim, auf den Benn den Verlag aufmerksam gemacht hatte.
den neuen Hemingway-Roman: Über den Fluß und in die Wälder.
Was ich in Arbeit hatte: Die Stimme hinter dem Vorhang.
der amerikanischen Sache: Es handelte sich um englische Übertragungen der sechs unter dem Titel Spät (vgl. d.

Anm. zu S. 147) zusammengefaßten Gedichte (publiziert in der New Mexico Quarterly, XXII, 2).

Herr J...: Der Verlag hatte die Stimme hinter dem Vorhang vor Erscheinen zwei deutschen Rundfunkanstalten angeboten, die zunächst eine Aufführung wegen Besetzungsschwierigkeiten ablehnten, bzw. die Antwort hinausschoben. Nach dem Erscheinen des Buches jedoch wurde das Werk wiederholt gesendet sowie an vielen Bühnen aufgeführt.

146 *das Georgebuch:* Mein Bild von Stefan George, von Robert Boehringer, 1951.

Audens Buch: Das Zeitalter der Angst (The Age of Anxiety), dessen deutsche Ausgabe (1951) Benn eingeleitet hatte.

147 *Zu dem Gedicht »Spät«:* ein Zyklus von 6 Gedichten, zuerst veröff. im Literarischen Deutschland (Nr. vom 20. Okt. 1951). Der Band Destillationen enthält alle Gedichte bis auf das 4. – Little old lady –, das in Die Stimme hinter dem Vorhang aufgenommen wurde; im Band Ges. Ged. erscheint der Zyklus in seiner ursprünglichen Form. Die Fragen Lohners beziehen sich auf das Ged. Little old lady. Lohner hat Gottfried Benn ins Englische übersetzt.

148 *Chopin-Gedicht:* enth. in den Bänden Stat. Ged. u. Ges. Ged. (Das erwähnte Zitat in beiden Fällen gleich.)

»Haune«: das Wort ist verwendet in dem Gedicht Orpheus' Tod (Stat. Ged. u. Ges. Ged.).

Jazz vom Rio [del] Grande: Die Wendung steht in dem Gedicht Quartär (Stat. Ged. u. Ges. Ged.).

149 *»Eigen-Immortelle«:* aus dem Gedicht Das späte Ich (Ausgew. Ged., 1936, Trunkene Flut, Ges. Ged.).

»Synthese«: enth. in den Bänden Ausgew. Ged., 1936 (1. Ausg.), Trunkene Flut, Ges. Ged.

Cid Corman: Lyriker und Publizist (Hrsg. d. Zeitschrift Origin), übersetzte gemeinsam mit Lohner Teile des Bennschen Werkes ins Englische.

150 *Ihrer letzten Zeitung:* Der Adressat gehörte der Red. der Frankfurter Studentenzeitung an und hatte Benn um ein noch unveröffentlichtes Gedicht gebeten.

»Triumph und Verfall«: der Gedichtband Verfall und Triumph, 1914.
»Verhör des Lukullus«: Drama, 1941; neubearb. als Oper: Die Verurteilung des Lukullus, Musik von Paul Dessau, 1951.

152 *ausgezeichnet:* Heinz Friedrich hatte Benn sein Manuskript Die Potemkinschen Dörfer der Literatur geschickt, in dem er sich polemisch mit der Pseudopolitik unserer Zeit auseinandersetzte. Die Arbeit wurde vom Hessischen und vom Bayerischen Rundfunk gesendet.

153 *seit Ihrem Besuch:* Der Besuch Sieburgs bei Benn war am 17. 6. 1952 erfolgt; es war die erste persönliche Begegnung zwischen beiden.
6 Gedichte: Es handelt sich um die Gedichte Lebe wohl –, Keiner weine, März, Brief nach Meran, Außenminister, Verzweiflung (veröff. im Heft 55, Sept. 1952, des Merkurs; später in den Bänden Destillationen u. Ges. Ged.). Der Titel des sechsten Gedichts ist nicht mehr festzustellen.

154 *Knokke:* Im September 1952 fand in Knokke-Le Zoute die Biennale Internationale de Poésie statt.
Der Neger von Senegal: Léopold Sédar Senghor.

155 *Der Palinurus ist in Arbeit:* Benn war von der Schriftleitung des Merkurs gebeten worden, das Buch Das Grab ohne Frieden von Palinurus (eigentl. Cyril Connolly) zu besprechen.
der »Kritiker«: Benn hatte in der Berliner Ausg. der Neuen Zeitung vom 4. 12. 1952 Holthusens Gedichtband Labyrinthische Jahre besprochen.

156 *Herr Lennig:* Walter L., damals Feuilletonredakteur des Tagesspiegels.
für die französ. Gedichte: Flora Klee-Palyi, die Herausgeberin der im Limes Verlag erschienenen Anthologie der französischen Dichtung von Nerval bis zur Gegenwart, hatte versucht, Benn zu einer Einleitung für den zweiten Band dieser Anthologie anzuregen.
mit der Genfer Sache: Benn gehörte der Internationalen Jury des Europäischen Kulturzentrums zur Verleihung des

Europäischen Literaturpreises an. Vor Beginn der entscheidenden Jurytagung in Genf wurden die in die engere Wahl gezogenen Manuskripte den Jurymitgliedern zugeleitet.

157 *Einladung nach Paris:* Auf Einladung der französischen Regierung nahm Niedermayer an einer Studienfahrt nach Paris teil, die vom 23. 2.–2. 3. 1953 für eine kleine Gruppe deutscher Verleger veranstaltet wurde.

Flint: das von Benn bevorzugte Lokal des ehemaligen Boxers Otto Flint (Deutscher Meister im Schwergewicht von 1911 bis 1923) in der Innsbrucker Str. 1 in Berlin-Schöneberg.

158 *vorführen wollen:* Am 5. 6. 1953 wurde Die Stimme hinter dem Vorhang im Rahmen der Studioaufführungen der Kölner Städtischen Bühnen in der Kölner Brücke aufgeführt und später noch einige Male wiederholt.

160 *nach Eurem Besuch:* Else C. Kraus hatte im Juni 1953 ein Konzert in Berlin gegeben und während ihres Aufenthalts, zusammen mit Alice Schuster, Benn besucht.

Nun werde ich . . . wohl hinfinden: Es bestand der Plan für eine Lesung in Düsseldorf; anschließend an diese Lesung wollte Benn Else C. Kraus und Alice Schuster in Huize Wylerberg besuchen.

161 *Cioran:* Gemeint ist sein Buch Die Lehre vom Zerfall, 1953.

Fabri: der Essayist Albrecht F.

162 *Lamming:* Gemeint ist der im Merkur Heft 66 (Ausg. 1953) erschienene Beitrag Zwei Frauen und ein Mann. Negergeschichten aus Barbados.

»Double Vie«: Die französische Ausg. der Autobiographie Doppelleben erschien 1954 (Editions de Minuit).

163 *Herr Villain:* P. S. V., damals a. o. Prof. f. deutsche Literatur a. d. Sorbonne.

»Wir warten auf Godot«: Schauspiel von Samuel Bekkett.

Reuter: der Regierende Bürgermeister (1950–1953) von West-Berlin Prof. Ernst R.

164 *bei meinem Vortrag:* Altern als Problem für Künstler. Benn

hielt den Vortrag am 7. 3. 1954 im Süddeutschen Rundfunk (Villa Berg) und einen Tag darauf in München in der Bayerischen Akademie der Schönen Künste.

165 *Band der M. Moore:* Gedichte (1954), eine zweisprachige Auswahl aus dem lyrischen Schaffen Marianne Moores.

166 *Prof. Alewyn:* Richard A., damals Prof. f. neue deutsche Literaturgeschichte in Köln.

Ihr Manuskript: die Dissertation Der lyrische Sprachstil Gottfried Benns.

den Vortrag arbeitete: Altern als Problem für Künstler (vgl. d. Anm. zu S. 164).

168 *Prof. Emrich:* Wilhelm E., damals Prof. f. neuere deutsche Literaturgeschichte in Köln.

Ihr neues Buch: der Essayband Ja und Nein. Neue kritische Versuche.

170 *Vortrag...:* Bei den Hessischen Hochschulwochen in Bad Wildungen hielt Benn am 28. 6. 1954 seinen Vortrag Probleme der Lyrik (auszugsw. u. leicht verändert).

Adorno: Das genannte Heft enthielt u. d. T. Der Artist als Statthalter einen Beitrag über Paul Valéry (später im Band Prismen, 1955).

3 Gedichte: Die beiden ersten wurden im Heft 79 (Sept. 1954) des Merkurs veröffentlicht, später in den Bänden Apreslude u. Ges. Ged.

172 *die kurze Ansprache:* enthalten in der 2. Aufl. des Bandes Ausdruckswelt, 1954.

173 *»Akzente«:* Zeitschrift f. Dichtung, hrsg. von Walter Höllerer u. Hans Bender.

175 *In Oberneuland:* Benn hatte sich einige Tage in Worpswede aufgehalten und während dieses Aufenthalts auch F. W. Oelze in Bremen-Oberneuland besucht, wo er mit Edgar Lohner zusammentraf.

»Einsamer nie«: Die Bemerkung antwortet auf die Frage nach der Entstehungszeit dieses Gedichtes (enth. in den Bänden Ausgew. Ged., 1936, 2. Ausg., Stat. Ged. u. Ges. Ged.).

176 *»Gin«:* Novelle von A. C., veröff. in den Neuen Deutschen Heften (Mai 1956).

177 *Umstehend:* Die Rückseite der Postkarte zeigt eine Ansicht des Bayerischen Platzes in Berlin.
Pamela: P. Régnier-Wedekind, die Tochter Frank Wedekinds und dritte Frau Carl Sternheims.
Tilly: T. Wedekind, die Gattin Frank Wedekinds.

178 *...die schönen Verse:* Schwedhelm hatte Benn eines seiner Gedichte gesandt.
...des italienischen Romans: Es handelt sich um Vasco Pratolinis Chronik armer Liebesleute.

179 *wegen Golo Mann:* G. M. hatte im Heft 75 des Merkurs (April 1954) das Buch von Matthias Die Entdeckung Amerikas Anno 1953 oder Das geordnete Chaos, 1953, kritisiert (Urteil und Vorurteil). Das Heft 78 (August 1954) brachte dann eine Replik von Matthias sowie eine Duplik von G. M.
Was Karl Korn...: Gemeint ist ein Aufsatz Journalistische Lehrjahre im Heft 86 des Merkurs (April 1955).

180 *Ihre Besprechung...in der »Zeit«:* Die Nr. vom 16. 6. 1955 brachte einen Aufsatz u. d. T. Wieso eigentlich expressionistisch?
die F.A.Z.: Die Frankfurter Allgemeine Zeitung brachte in ihrer Nr. 138 vom 18. 6. 1955 eine Besprechung von Rolf Schroers: Eine Anthologie expressionistischer Lyrik.

181 *Ausschnitt aus der »Weltwoche«:* Gemeint ist Erna Pinners Artikel Smog und schwarze Schwärmer (Nr. vom 10. 6. 1955).

182 *wo Du... leiden mußtest:* Erna Pinner hatte an Poliomyelitis gelitten.
der große Thomas: Th. Mann.

183 *Den neuen Gedichtband:* Aprèslude.
Übersetzung im Partisan Review: Artists and Old Age (Sommer 1955). Übers. v. E. Kaiser u. Eithene Wilkins.

184 *...einen Preis entgegennahm:* den Georg-Büchner-Preis, den auch Edschmid – im Jahre 1927 – erhalten hatte.
Dieser Brief wurde bereits 1955 in der Festschrift zu K. Edschmids 65. Geburtstag veröffentlicht.

186 *Ihr neues Buch:* Nur für Leser.

Leckerli: eine Besprechung der Fahrt in den Frühling von Reinhold Conrad Muschler, 1950 (Nur für Leser, S. 118).

Der Weg zur Gnade: ein Abschnitt aus dem obengenannten Buch (S. 80), der sich mit dem Begriff der katholischen Literatur befaßt.

Soll die Dichtung...: Die beiden Referate wurden zunächst in Nr. 23 (1956) der Neuen Deutschen Hefte veröffentlicht, später auch in Buchform.

187 *als Schreiber:* Benn zeigte sich insbesondere sehr beeindruckt von Reinhold Schneiders autobiographischem Buch Verhüllter Tag. Bekenntnis und Erinnerungen, 1954, das er damals gerade gelesen hatte.

188 *zu dem Gedichtband:* Gesammelte Gedichte.

191 *das neue Buch:* Napoleon oder die hundert Tage. Es erschien im Herbst 1956 und trägt die Widmung: Dem Andenken des Freundes Gottfried Benn.

Ihre Rede: Holthusen hatte bei der vom Senat der Stadt Berlin veranstalteten Feierstunde für Gottfried Benn in der Amerika-Gedenk-Bibliothek die Festrede gehalten.

192 *die fabellose Romansache:* Das Schiff, 1956.

Verzeichnis der Briefpartner

Nele Benn, s. u. Sörensen-Benn.

Ruth Benn, s. u. Rühe-Benn.

Max Bense, geb. 1910, Philosoph, Prof. an der Techn. Hochschule Stuttgart.

Frank Knut Benseler, geb. 1929, studierte Philosophie und Rechtswissenschaft, promovierte mit einer Arbeit über die Diktatur des Proletariats in der neuen jugoslawischen Verfassung; lebt als freier Publizist in Remscheid.

Margret Boveri, 1900–1975, Schriftstellerin und Redakteurin, lebte in Berlin.

Bernard von Brentano, 1901–1964, Romancier und Essayist, lebte in den zwanziger Jahren in Berlin, wo er von 1925–1930 Korrespondent der Frankfurter Zeitung war, von 1933–1949 in Küsnacht bei Zürich.

Astrid Claes, geb. 1928, studierte Philologie und Geschichte in Köln und London, promovierte 1953 mit einer Arbeit über den lyrischen Sprachstil Gottfried Benns, trat dann mit Übersetzungen und eigenen Gedichtveröffentlichungen hervor. Lebt in Düsseldorf.

Kasimir Edschmidt, 1890–1966, Romancier, Essayist, Novellist und Reiseschriftsteller. Lebte in Darmstadt.

Paul S. Fleischmann, 1879–1957, nach absolviertem Medizinstudium in München, mit 33 Jahren a. o. Prof. d. Univ. Berlin. Später u. a. ärztl. Dir. der inneren Abt. des Hindenburg-Krankenhauses u. des Auguste-Viktoria-Krankenhauses in Berlin. Verlegte 1936 seinen Wohnsitz nach England, wo er mit 57 Jahren wieder Student werden mußte. Nach Ablegung der erforderlichen Examina erneut erfolgreiche Tätigkeit als Internist in London.

Elsa Fleischmann-Fleming, Witwe von Prof. Paul S. Fleischmann.

Heinz Friedrich, geb. 1922, studierte Germanistik, Kunstgeschichte u. Philosophie in Königsberg; 1947 Feuilleton-Redakteur in Frankfurt am Main, von 1949–1956 Leiter des Abendstudios am Hessischen Rundfunk; dann Chef-Lektor der Fischer-Bücherei; von 1959–1961 Programmdirektor bei Radio Bremen. Jetzt Verlagsleiter des Deutschen Taschenbuch Verlages in München.

Adolf Frisé, geb. 1910, studierte Germanistik und Philosophie, promovierte 1932 in Heidelberg. Herausgeber der Werke von Robert Musil. Kritiker und Essayist.

Richard Gabel, geb. 1903, Schriftsteller, lebt in Frankfurt/M.

Gertrud Hindemith, 1900–1967, seit 1924 verheiratet mit Paul Hindemith.

Paul Hindemith, 1895–1963, Komponist, 1927 Prof. an der Musikhochschule Berlin, von 1940–1953 an der Yale-Univ., 1951–1963 an der Univ. Zürich.

Hans Egon Holthusen, geb. 1913, Lyriker, Essayist. Damals Leiter des Goethe-Hauses in New York. Lebt heute in München.

Lotte Jacobi, s. u. Reiss-Jacobi.

Else C. Kraus, Klaviervirtuosin, setzte sich besonders für neue Musik ein (sie gab über 80 Schönberg-Abende); lebte von 1924–1943 in Berlin, zusammen mit der ihr befreundeten Sängerin Alice Schuster, heute auf einer Besitzung an der holländischen Grenze.

Helmut Lamprecht, geb. 1925, Studium der Germanistik, Geschichte und Philosophie in Halle und Frankfurt/Main, promovierte über die epische Zeitgestaltung im Werk Wilhelm Raabes. Literaturkritiker.

Edgar Lohner, 1919–1975, studierte in Bonn Anglistik, Romanistik, Germanistik u. Philosophie, promovierte 1950 mit einer Arbeit über William Faulkner; lehrte von 1951–1954 deutsche Sprache u. Literatur a. d. Harvard-Universität, darauf deutsche u. spanische Literatur am Lake Forest College in Illinois und war seit Sept. 1955 Prof. f. deutsche Sprache u. Literatur a. d. New York University in New York. Übersetzte einen Teil des Bennschen Werkes ins Englische und stellte die erste Benn-Bibliographie zusammen.

Frank Maraun, früherer Nom de guerre des heutigen Filmkritikers Erwin Goelz. Geb. 1903, studierte Germanistik und Theaterwissenschaft an der Universität München. Persönliche Verbindung mit Benn seit 1925.

Armin Mohler, geb. 1920, Verfasser des Buches Die Konservative Revolution in Deutschland (1950), 1949–1953 Sekretär von Ernst Jünger, seither Auslandsberichterstatter in Paris.

Joachim Moras, 1902–1961, Mitherausgeber der Monatsschrift Merkur.

Max Niedermayer, 1905–1968, Inhaber des Limes Verlages in Wiesbaden.

F. W. Oelze, 1891–1977, Studium der Rechte an deutschen und englischen Universitäten. Nach Abschluß der Referendarzeit Übertritt in den kaufmännischen Beruf, seit 1942 Inhaber der väterlichen Firma in Bremen. 1932 erste Begegnung mit Gottfried Benn nach dem Erscheinen des Goethe-Essays in der Neuen Rundschau.

Hans Paeschke, geb. 1911, Studium der Rechte, dann der Philosophie und Literaturwissenschaft an den Universitäten Berlin, Genf und Paris. Ab 1936 freier Journalist und Redaktionsmitglied der Wochenschrift Deutsche Zukunft, ab 1939 Chefredakteur der Neuen Rundschau. 1946–1978 Mitherausgeber der Monatsschrift Merkur, lebt in München.

Erich Pfeiffer-Belli, geb. 1901, Journalist seit 1929 in Königsberg, Stuttgart, Berlin, 1938–1943 Kulturkoresp. der Frankfurter Zeitung im Rheinland. Nach dem Krieg Mitarbeiter an verschiedenen großen Zeitungen, außerdem Theaterkritiker des Bayerischen Rundfunks; lebt in München.

Erna Pinner, geb. 1893, Zeichnerin und Schriftstellerin; studierte in Berlin und Paris, begleitete später Kasimir Edschmid auf seinen Weltreisen, Mitarbeiterin der Frankfurter u. d. Kölnischen Zeitung. Emigrierte 1935 nach England, wo sie ihren Beruf als Tierzeichnerin wissenschaftlich ausbaute; Mitarbeiterin der Züricher Weltwoche, lebt in London.

Erich Reiss, 1887–1951, Verleger, einer der großen Anreger und Entdecker. Zu seinen Autoren gehörten Benn, Edschmid, Bruno Frank, Goll, Hennings, Klabund, Lichnowski, Rehfisch. Ab 1935 durfte er nur noch jüdische Autoren verlegen. 1938 kam er ins Konzentrationslager. Karin Michaelis und Selma Lagerlöf gelang es, ihn aus dem KZ herauszuholen. Über Schweden ging er nach New York, wo er 1951 starb.

Lotte Reiss-Jacobi, geb. 1896, Photographin, Witwe des Verlegers Erich Reiss, lebt in Hillsboro, New Hampshire.

Ulrich Riemerschmidt, geb. 1912, studierte in Berlin, Genf und Zürich (fast alle geisteswissenschaftl. Disziplinen u. Medizin). Zunächst eigene verlegerische Tätigkeit, dann in mehreren großen Verlagen, Cheflektor im Ullstein Taschenbuch-Verlag. Lebt jetzt als freier Schriftsteller im Tessin.

Ruth Rühe-Benn, 1885–1952, Schwester des Dichters, war bis zu ihrer Heirat als Lehrerin in Hamburg tätig, lebte dann in Breslau, Berlin, Münster/Westf. und wieder Hamburg.

Alice Schuster, Sängerin, lebte von 1924–1943 in Berlin, zusammen mit der ihr befreundeten Pianistin Else C. Kraus; heute auf einer Besitzung an der holländischen Grenze.

Karl Schwedhelm, geb. 1915, Lyriker und Übersetzer, Leiter d. Literaturabteilung des Süddeutschen Rundfunks; lebt in Braunsbach-Steinkirchen in Württemberg.

Friedrich Sieburg, 1893–1964, Schriftsteller, lebte in Gärtringen, Kreis Böblingen (Württemberg); nach dem Kriege Mitherausgeber der »Gegenwart«; dann Leiter des Literaturblattes der »Frankfurter Allgemeinen Zeitung«.

Friedrich Siems, 1896–1963, 1933–1937 Intendant zunächst der Bühnen Stettin, dann Gera; 1945–1947 Lübeck, seit 1948 Oberspielleiter des Schauspiels an den Städt. Bühnen Köln, außerdem Gastregisseur vieler großer Theater (Berlin, München, Hamburg, Prag, Leipzig).

Nele Sörensen-Benn, geb. 1915, des Dichters einzige Tochter, nach dem Tode der Mutter bei Freunden in Dänemark aufgewachsen, wo sie heute noch lebt und als Journalistin tätig ist.

Thea Sternheim, 1883–1971, in zweiter Ehe verheiratet mit Carl Sternheim. Während der Ehe mit St. lebte sie zeitweise in Deutschland, Belgien, Holland und der Schweiz, dann von 1928–1932 in Berlin und seither in Paris.

Alfred Vagts, geb. 1892, Studium d. Geschichte in München, Hamburg und a. d. Yale-Univ. 1914–1918 Kriegsdienst, später Verlags- und red. Tätigkeit in München, Hamburg und an Universitätsinstituten. Lebt seit 1932 in Boston. Die persönliche Bekanntschaft mit Benn datiert aus dem Jahr 1927.

Ewald Wasmuth, 1890–1963, Privatgelehrter, Verfasser einer Anzahl philosophischer Schriften, darunter der Übertragungen der Pensées und kleineren Schriften Pascals. Lebte bis 1941 in Berlin, seither in Tübingen-Derendingen.

Sophia Wasmuth, geb. Kindsthaler, verheiratet mit Ewald Wasmuth.

Dieter Wellershoff, geb. 1925, studierte in Bonn Germanistik (Hauptfach), Psychologie u. Kunstgeschichte; promovierte 1952 mit einer Dissertation: Untersuchungen über Weltanschauung und Sprachstil Gottfried Benns. Eine umgearbeitete Buchfassung erschien 1958 u. d. T.: G. B. Phänotyp dieser Stunde. 1958 mit der Herausgabe der ersten Benn-Gesamtausgabe betraut. Lebt als Schriftsteller in Köln.

Carl Werckshagen, geboren 1903 in Berlin. Dramaturg, Regisseur und Übersetzer, Autor einiger Gedichtbände. Lebt in Bad Pyrmont.

Fritz Werner, geb. 1907, Buchhändler in Freiburg im Br., in brieflicher Verbindung mit dem Dichter seit 1930; verfügt über ein umfangreiches Benn-Archiv. Die frühen Briefe Benns an ihn sind verloren (W. wurde 1944 völlig ausgebombt).

Johannes Weyl, geb. 1904. Studierte Biologie in Kiel und München. 1926–1944 Redakteur, Chefredakteur und Prokurist im

Verlag Ullstein (später Deutscher Verlag), Berlin. 1944/45 Sanitätssoldat. Begründete 1945/46 in Konstanz die Zeitung Südkurier und den Südverlag.

Paul Zech, 1881–1946, Jugend im Bergischen Land, Studium in Bonn, Heidelberg und Zürich. Aus sozialem Idealismus Berg- und Metallarbeiter in Deutschland, Frankreich und Belgien, später unter anderem Redakteur, Dramaturg und Bibliothekar. Eigene Dichtungen. Gab seit 1913 gemeinsam mit Ehrenbaum-Degele die Zeitschrift Das neue Pathos heraus. Er emigrierte 1933 über Prag und Paris nach Südamerika, wo er 1946 in Buenos Aires starb.

Gertrud Zenzes, geb. 1898 in Hirschberg im Riesengebirge. Studierte Germanistik, Kunstgeschichte, Philosophie u. Nationalökonomie, promovierte mit einer Arbeit über die schlesischen Weber. Kam Anfang der zwanziger Jahre nach Berlin, wo sie als Archivarin u. Bibliothekarin tätig war. Ging 1926 in die USA., wo sie heiratete. Seit 1940 in New York.

Biographie

von Bruno Hillebrand

1886: Gottfried Benn in Mansfeld, Kreis Westpriegnitz, als Sohn eines protestantischen Pfarrers geboren. Mutter Schweizerin. »Heimat meiner Mutter von weitem gesehn: Yverdon, Neuchâteler See. Reizend. Wie diese arme Frau aus der Weingegend u. der heiteren Berggegend es in dem grausigen kahlen neumärkischen Dorf aushalten konnte, mir unbegreiflich.« (An Oelze, 14. 4. 1953) Benns Großvater väterlicherseits war schon Pfarrer im selben Dorf, dessen Vorfahren waren Bauern. »Da meine Väter über hundert Jahre zurück evangelische Geistliche waren, durchdrang das Religiöse meine Jugend ganz ausschließlich ... So gewiß ich mich früh von den Problemen des Dogmas, der Lehre der Glaubensgemeinschaft entfernte, da mich nur die Probleme der Gestaltung, des Wortes, des Dichterischen bewegten, so gewiß habe ich die Atmosphäre meines Vaterhauses bis heute nicht verloren: in dem *Fanatismus zur Transcendenz*, in der Unbeirrbarkeit, jeden Materialismus historischer oder psychologischer Art als unzulänglich für die Erfassung und Darstellung des Lebens abzulehnen. Aber ich sehe diese Transcendenz ins Artistische gewendet, als Philosophie, als Metaphysik der Kunst.« (Gottfried Benn. In: *Dichterglaube*, 1931)
»Als ich ein halbes Jahr alt war, zogen meine Eltern nach Sellin in der Neumark; dort wuchs ich auf. Ein Dorf mit 700 Einwohnern in der norddeutschen Ebene, großes Pfarrhaus, großer Garten, drei Stunden östlich der Oder. Das ist auch heute noch meine Heimat, obgleich ich niemanden mehr dort kenne, Kindheitserde, unendlich geliebtes Land. Dort wuchs ich mit den Dorfjungen auf, sprach platt ... und wenn es nicht die Arbeiterjungen waren, waren es die Söhne des ostelbischen Adels, mit denen ich umging. Diese alten preußischen Familien ... hier besaßen sie ihre Güter, und mein Vater hatte einen ungewöhnlichen seelsorgerischen Einfluß gerade in ihren Kreisen ... Brandenburg blieb auch weiter meine Heimat. Das Gymnasium absolvierte ich in Frankfurt a. d. O., zum Glück ein humanistisches, studierte dann auf

Wunsch meines Vaters Theologie und Philologie, zwei Jahre lang entgegen meiner Neigung; endlich konnte ich meinem Wunsch folgen und Medizin studieren. Es war das dadurch möglich, daß es mir gelang, auf die Kaiser-Wilhelm-Akademie für das militärärztliche Bildungswesen in Berlin aufgenommen zu werden... Eine vorzügliche Hochschule, alles verdanke ich ihr! Virchow, Helmholtz, Leyden, Behring waren aus ihr hervorgegangen, ihr Geist herrschte dort mehr als der militärische, und die Führung der Anstalt war mustergültig. Ohne den Vater stark zu belasten, wurden für uns alle die sehr teuren Kollegs und Kliniken belegt... Dazu bekamen wir eine Reihe von Vorträgen und Vorlesungen über Philosophie und Kunst und allgemeine Fragen und die gesellschaftliche Bildung des alten Offizierkorps... Rückblickend scheint mir meine Existenz ohne diese Wendung zu Medizin und Biologie völlig undenkbar.« (*Lebensweg eines Intellektualisten.* 1934)
1896–1902: Gymnasium. Freundschaft mit Klabund.
1903–1904: Studium der Theologie und Philologie in Marburg und Berlin.
1905–1911: Kaiser-Wilhelm-Akademie, Berlin. Dienst beim 2. Garderegiment. Physikum. I. Preis der Medizinischen Fakultät der Universität Berlin. 1910–1911: Unterarzt an der Berliner Charité, vermutlich in der psychiatrischen Abteilung. 1912: Promotion mit der Dissertation »Über die Häufigkeit des Diabetes mellitus im Heer«. Zunächst aktiver Militärarzt. Abschied vom Militär aus Gesundheitsgründen. 1912–14: Assistenzarzt am pathologisch-anatomischen Institut des Krankenhauses Charlottenburg-Westend. Annähernd dreihundert Sektionen. Freundschaft mit Else Lasker-Schüler. Umgang mit Literaten: Carl Einstein, Paul Zech, Franz Pfemfert, Herwarth Walden, Alfred Lichtenstein.
1913: Bekanntschaft mit der Schauspielerin Eva Brandt (Edith Brosin, geb. Osterloh) auf der Ostseeinsel Hiddensee.
1914: als Schiffsarzt nach New York im März–Juni. Rücktritt als Hapag-Schiffsarzt vor einer Reise nach Wladiwostok: »der Segler kam nie zurück«. Juli: Benn heiratet Edith Osterloh, nach dem Urteil ihrer Mutter »ein so ausgesprochener Gesellschaftsmensch... die Zierde eines jeden Salons«. Benn später: »eine ganz charmante elegante Dame von Welt... viel

gereist, mir weit überlegen, 8 Jahre älter als ich, sehr wohlhabend, aus einer Dresdener Patrizierfamilie, 2 Onkel, Brüder ihres Vaters, aktive Generäle, einer Excellenz u. sächsischer Ministerpräsident, königlicher.« (An Oelze, 29. 6. 1938) 1915: Geburt der Tochter Nele. Einziges Kind.

1914–1917: Benn als Sanitätsarzt im Kriegsdienst. Brüssel. »Ich war Arzt an einem Prostituiertenkrankenhaus, ein ganz isolierter Posten, lebte in einem konfiszierten Haus, elf Zimmer, allein mit meinem Burschen, hatte wenig Dienst, durfte in Zivil gehen, war mit nichts behaftet, hing an keinem, verstand die Sprache kaum; strich durch die Straßen, fremdes Volk; eigentümlicher Frühling, drei Monate ganz ohne Vergleich ...« (*Epilog*. 1921) Freundschaft mit Carl und Thea Sternheim.

Herbst 1917: Niederlassung als Facharzt für Haut- und Geschlechtskrankheiten mit Praxis in Berlin, Belle-Alliance-Str. 12 (bis 1935).

Nach einem sehr intensiven Jahrzehnt dichterischer Produktion schreibt Benn im August 1921: »fünfunddreißig Jahre und total erledigt, ich schreibe nichts mehr – man müßte mit Spulwürmern schreiben und Koprolalien; ich lese nichts mehr ... ich denke keinen Gedanken mehr zu Ende ...« *(Epilog)* »Mir geht es heute miserabel. Vollkommen dezentralisiert, überarbeitet, verludert. Es ist kein Leben dies tägliche Schmieren u. Spritzen u. Quacksalbern u. abends so müde sein, daß man heulen könnte. Aber wenn ich mir vorstelle, was ich machen sollte, weiß ich es auch nicht. Den Laden verkaufen u. fortgehn! Aber wohin? ... Oder eine Arbeit anfangen, ein Stück, eine Novelle, aber wozu, für wen, worüber, alles so erledigt, ausgepowert, abgeknabbert u. schließlich kotzt man vor sich selber, vor der Methode seiner eigenen Gedanken, seiner produktiven Technik ...« (An Gertrud Zenzes, 29. 12. 1921) Dr. Gertrud Zenzes, Archivarin, zwölf Jahre jünger als Benn, seit dieser Zeit befreundet mit ihm. »... ich habe nur oft, ja meistens so viel Mauern um mich rum, daß ich dem andern kein Verstehen zeigen mag, ich bin so hart geworden, um nicht selber zu zerschmelzen u. schließlich auch sehr fremd u. sehr allein. Es mag auch sein, daß ich menschliches Leid nicht mag, da es nicht Leid der Kunst ist, sondern nur Leid des Herzens.« (An Gertrud Zenzes, Anfang 1922) – »Es gibt Tage, die so leer sind, daß man sich wundert, daß die Fensterscheiben nicht rausgedrückt werden von dem negativen Druck; es gibt Gedankengänge von einer Aussichtslosigkeit, die bewußtseinsraubend ist. Das ist so, da ist nichts zu machen.« (An Gertrud Zenzes, 1922) Im November 1922 stirbt Edith Benn, geb. Osterloh, Neles Mutter. »Vielleicht war es das beste, daß sie starb. Sie war ... bedeutend älter als mein Vater und er nicht für die Ehe geschaffen. Er stammte auch aus einem ganz anderen Milieu als sie, aus dem Pfarrhaus in Sellin, das auch ich so liebte. Mein Vater fand wohl immer die Verwandten meiner Mutter – Ärzte, hohe Beamte, Gutsbesitzer und Bankiers – irgendwie *zu* lebensfroh und *zu* lustig – ...« (Nele Soerensen. Mein Vater Gottfried Benn) Bekanntschaft mit der Opernsängerin Ellen Overgaard, die 1923 Nele in ihr Haus in Kopenhagen aufnimmt.

Ab 1924: Freundschaften mit dem Verleger Erich Reiss, mit George Grosz, Alfred Flechtheim, Tilly Wedekind, Heinz Ullstein u. a. Zur Konstitution: »körperlich u. seelisch äußerst apathisch u. abgekämpft, von geradezu krankhafter Menschen-, Unterhaltungs- u. Eindrucksflucht«. (An G. Zenzes, 4. 9. 1926) – Benn im Gespräch mit Nico Rost: »Ich schreibe nicht mehr, gar nichts. Seit Monaten nichts. Wozu auch? Es liest mich nur ein sehr kleiner Kreis ... Man soll mich in Ruhe lassen!« – »Ich habe seit zehn Jahren eine Praxis für Haut- und Geschlechtskrankheiten in Berlin. Die Geschlechtskrankheiten gehen, wie allgemein bekannt, auffallend zurück ... Ich möchte eine Stellung mit festem Einkommen, damit ich etwas mehr für mich arbeiten kann. Ich bin über Vierzig, und habe nie in meinem Leben länger als vierzehn Tage Ferien machen können, ich möchte auch einmal vier Wochen verreisen und doch am Ersten meine Miete zu bezahlen wissen.« (*Neben dem Schriftstellerberuf*. 1927) 1928 wird Benn Mitglied des Berliner PEN-Clubs. Im August stirbt Klabund. Benn hält die Totenrede. 1929 Selbstmord der Schauspielerin Lili Breda. »Meine Freundin, von der ich Ihnen so oft erzählte, und die ich ja im Grunde unverändert liebte, tief liebte, wie in den Jahren des Altwerdens u. der schwindenden Gefühlsfähigkeit der Mann liebt, ist am I. II freiwillig aus dem Leben geschieden. Auf grauenvolle Art. Sie stürzte sich hier von ihrer Wohnung im 5. Stock auf die Straße u. kam tot dort an. Sie rief mich an, daß sie es tun würde. Ich jagte im Auto hin, aber sie lag schon zerschmettert unten u. die Feuerwehr hob den gebrochenen Körper auf.... Wenn ich dies alles überwinde, wird irgendein neuer Mensch aus mir, ich fühle es, ich weiß noch nicht welcher Art. Aber wohl ein kalter, armer Mensch mit einer Vakuumschicht um sich herum, es war so viel, was ich in den letzten Jahren erlebte u. auch litt.« (An G. Zenzes, 24. 2. 1929) »Nur wer an jeder Stunde die Klauen, die Hauer, die rostigen Nägel sieht, mit denen sie unser Herz in Stücke reißt, der hat das Leben in sich aufgenommen u. steht ihm nahe u. darf leben.« (An Sophia Wasmuth, 10. 5. 1929) – Klaus Mann schreibt 1929 in der Zeitschrift ›Die Literatur‹ einen emphatischen Artikel über *Gottfried Benns Prosa.* »Unstillbar sein Heimweh, sein Durst nach Menschheitsepochen, die tragisch und entfernt von der Idee des Fortschritts waren... Wer so ruft, steht vereinsamt. Er läßt seine Stimme klagen, dabei wartet er kaum mehr auf Antwort. Der Rest ist Bitterkeit, Einsamkeit, Haß. – Der Haß eines solcherart Vereinsamten ist positiver, befruchtender, stärker als unsere kompromißbereiten Liebenswürdigkeiten... Mit ihm verglichen sehen wir alle ein bißchen wehleidig, ein bißchen verzärtelt aus.«

1930: Benn an Gertrud Hindemith: »sehn Sie, ich kann doch meine innere Existenz nicht darauf aufbauen, ob u. daß ich für geeignet gehalten werde, monatlich ohne Beanstandungen einmal im Radio sprechen zu dürfen, ich kann doch nur danach gehn, was ich denke u. was ich denken *muß*, sonst käme ich doch zu dem Mischmasch des gewöhnlichen Feuilletonisten oder gar Ministerialrats im Kultusministerium.« (6. 6. 1930) – Benn im Gespräch mit Nico Rost: »Ihr Tretjakow wird bald vergessen sein. Man wird in der Kunst immer fragen nach *Substanz*, nach *Werken* – nicht nach billigen Theorien und Redensarten... nach dem Gehirn, das die Zeit durch seine Existenz zeugend legitimierte, das nicht überall mitlief, den Rummel mitmachte... Ihr Tretjakow wird mit seinen sozialen Theorien nichts zu diesem Prozeß beitragen, aber auch überhaupt gar nichts, glauben Sie mir.« Nico Rost be-

richtet von Benns sozialer Einstellung als Arzt: »einen Arbeitslosen aus dem dritten Stock nicht nur umsonst behandelt, sondern auch monatelang die Kohlen für ihn bezahlt ...«
– An Paul Hindemith: »ich bin gerade in einer Periode, wo ich neuen Dingen auf der Spur bin und wo ich mich treiben lassen möchte, abwartend, zu welchen Resultaten ich komme ...« (29. 10. 1930)
1931: »Bin heute wieder von der Steuer mit Pfändung bedroht, wenn ich nicht sofort 500 M. zahle. Die Leute sind irre, der Staat muß zertrümmert werden, die *freien* Berufe, die kein festes Einkommen, keine Pension, keine Ferien und keine Bürostunden nach der Uhr kennen, die müssen wieder ran, den verkrachten u. verlumpten Staat zu finanzieren. Nein, da bleibt einem die Spucke weg u. da vergeht einem die Laune.« (An Thea Sternheim, 18. 8. 1931) »Dank für Ihre Invitation, aber unmöglich. Gesellige Veranstaltungen, gemeinsamer Meinungsaustausch, Geben Nehmen sind mir fremd. Ihre Freunde in Ehren, aber es sind nicht die meinen, ihre Worte kein Gewinn u. seelische Erneuerung für mich.« (28. 8. 1931)
1932: Wahl in die Preußische Akademie der Künste. »Etwa 25 der bedeutendsten Schriftsteller dichterischer Richtung und Substanz waren die Mitglieder. Als ich 1932 hineingewählt wurde, war Max Liebermann Präsident der Gesamtakademie, Heinrich Mann Abteilungs-Präsident für die Dichtung. Die Wahl war damals eine außerordentliche Ehre, die größte, die einem Schriftsteller innerhalb des deutschen Sprachraums zuteil werden konnte.« *(Doppelleben)* Beginn des Briefwechsels mit dem Bremer Importkaufmann Dr. F. W. Oelze, der Benns Essay *Goethe und die Naturwissenschaften* in der ›Neuen Rundschau‹ gelesen hatte. Benns erste Antwort: »Mir eine grosse Freude, wenn Ihnen meine Aufsätze gefallen haben. Eine mündliche Unterhaltung würde Sie enttäuschen. Ich sage nicht mehr, als was in meinen Büchern steht.« (21. 12. 1932) Der Briefwechsel wird für Benn zum wichtigsten Gedankenaustausch in den kommenden Jahren der »inneren Emigration«. Bis 1956 schreibt Benn rd. 700 Briefe an Oelze.
1933: Gottfried Benn im Bann des Nationalsozialismus. Nachdem Hitler im Januar Kanzler wurde, hält Benn am

24. April seine Rundfunkrede. *Der neue Staat und die Intellektuellen:* »Der neue Staat ist gegen die Intellektuellen entstanden. Alles, was sich im letzten Jahrzehnt zu den Intellektuellen rechnete, bekämpfte das Entstehen dieses neuen Staates. Sie, die jeden revolutionären Stoß von seiten des Marxismus begeistert begrüßten, ihm neue Offenbarungswerte zusprachen ... Lohnfragen als den Inhalt aller menschlichen Kämpfe anzusehen. Welch intellektueller Defekt, welch moralisches Manko ... Ich spreche im Namen des Gedankens und derer, die sich ihm beugen ... wir empfinden in dieser geschichtlichen Bewegung durchaus die vorwärtsgerichtete, ordnende, positive, die moderne Staatstendenz, die moderne Staatsidee, die den unfruchtbar gewordenen marxistischen Gegensatz von Arbeitnehmer und Arbeitgeber auflösen will in eine höhere Gemeinsamkeit, mag man sie wie Jünger ›Der Arbeiter‹ nennen oder nationalen Sozialismus. Und so gewiß einmal in einer anderen historischen Stunde ein hohes Ethos darin lag, die Ausgebeuteten gegen die Ausbeuter zu führen, und das Bebelpathos jener Stunde echt war ... Eine echte neue geschichtliche Bewegung ist vorhanden ... der Mensch will groß sein, das ist seine Größe; dem Absoluten gilt unausweichlich sein ganzes inneres Bemühen. Und so erhob sich diese Jugend von den gepflegten Abgründen ... Große, innerlich geführte Jugend, der Gedanke, der notwendige Gedanke, die überirdischste Macht der Welt ... gibt dir Recht: die Intelligenz, die dir schmähend nachsieht, war am Ende; was sollte sie dir denn vererben; sie lebt ja nur noch von Bruchstücken und Erbrechen über sich selbst ... Eine Villa, damit endete für sie das Visionäre, ein Mercedes, das stillte ihren wertesetzenden Drang.« Benn war über die Zielsetzung der neuen Machthaber nicht informiert. Weder hatte er *Mein Kampf* gelesen, noch kannte er die Parteiprogramme, noch hatte er je eine Parteiversammlung besucht. Er glaubte an die geistige Erneuerung eines Volkes und ignorierte zunächst die brutalen Methoden des Regimes. Bei der Umfunktionierung der Akademie durch die Nazis (Heinrich und Thomas Mann, Alfred Döblin, Käthe Kollwitz, Franz Werfel u. a. waren ausgetreten) spürt Benn bereits im April, daß er den neuen Kollegen unerwünscht ist. »Benn nahm Anmaßung und Feindlich-

keit wahr. Er meinte wir würden nicht nur ausgeschaltet, sondern auch körperlich vernichtet werden.« (Oskar Loerke, *Tagebuch* 1933) Klaus Mann fragt im Mai aus Frankreich an, warum Benn nicht aus der Akademie austrete und gegen die Nazis auftrete. Benn antwortet über den Berliner Funk mit grober Schärfe: *»ich gehöre nicht zu der Partei, habe auch keine Beziehung zu ihren Führern*... Es ist meine fanatische Reinheit, von der Sie in Ihrem Brief so ehrenvoll für mich schreiben, meine Reinheit des Gedankens und Gefühls, das mich zu dieser Darstellung treibt.« *(Antwort an die literarischen Emigranten)* – Benn lebt in der Isolation: »Es ist tödliche Stille, im Geschäft, im Privaten, im Telefon, in der Post...« (An Käthe v. Porada, 26. 7. 1933). »Eben kommt der telefonische Anruf vom Rundfunk, daß die Lesung meiner Gedichte unterbleiben muß – Ursache: peinliches Schweigen. Wahre Ursache, von mir erwartet: wegen Defaitismus!« (19. 9. 1933) Die Emigrantenzeitschrift ›Die Sammlung‹ bringt einen scharfen Artikel ihres Herausgebers Klaus Mann gegen Benn *(Gottfried Benn oder Die Entwürdigung des Geistes)*. Scharfe Attacke des NS-Ideologen Börries von Münchhausen gegen Benn. Im Winter wird Benn vom NS Ärztebund von der Liste attestberechtigter Ärzte gestrichen.

1934: Spätestens der sog. Röhm-Putsch Ende Juni, die Liquidierung von rd. 200 SA-Spitzenfunktionären und anderen politischen Gegnern des Regimes, konfrontierte die Öffentlichkeit mit dem Faschismus. Die Einsicht in die politischen Verhältnisse hatte Benn bis zu diesem Zeitpunkt idealistisch verdrängt. Ab Mitte des Jahres stellt er seine Haltung in den Briefen an Oelze klar heraus. Auch anderen Briefpartnern gegenüber äußert er sich offen. »Ich bin ganz Ihrer Meinung. Es gibt keine Worte mehr für diese Tragödie.« (An Oelze, 24. 7. 1934) – »Ich lebe mit vollkommen zusammengekniffenen Lippen, innerlich u. äußerlich. Ich kann nicht mehr mit. Gewisse Dinge haben mir den letzten Stoß gegeben. Schauerliche Tragödie! Das Ganze kommt mir allmählich vor wie eine Schmiere, die fortwährend ›Faust‹ ankündigt, aber die Besetzung langt nur für ›Husarenfieber‹. Wie groß fing das an, wie dreckig sieht es heute aus. Aber es ist noch lange nicht zu Ende.« (An Ina Seidel, 27. 8. 1934) – »Die Kunst erregt sie

[die Nazis] immer wieder so sehr, weil hier etwas ist, wo sie absolut mit ihren Methoden nicht rankönnen, hier genügt nicht, mit dem Hacken ins Gesicht zu treten u. das Maul cäsarisch aufzureissen ...« (An Oelze, 7. 9. 1934) »Möglich, dass ich hier alles hinter mir lasse: Wohnung, Praxis, Berlin ... einschl. Akademie etc – und gerade das ist es, was ich möchte.« (An Oelze, 18. 11. 1934) – »Heute würde ich schreiben: ›die Fresse von Cäsaren u. das Gehirn von Troglodythen‹.« (An Oelze, 24. 11. 1934) – »am 1. 1. 35 verlasse ich meine Wohnung, Praxis, Existenz, Berlin u. trete in die Armee zurück, aus der ich hervorgegangen bin. Standort unbekannt, Zukunft ungewiß, Titel: Oberstabsarzt ... es ist eine aristokratische Form der Emigrierung. Kein leichter Entschluß! Im November bewarb ich mich bei der Stadt Berlin um eine Stellung in meiner Spezialität ... Ich erhielt mein Gesuch nach einigen Wochen wieder mit einem Schreiben ohne Anrede u. Unterschrift: ›Kein Bedarf. Papiere anbei zurück.‹« (An Ina Seidel, 12. 12. 1934)
1935: Benn als Militärarzt bei der Heeres-Sanitätsinspektion in Hannover. Lösung aller literarischen Bindungen in Berlin. »Ebenso will ich bei dieser Gelegenheit gleich erwähnen, daß ich trotz meiner Reaktivierung kein Militarist und Kriegstreiber war ... Das Offizierkorps, in das ich nun 1935 eintrat, war das sogenannte E-Offizierkorps, E hieß Ersatz, es waren die Reaktivierten, die Alten, sie trugen besondere Uniformen und die aktive Truppe nahm sie nicht für voll ...« (*Doppelleben* – hier ausführliche Darstellung der Vorgänge.) »Morgen beginnt der Dienst – abwarten was er bringt. Skeptischer, kälter, erwartungsloser kann man ein neues Leben nicht beginnen, als ich es hier tue.« (An P. u. E. Fleischmann, 31. 3. 1935) – »Die äusserst labile Stimmung dieser Tage, meine körperliche Über-Anstrengung bis zur Erschöpfung, hervorgerufen durch die Umschichtung von Berlin hierher ...« (An Oelze, 7. 4. 1935) – »Der Dienst ist anstrengend, die Umstellung als Ganzes, innerlich und äußerlich, natürlich sehr einschneidend, sehr anstrengend, liege meistens abends um 9 erschöpft im Bett.« (An Frank Maraun, 5. 5. 1935) – »Sie machen sich nicht klar, wie völlig isoliert ich bin, ohne jede Beziehung geistiger Art zu meiner Umwelt. Meine Umwelt ist z. Z. nicht in

diesem Land. Ich schreibe niemandem, antworte niemandem, brauche allerdings auch niemanden.« (An Oelze, 1.9. 1935) »Wir haben keine Wirklichkeit mehr weder im Besitz noch in den Trieben noch in den Erkenntnissen, wir sind leer in der Magengrube.« (An Oelze, 7.10. 1935) »Es geht mir nämlich viel elender, als ich dachte. Ich mag die Uniform *absolut nicht*. Bin völlig unglücklich darin.« (An Oelze, 21.10.1935)

1936: Benns Geschichtspessimismus kulminiert angesichts der politischen Verhältnisse: der extreme Dualismus von Geist und Leben wird thematisch in den Briefen an Oelze entwickelt. Das Prosastück *Weinhaus Wolf* bringt die Zusammenfassung: geistiger und moralischer Bankrott der westlichen Zivilisation. – »Schreibe wenig, bin abgearbeitet u. nicht gut dran. Alter u Verbrauchtheit; immer 2 Berufe betrieben u. ausgefüllt, in beiden immer Sorgen u. Kämpfe. Schlafe schlecht, liege stundenlang wach, habe Schmerzen, weine im Traum. Mag nicht mehr, weder Leben noch Arbeit, alles durchgemacht u zu Ende... Es wird nicht ausbleiben *können* die Erkenntnis, dass nur der Geist lebt, trächtig ist, verwandelnd... Nur Er erlöst, nur er überwindet. Seine *Verwendung* zur Überwindung des Lebens, das ohne ihn völlig sinnlos u. unerträglich ist.« (An Oelze, 6.4. 1936) – »Wissen Sie, ich mache diese subalterne Kunstpolitik nicht mehr mit. Ich bin 50 Jahre, – soll man mich erschießen. Es kommt bestimmt aus Opfertoden auch nichts heraus, aber sie sind doch wohl noch besser, als Dreck zu machen. Und es ist *Dreck*, was sich heute als Dichtung gegenseitig hochlobt und preiskrönt.« (An Frank Maraun, 12.4. 1936) – Der Band *Ausgewählte Gedichte* erscheint zu Benns Geburtstag und erhält ausgezeichnete Kritiken. Unmittelbar als Antwort erfolgt der anonyme Angriff der SS-Wochenzeitung ›Das Schwarze Korps‹ mit ausführlichen Zitaten aus den frühen Gedichten. »Aber Herr Benn wühlt seinen Stift nicht nur in stinkende Wunden, er macht auch in Erotik, und wie er das macht, das befähigt ihn glatt zum Nachfolger jener, die man wegen ihrer widernatürlichen Schweinereien aus dem Hause jagte.« (7. Mai) Abdruck des Artikels in der Regime-Zeitung ›Der Völkische Beobachter‹ (8. Mai). »Der Angriff im ›Schwarzen Korps‹ wird mir unter

Umständen Uniform u. Stellung kosten.« (An Oelze, 8. 5. 1936) – »*Die Folgen:* Meldung bei meinem Kommandeur... Nachweis, dass es sich nicht um ›*Ferkelei*‹, sondern *wertvolle* Gedichte handelt. Ehrenwörtliche Erklärung, dass ich nicht schwul bin... Ist das alles schon jemals jemandem passiert? *Prognose:* die Militärs benehmen sich *fabelhaft*. Mein General sagt, nicht die Pöbeleien an sich könnten mich beleidigen, nur wenn ich darauf reagierte, auch nur mit einem Blick, wäre ich als Offizier in seinen Augen unehrenvoll... Es wird weiter gehen, schreibt mir mein Verleger, Rosenberg u. ›die Reichsstelle zur Förderung deutschen Schrifttums‹ würden das Buch weiter verfolgen, also mich auch; einige Privatfeinde von mir sind dabei, vor denen ich mich sehr zu hüten habe, Korrumpierte, aber bürgerlich Korrumpierte mit kleinen Schiebungen u. Diebstählen, die ich seinerzeit aus der ›Union nat. Schriftsteller‹ entfernte. Also es wird weitergehn. Aber ich mag nicht mehr... Satt habe ich den Dreck, den deutschen Dreck.« (An Oelze, 12. 5. 1936) – »Schreiben kann und darf ich nichts mehr, wenigstens nichts mehr veröffentlichen, solange ich Soldat bin... Die bürgerlichen Schriftsteller Deutschlands würden z. B. mich viel kaltblütiger, roher, intriganter umlegen als die Rabauken... Dieser bürgerliche Schleim, das ist ja das eigentliche Gift im Rachen der Zeit.« (An Oelze, 29. 5. 1936) – »Ich möchte aber doch noch einmal auf den Satz hinweisen, von dem ich glaube, daß er bis heute nicht überholt ist, und daß ihn auch das ganze Jahrhundert nicht überholen wird. Es ist der von mir oft zitierte Satz Nietzsches, daß die Kunst die letzte metaphysische Tätigkeit innerhalb des europäischen Nihilismus sei.« (An Egon Vietta, 8. 11. 1936) – »Auch in meinen Kreisen hier eine unendliche Depression. Die Versteinerung schreitet fort... Kein Wort mehr darüber...« (An Oelze, 6. 12. 1936)

1937: »Die finsterste Epoche meines Lebens... ich habe das Leben satt, da ich keine äußere Form mehr finde, in der ich es leben u. führen mag.« (An Ellinor Büller-Klinkowström, 22. 1. 1937) »Natürlich frage ich mich auch oft, ob der *Durchbruch* noch einmal kommt... Vor allem müßte ich wohl hier fort. Aber dann frage ich mich, ob nicht die Vorstellung des Sich-Vollendens u. des sich Ganz-Aussprechen-Wollens oder

-Könnens falsche Vorstellungen sind. Das Vollendete gibt es nicht.« (An Ellinor Büller-Klinkowström, 24. 2. 1937) – »Ich will ja versuchen, mit Hilfe des Militärs mich zu verändern in der Richtung Berlin ... Natürlich kommen einem dann wieder alle Privatwünsche und Hoffnungen lächerlich u. absurd vor, vor dem zermalmenden Gang der Geschichte, des Rassenwahns u. der Tyrannenlüste.« (An Ellinor Büller-Klinkowström, 9. 3. 1937) »Es war kein gutes Jahr. Trotzdem bin ich immer von neuem überrascht, wie viel in jedem Jahr Neues an innerer Erfahrung, immer kühlerem Erleben, Skepsis, Klärungen, aber natürlich auch Erstarrungen hinzukommt. Von Haus aus bin ich ein ungemein unfertiger, unskeptischer, erfahrungsloser Mensch gewesen, sehr naiv; erst die Jahre, die Schläge, die Schwierigkeiten brachten einen gewissen inneren Besitz.« (An Ellinor Büller-Klinkowström, 19. 3. 1937) – »Auch der Geist ist wohl nicht das Letzte. Auch er wird wohl einmal überwunden werden müssen.« (An Max Bense, 21. 3. 1937) – »Es gehört viel dazu, morgens damit aufzuwachen u. abends damit schlafenzugehn bezw. nicht einschlafen zu können, weil man nur u. in allem außerhalb der Zeit steht u. nur aus Widerspruch zu ihr besteht. Es ist keine Laune, keine Koketterie, keine Literatur, es ist körperlicher, konstitutioneller Zwang.« (An Ellinor Büller-Klinkowström, 19. 5. 1937) – Erneuter Angriff von seiten der SS in dem Buch: ›Säuberung des Kunsttempels. Eine kunstpolitische Kampfschrift zur Gesundung deutscher Kunst im Geiste nordischer Art‹. Benn wird als »Kulturbolschewist« und »Rasseschänder« diffamiert. Wiederum Verteidigung bei den vorgesetzten Behörden. Im Juli zieht Benn nach Berlin, übernimmt dort als Sanitätsoffizier einen neuen Aufgabenbereich.

1938: Benn heiratet Herta von Wedemeyer im Januar. Eine Bekanntschaft aus Hannover. Benn gibt in Briefen praktische Gründe an, Führung des Haushalts etc. – Im März Mitteilung des Präsidenten der Reichsschrifttumskammer (»Im Einvernehmen mit dem Herrn Reichsminister für Volksaufklärung und Propaganda«) über Ausschluß aus der Kammer und Schreibverbot: »Im Übertretungsfalle müßten die Strafbestimmungen des Reichskulturkammergesetzes gegen Sie in Anwendung gebracht werden.« Der Präsident teilt weiterhin mit, daß Reichsmarschall Göring ein Ehrengerichtsverfahren gegen Benn eingeleitet habe, mit dem Ziel der Ausstoßung aus dem Offizierskorps. »Der Reichsmarschall – mir wankten die Knie, aber der Reichsmarschall und ein Oberstabsarzt – das erschien mir unproportioniert.« *(Doppelleben)* Die Sache erwies sich als Irrtum. – »Unerträglich doch manchmal das alles! Kaum ein Tag ohne die schlimmsten Dinge. Dass man das alles immer weiter durchführt, sogar noch Angst hat vor dem Aufhören des Ganzen, ist eines der Rätsel mehr.« (An Oelze 20. 3. 1938) »Was für eine unerschöpfliche dumme tierische Menschheit das, die das alles hinnimmt u. dabei gröhlt! Ist sie ein Holzweg oder wir, Herr Oelze?« (24. 4. 1938) – »Von meinen Freundschaften endeten zwei durch Erschossenwerden (eine von einem eifersüchtigen Freund, eine aus politischen Gründen kürzlich in Russland), vier durch Selbstmord, zwei weitere sehr nahe Beziehungen starben so. Diese meine 31jährige Frau nun umgebe ich mit der ganzen Sorgfalt u. Vorsicht meines so häufig von Gefahren und Zusammenbrüchen etwas ermüdeten und wunschlos gewordenen Lebens ...« (An Oelze, 29. 6. 1938)

1939: »Mein Büro ist im Bendlerblock, zwischen Tirpitzufer und Tiergartenstrasse ... Meine Tätigkeit ist natürlich geringfügiger Art ...« (An Oelze, 10. 10. 1939) – »zum Schreiben bin ich zu müde. Ich gehe bei Dunkelheit fort u. komme wenn es wieder dunkel ist, zurück. Manchmal gehe ich während der Frühstückspause eine halbe Stunde durch den schönen alten Teil Berlins ...« (An Oelze, 8. 11. 1939)

1940: »Um das Jahr 1000 lag vielleicht ein ähnliches Weltbild vor: das Versinken der Erde u. die Erwartung des Endes, das verkündet war. Wir stehn also wieder vor dem Dualismus des Innen und Aussen ...« (An Oelze, 27. 10. 1940) – »dass meine extremen Positionen eine Hartnäckigkeit u. Sturheit bekunden ... Aber wie soll man seine Substanz *vor*treiben in geistige Begriffe, wenn nicht durch *Über*treibung? Nur so werden sie sichtbar.« (An Oelze, 3. 11. 1940) – »Ich möchte einmal wieder ganz allein sein, auch ohne Wohnung. Ich kann diese sturen Gestalten ringsherum garnicht mehr verächtlich finden etwa, keineswegs, sie gehen alle ihren armseligen engen Weg mit Weib und Kindern u. starken Dekorationsdrängen und Kriegsverdienstkreuzbestrebungen – nichts gegen sie, es muss so sein, bloss vor der Berührung mit ihnen behüte mich, wenn es irgendetwas Transcendentes giebt, Schicksal oder Ordnung oder Götter oder Zufall, es behüte mich.« (An Oelze, 5. 12. 1940)

1941: »Das Altern, das Herz, die Schlaflosigkeit, die Depressionen, die völlige Isoliertheit, die ununterbrochene innere Spannung, sich zu halten, auch sich zu verbergen, alles dies zusammen ist kaum erträglich.« (An Oelze, 24. 4. 1941) – »Es erscheint mir auch zweifelhaft, ob ich mich noch werde regenerieren können, die Erschöpfung ist zu tief, ich habe eine regelrechte klinische Depression, wohl auf arteriosclerotischer Grundlage; ich bin mir völlig klar darüber, dass ich im Ausgang meines Lebens stehe, aber seien Sie sicher, daß ich das mit grosser Fassung tue.« (An Oelze, 21. 6. 1941) – »Nun zu uns: an der Ostfront sieht es nicht gut aus. Eigentlich ist es schon Napoleon u. Beresina, etwas verschleiert noch. Das Frühjahr droht mit ungeheueren Gefahren aus dem Osten, wenn es überhaupt bis zum Frühjahr dauert.« (An Oelze, 14. 12. 1941)

1942: »Die Zukunft muss man sich wohl sehr grausig vorstellen. Die Frage ist wohl nur die, ob man Stalin Deutschland bis zur Oder oder bis zur Elbe versprochen hat ... Generäle sind 11 fort. Dass sie noch lange am Leben bleiben werden, ist mir unwahrscheinlich. Himmler soll Innenminister werden ... (An Oelze, 4. 1. 1942) – »Mir geht es gesundheitlich nicht gut. Eine schwere Verbrauchtheit im Kopf, Schmerzen im Zwischenhirn, Schund u. Schmutz an den Centralorganen. Aber was tuts; einmal ist es zu Ende ...« (An Oelze, 11. 4. 1942)

1943: Versetzung Benns nach Landsberg an der Warthe. Leben in der Kaserne. »Zu tun ist nichts. Die Dienststellen sind auseinandergerissen, die Desorganisation macht sich angenehm geltend ... In der Stadt nichts zu essen; nichts zu kaufen ... Vorige Woche war ich einen Tag dienstlich in Berlin. Meine Wohnung steht, trotzdem 6 Brandbomben ins Haus gingen, aber gelöscht wurden. Die Umgebung ist stark betroffen ... Mein Eindruck ist, dass man die Wohnung abschreiben muss. Keine grosse Wahrscheinlichkeit, dass sie heil bleibt. Man raubt u. plündert aus seiner eigenen Wohnung, als ob es schon eine fremde wäre, stopft noch dies u jenes in die Handtasche, den Rest stehlen andere.« (An Oelze, 30. 8. 1943) Die Vorgänge hat Benn dargestellt in: *Doppelleben II. Block II, Zimmer 66.*

1944: »Es ist also noch alles da, es bleibt auch da, es wird nichts zerstört, unsere Gedanken, Formen und Träume leben weiter, da sie älter u. echter sind als gewisses Gequatsche u. Gelärme...« (An Oelze, 13. 4. 1944) – »Ich bin noch hier in der Kaserne. Glaube auch zunächst, dass ich noch bleibe. Es wird 12 km östlich von L. geschanzt von Jung u. Alt...« (An Oelze, 14. 8. 1944)

1945: »im letzten Augenblick aus L. entkommen über Stock u. Stein, im offenen Viehwagen bei 10° Kälte, 12 Stunden dauerte die Fahrt von Küstrin hierher. Dann die Angriffe hier, der vom 3 II. war schauerlich. Auf den Bayrischen Platz allein kamen 9 Volltreffer. Alle Sachen in L. gelassen; hier kein Gas, kein Wasser, kein Telefon, nichts zu Essen.« (An Oelze, 9. 2. 1945) – »So verlief das Ende des ganzen Ostens, Stadt für Stadt. In der Wohnung waren dann fremde Leute, die Stuben leer, wir deckten uns mit meinem Soldatenmantel und Zeitungspapier zu, um aufzuwachen, als die Sirenen heulten. So klang es aus –«. *(Doppelleben)* – Die Russen besetzen Berlin, die Bozenerstraße, in der Benn wohnt, am Tage von Hitlers Selbstmord (30. 4.). Im Juli nimmt sich Herta Benn das Leben in der Nähe Berlins, wohin sie evakuiert war, aus Angst vor den Russen. – »Soweit ich aus dem Aschenhaufen meiner Existenz in den letzten Monaten überhaupt aufblickte u. aufdachte... Haben Sie Dank für Ihre Worte der Teilnahme zum Tode meiner Frau. Nichts in meinem Leben hat mich so getroffen, so tief getroffen wie dieser Tod... Dies Grab u. dieser Tag dort! Mit jedem neuen Tag jetzt wird mein Kummer unerträglicher, es trifft wohl garnicht zu, dass die Zeit einen Verlust lindert.« (An Oelze, 7. 11. 1945) – »daß Ihr die Lage so empfindet wie sie tatsächlich ist, nämlich daß durch dies Ereignis mein Leben einen endgültigen Stoß und Niederwurf erlitten hat, von dem ich noch nicht weiß, ob ich mich davon erholen werde u. erholen will. Diese Verbindung war keine Leidenschaft, aber eine so unendliche Freundschaft u. Zärtlichkeit, daß ihr Verlust eine Kette von Trauer u. Tränen für mich bedeutet. Im September war ich an ihrem Grab, überhaupt nichts in meinem Leben hat mich so erschüttert wie dieser Tag in dem armseligen Dorf, in der Küche, in der sie seit Monaten wohnte u. auf mich wartete...« (An E. C. Kraus u. A. Schuster, 18. 11. 1945) Im selben Brief zur literarischen Situation: »Ich habe noch keinen Schritt unternommen um festzustellen, ob ich überhaupt publizieren darf. Es interessiert mich nicht sehr, aber ich höre, daß ich auch bei den Jetzigen ›unerwünscht‹ bin u. auf schwarzen oder grauen Listen stehe. Ich unternehme nichts, um das aufzuklären... Ich lebe völlig allein. Damals unerwünscht, heute von neuem unerwünscht... ich finde das richtig u. eine Bestätigung meines Grundgefühls, das ich oft aussprach, daß Kunst außerhalb der Zusammenhänge von Staat und Geschichte steht u. daß ihre Ablehnung durch die Welt zu ihr gehört.«

1946: »Meine Depression war grenzenlos, meine Hoffnungslosigkeit so tief, dass ich keinen Gedanken mehr fassen konnte.« (An Oelze, 27. 2. 1946) – »Daß mein Name auf den schwarzen u. grauen Listen steht, überrascht mich gewissermaßen, da ich ja doch nie PG. war u. seit 1934 jede Beziehung zu der Literatur abgebrochen hatte u. im Schwarzen Korps u. sw. fortgesetzt angepöbelt u. aus der Reichsschrifttumskammer hinausgeworfen war... Es ist mir alles sehr fern gerückt, ich lebe wie ein Trappist, schweigend u. wüstenumdröhnt.« (An Pamela Regnier-Wedekind, 7. 3. 1946) – »Ich stehe mir nicht mehr nahe u kann mich garnicht an mich in meiner jetzigen Existenzform gewöhnen. Ich finde es so niedrig, noch zu leben; alles dies mitzumachen, was sich stündlich um einen abspielt äusserlich u. innerlich. Die Zeitgenossen!« (An Oelze, 30. 3. 1946) – »Übermorgen werde ich nun 60 Jahre, – die Zeit ist rum, aber ich bin einverstanden damit. Ich kann auch nichts bedauern oder gar bereuen, was ich je literarisch publizierte, es war immer echt u. kam aus meinem Wesen... Man kann nur für sich selbst entscheiden u. dann die Folgen auf sich nehmen.« (An Tilly Wedekind, 30. 4. 1946) – »Leer! Zu Ende! Solipsistischer Nihilismus; letzte Objectivität, fast schon Beziehungslosigkeit in Bezug auf sich selbst, Herabsehn aus großer Höhe auf sich selbst wie der Falke in einen Abgrund.« (An Oelze, 15. 10. 1946) – »Nun, ich mache mir

nicht mehr viel aus alledem u. tue nichts, um mich beliebt zu machen. Es sind gute Bücher, die ich schrieb u. eines Tages werden sie bekannt sein, – wenn ich tot bin.« (An Gertrud Zenzes, 26. 11. 1946) – Am 18. Dezember heiratet Benn Ilse Kaul, Dr. med. dent., die eine eigene Praxis führt.
1947: »dass diese Ehe, die nicht leicht – von beiden Seiten – zu Stande kam, für mich ein ausgesprochenes Glück bedeutet, mit dem das Leben mich überraschenderweise beschenkt hat. Ich habe meine inneren u. äusseren Erfahrungen, die geistigen, die menschlichen u. die erotischen einsetzen müssen, um diese reizende Person zu gewinnen, die – wollen Sie das bitte für sich behalten – 27 Jahre jünger ist als ich. Es ist von beiden Seiten eine ausgesprochene Liebesheirat...« (An Oelze, 10. 1. 1947) – »Ich rechne garnicht mehr mit Veröffentlichungen zu meinen Lebzeiten und ich sehe, daß man bei dieser inneren Voraussetzung noch viel freier und weitsichtiger schreiben kann, als wenn man sich die doch nur gröhlenden Zeitgenossen dabei vorstellt.« (An Fritz Werner, 23. 4. 1947) – Benn berichtet in den Briefen von seiner gutgehenden Praxis, Schwarzhandel, Trümmer-Berlin. Dargestellt in dem Prosastück *Der Ptolemäer. Berliner Novelle, 1947.* Verlage treten an Benn heran, u. a. Goverts u. Rowohlt. Artikel erscheinen über ihn, u. a. in der ›Neuen Rundschau‹: »im Ganzen äusserst interessant u tief, u. politisch nicht unangenehm, eine der besten Sachen über mich u dies nach 11 Jahren Schweigen von meiner Seite.« (An Oelze, 23. 6. 1947) Benn arbeitet ununterbrochen an literarischen Werken, wie er das auch in den Jahren zuvor getan hatte. Zum Jahresende Abschluß mit dem Arche-Verlag über den Band *Statische Gedichte.* Die Korrespondenz umkreist zunehmend die literarische Produktion und Publikation. »Ich bekomme z. Z. erstaunlich viel Briefe... Als ob eine Art metaphysischen Bebens z. Z. meinen Namen oder meine Erscheinung an vielen Orten in Erinnerung bringt.« (An Oelze, 4. 12. 1947) Benn spricht von seinem »Come-back«.
1948: Dr. Oelze, der die Bennsche Produktion der vergangenen 15 Jahre in seinem Archiv gesammelt hatte, bekommt den Auftrag: »Bitte geben Sie nichts aus der Hand, das ist mein ausdrücklicher Wunsch.« (17. 1. 1948) – »Vor allem ist es so

lächerlich, so zu tun, als ob hinter literarischen Arbeiten, Kritik oder Feuilletons eine lautere objective Wahrheit stünde, zu der alle streben u. der sie alle dienen –: jeder weiss, dass es sich in diesem Milieu um reine Prostitution handelt... (An Oelze, 13. 5. 1948) – »Wir werden nicht verreisen u. die Bitterkeit der Ruinen u. der kleinen Staubgärten auf unseren kurzen Spaziergängen schmecken.« (An Oelze, 4. 6. 1948) – »Die deutsche, die abendländische Öffentlichkeit ist doch nur noch eine Latrine, auf der die politisch Privilegierten publizistisch unter sich lassen.« (An Oelze, 15. 6. 1948) – Benn schreibt den *Berliner Brief* (Juli 1948), der seine Lage darstellt: »Geschrieben in einem schattenreichen Zimmer, in dem von den 24 Stunden zwei beleuchtet sind...« (Veröffentlicht 1949 in der Zeitschrift ›Merkur‹, die viele neue Werke von Benn bringt.) – Der Verleger Max Niedermayer interessiert sich für das Gesamtwerk. *»In jedem Satz muß alles stehn...* – absolut sein in jeder Chiffre, in jedem Wort. Das ist die Krise! Sie sehen, sehr verehrter Herr Niedermayer, in welche Verstrickungen ich Sie zu führen gezwungen bin, wenn Sie sich mit mir als Autor einzulassen die Gewogenheit haben wollen...« (18. 9. 1948)

1949: »Wäre es ohne diese ewigen Krisen gegangen, müsste ich in meinen Jahren, um bürgerlich reputierlich dazustehn, ein Auto aufweisen können, ein Weekendhaus und Perserbrücken, was mir aber schlechthin nie möglich gewesen wäre zu beschaffen bei meiner Facon, Geld in die linke Westentasche einzunehmen und aus der rechten sofort wieder auszugeben.« (An Oelze, 19. 1. 1949) – »Heute von Herrn Paeschke einen Brief von geradezu überströmender Ergebenheit: er legt sich, den Merkur, die D.V.A. mir zu Füssen u bittet, den Merkur als einzige Zeitschrift für meine Publikationen betrachten zu wollen.« (An Oelze, 22. 2. 1949) – »Das ist also mein Come-back in Berlin nach 15 Jahren. Nun geht also das Gefrage hier los: ›Haben Sie was damit zu tun?‹ ›Ist das ein Verwandter von Ihnen?‹ ›Das hängt wohl garnicht mit Ihnen zusammen?‹ Ich antworte immer, das ist mein Urgroßvater, den sie wieder ausgebuddelt haben.« (An Frank Maraun, 7. 3. 1949) – »Wenn man alt wird, wird man bescheiden... Ich war zerrissen u. habe wohl auch nicht von Anfang an zielbewusst und systematisch mich vorgenommen, sondern mich treiben lassen u. viel gespielt. Aber eine abschliessende Persönlichkeit zu schaffen, war wohl die Epoche nicht mehr berufen.« (An Oelze, 30. 3. 1949) – »Wenn man mir gegenüber reserviert ist, – ich bin es jedenfalls noch mehr, nichts wäre mir fataler als offene Arme und Feuilletonlakritze.« (An Fritz Werner, 9. 5. 1949) – »Die wenigen Jahre, die ich vielleicht noch lebe, werde ich zu keiner Konzession meiner mein Leben lang verfolgten extremen Richtung bereit sein. *Man kann es ja auch garnicht:* kein Satz, kein wirklicher Satz, kommt zustande, wenn nicht hinter ihm das ganze Pathos und das ganze innere Leiden der Persönlichkeit steht. Meine ärztliche Praxis, die mir bisher keine Instanz nehmen konnte, gibt mir die äußere Möglichkeit, dem inneren Gesetz zu leben.« (An Erich Pfeiffer-Belli, 3. 7. 1949) – »ich bin wohl der einzige in Deutschland, der den Mut (und infolge seiner Praxis, der ärztlichen) die Möglichkeit hat, den Dingen so ins Auge zu sehen, wie sie sind, so erbarmungslos, so nihilistisch und doch nicht ganz hoffnungslos.« (An Erna Pinner, 16. 7. 1949) – »Meine vier Bücher sind ein ganz sensationeller Erfolg. Täglich kriege ich Aufsätze und Kritiken, – den meisten bin ich widerlich, aber sie müssen anerkennen, daß ich ein großer Magier bin (ein Charlatan, wie Ilse immer sagt). Nun ich bin ein lieber Charlatan, der anregt, als ein Kleinbürger, der Stimmungen von sich gibt.« (An Nele Soerensen, 30. 7. 1949) Die vier Bücher sind: *Statische Gedichte, Drei alte Männer, Der Ptolemäer, Ausdruckswelt.* – Zusammenfassung seiner Lebenssituation in einem langen Brief an Thea Sternheim: »mich kann nichts mehr tief treffen, auch kein Ruhm u. dergl. mich mehr erfreuen, die wenigen Jahre, die ich vielleicht noch lebe, wird mich niemand mehr sehr gesprächig machen ... Meine eigentliche Natur ist ja immer weiter das gänzliche Alleinsein ... Als Fazit meiner Existenz sage ich, daß es nichts Besseres für einen potenten Kopf gibt, als immer wieder und das ganze Leben lang für anrüchig zu gelten und unterdrückt zu werden ...« (12. 8. 1949) – »Ich verachte die Menschen, die mit ihren eigenen Dingen nicht fertig werden und nun in Gebeten den lieben Gott anflehen, ihnen behilflich zu sein und sie zu erretten.« (An Nele Soerensen, 24. 8. 1949) – »Ahnte doch jemand, welche Last man auf sich nimmt, wenn man seinen inneren Auftrag ausführt, gegen den man alle Einwände genau kennt und den man doch vertreten muss, wenn man einmal angefangen hat.« (An Oelze, 2. 11. 1949) – »Durch alles fasst man durch, bis die Hand wieder in der eisigsten Polarkälte blau wird u. erstarrt, Frostbeulen an Hand u Herz – ein Herz, das eigentlich lyrisch u weich ist.« (An Oelze, 29. 11. 1949)

1950: Internationales publizistisches Echo auf Benns Werk. Kontakt mit Ernst Jünger, Ernst Robert Curtius, Max Bense, Friedrich Sieburg, Max Rychner. Artikel über Benn im ›Spiegel‹. »Es sind ja wieder allerlei Sachen über mich erschienen, aber ich lese es kaum bezw. garnicht mehr. Es ist auch möglich, dass ich beschliesse, garnicht mehr zu arbeiten u zu schreiben, ich halte weniger von mir als je. Alle Einladungen nach Westdeutschland habe ich abgesagt; mir vorzustellen, dass sich einige hinsetzen und meine fade Grimasse anstarren, ist mir unerträglich.« (An Oelze, 4. 3. 1950) – »Ich habe den Kreis, in dem sich mein Leben abspielt so eng gezogen und so genau determiniert, dass ich ihn im Augenblick kaum durchbrechen kann.« (An Oelze, 3./4. 5. 1950) – »Eigentlich ist mein privates Leben völlig undurchsichtig, eine Kontinuität aus Lücken und Verlusten, keiner könnte von mir etwas erzählen, einen Zusammenhang erblicken und schildern.« (An Oelze, 11. 9. 1950)

1951: »Je älter man wird, um so unklarer werden die Dinge, um so fragwürdiger das Persönliche, schließlich vergißt man sich selbst und will auch garnichts mehr von sich wissen. Auch der Trost mit dem Kulturkreis, in dem irgend etwas angeblich weiterlebt, erscheint einem als Illusion und idealistisches Keep-smiling.« (An Ewald Wasmuth, 27. 3. 1951) – »Nun, es ist Zeit, daß man einpackt; das Leben war manchmal schwer, aber ich habe es ertragen u. im wesentlichen würde ich nichts anders machen als ich es machte.« (An Gertrud Zenzes, 23. 4. 1951) – »man hat gelebt, seine Versuche dargeboten u. man sollte gehn, ohne Zuspruch zu erwarten ... Ich hoffe, daß Sie weniger müde sind, als ich es bin, und mehr Zustrom von den jenseitigen Dingen haben, als mir beschieden ist.« (An Ina Seidel, 8. 5. 1951) – »Über nichts denke ich im übrigen mehr nach als über die Fragwürdigkeit eines lan-

gen geistigen Lebens.« (An Oelze, 7. 6. 1951) – Einladung von seiten der belgischen Regierung zu einem europäischen Dichtertreffen: »Ich habe keine Lust; die Dichtertreffen werden dort eben so blöd sein wie bei uns.« (An Oelze, 16. 8. 1951)
21. August: Vortrag in Marburg: *Probleme der Lyrik.* Verleihung des Georg-Büchner-Preises von der Deutschen Akademie für Sprache und Dichtung im Oktober: »Darmstadt: ein glorreicher Tag, der glänzendste meines Lebens völlig gelungen in Stimmung, Äusserem u. Gesellschaftlichem. Am 18 X las ich in Hannover die Marburger Rede vor, auf Einladung. Auch da wurde ich als grosser Mann gefeiert u aufgenommen, Minister zu Füssen ...« (An Oelze, 25. 10. 1951)
1952: »Auch bin ich der Meinung, es ist besser u. anständiger, bis zum Schluß seiner Produktion hart zu bleiben, statt milde, reif u. familienhaft zu werden ... Ich bin mir völlig klar darüber, daß ich mir durch diese neue Publikation Anhänger verscherze u Chancen äußerer Art nehme (Preise usw.), aber wenn etwas aus echter produktiver Substanz u. menschlicher Notwendigkeit stammt u strömt, wäre es feige, zurückzuschrecken.« (An Max Niedermayer, 16. 2. 1952) – »Nicht häufig, aber manchmal überfällt mich der Gedanke, dass ich nun 66 Jahre bin, also am Ende, darüber kann ich mir keine Illusionen mehr machen, jeden Tag kann es ohne Präludien aus sein. Es zieht sich doch eine Linie von: ›Die Krone der Schöpfung, das Schwein, der Mensch‹ bis zu dem letzten Siegel: ›im Dunkel leben, im Dunkeln tun, was wir können –‹.« (An Oelze, 6. 8. 1952) – Bundesverdienstkreuz I. Klasse; von Benn angenommen: »Ablehnen wäre Angeberei, also nehme ich es hin. Tragen werde ich es nicht ...« (An Oelze, 16. 12. 1952) – Teilnahme als Vertreter Deutschlands an der ›Biennale Internationale de Poésie‹ in Knokke, Belgien.
1953: »Meine Frau ist reizend wie immer, viel zu gut für mich alten Brummbär, der nie aus seinem Zwinger geht.« (An Thea Sternheim, 7. 3. 1953) – »Ich möchte Ihnen gleich mitteilen, daß meine Pensionssache günstig ausgegangen ist und ich wohlwollender beurteilt wurde, als ich zu hoffen wagte. Ich glaube, nun für den Rest meiner Jahre im Gröbsten ohne Sorgen sein zu können.« (An Oelze, 18. 7. 1953) – »Überhaupt Berlin-West – eine größere innere Tragödie als Sie sich denken

können.« (An Joachim Moras, 24. 8. 1953) – »Ich bat den ›Merkur‹, einen Aufsatz über meine Gedichte *nicht* zu bringen, ich mag nicht mehr, es sagt mir alles nichts mehr; ich kann kaum noch einen Schritt gehn vor Müdigkeit ...« (An Oelze, 30. 10. 1953)
1954: »man sage nicht, der Geist kann es erreichen, / er gibt nur manchmal kurzbelichtet Zeichen.« *(Melancholie)* – »je älter ich werde, umso intensiver empfinde ich den Zwang, unter dem man jede Zeile produziert ...« (An Max Rychner, 10. 10. 1954) Benn stehe auf der Nobel-Preis-Liste, sagt ihm ein Ordinarius für deutsche Literatur aus Fribourg. – »Die Vereinsamung, in der ich lebe, ist ja doch sehr groß und über die helfen auch alle Briefe literarischer Anhänger, Männer und Frauen, nicht hinweg. Innen in einem ist es grau und fragwürdig und unaussprechbar, und hinter der Maske der Ironie und Höflichkeit nach außen zerreißen sich immer von neuem die letzten Bestände von Leben und Glück.« (An Max Niedermayer, 30. 12. 1954)
1955: »von einer krankhaften Müdigkeit u. Apathie, es gibt Tage, wo ich nur auf der Couch liege ... Dies Jahr habe ich alles abgesagt, selbst Rom, Florenz, Basel, Zürich. Ich mag nicht mehr. Erfolg habe ich ja genug, aber es bedeutet mir alles nichts mehr.« (An Tilly Wedekind, 4. 5. 1955) – »Montag geht es nach Köln. Der NWDR schreibt mir: ›der Andrang nach Eintrittskarten hat den Grad eines Naturereignisses angenommen.‹ Gilt aber sicher zu über 50 % R. Schneider.« (An Oelze, 10. 11. 1955)
1956: 70. Geburtstag am 2. Mai. In der Amerika-Gedenkbibliothek findet eine offizielle Feier des Berliner Senats statt. Benn feiert im Kreise der Familie und Freunde (vgl. Nele Soerensen: *Mein Vater Gottfried Benn)*. »Reden dürfen nicht gehalten werden.« (An Max Niedermayer, 8. 4. 1956) – Zu Jahresanfang war Benn in einem Berliner Krankenhaus stationär behandelt worden. »Die Röntgenuntersuchung hat ein sehr gutes Resultat ergeben: kein Karzinom.« (An Nele Soerensen, 24. 3. 1956) »Als der Geburtstag dann kam, sah mein Vater wirklich so aus, als ob er sich sehr wohl fühle und alles schön fände, auch die vielen Menschen, die sich um ihn drängten.« Benn wird in Schlangenbad auf Rheuma behandelt. »Das al-

les aber ist, wie gesagt, für die Katz. Ich warte noch eine Woche, dann werfe ich mich vor einen der grossen Reiseomnibusse und dann wird die Neuritis sich ja beruhigen. Den rechten Arm kann ich kaum noch bewegen.« (An Oelze, 15. 6. 1956) – Letzter Brief an Oelze: »Jene Stunde ... wird keine Schrekken haben, seien Sie beruhigt, wir werden nicht fallen wir werden steigen – Ihr B.« (16. 6. 1956) Nach der Rückkehr wird in Berlin ein Wirbelsäulenkrebs festgestellt (6. Juli). Gottfried Benn stirbt am 7. Juli morgens gegen 8 Uhr in Gegenwart seiner Frau.

Inhalt

Das Klassische Programm

Anthologien

Spiele ohne Ende
Erzählungen aus 100 Jahren
S. Fischer Verlag
Herausgegeben von
Hans Bender. 880 Seiten. Leinen

Über, o über dem Dorn
Gedichte aus 100 Jahren
S. Fischer Verlag
Herausgegeben von
Reiner Kunze
179 Seiten. Leinen

Gedanke und Gewissen
Essays aus 100 Jahren
S. Fischer Verlag
Herausgegeben von
Günther Busch und J. Hellmut
Freund. 664 Seiten. Leinen

100 Jahre S. Fischer 1886–1986
Das Klassische Programm
Ein Lesebuch. 352 Seiten. Brosch.

Kassetten

Franz Kafka
Werke
Kassette mit 7 Bänden
2304 Seiten. Geb.

Thomas Mann
Die Romane
Kassette mit 7 Bänden
5703 Seiten. Geb.

Luise Rinser
Kassette mit 4 Bänden
1506 Seiten. Geb.

Virginia Woolf
Romane
Kassette mit 5 Bänden
1284 Seiten. Geb.

Einzelbände

Ilse Aichinger
Die größere Hoffnung
Roman
Meine Sprache und ich
Erzählungen
verschenkter Rat
Gedichte. *564 Seiten. Leinen*

Raymond Aron
Frieden und Krieg
Eine Theorie der Staatenwelt
Mit einem Geleitwort zur
Neuausgabe von Richard
Löwenthal. 942 Seiten. Leinen

Paul Celan
Sprachgitter
Die Niemandsrose
Gedichte. *158 Seiten. Leinen*

Paul Celan
Übertragungen aus dem
Russischen. Alexander Blok.
Ossip Mandelstam.
Sergej Jessenin. *158 S. Leinen*

René Char
Draußen die Nacht wird regiert
Poesien
Französisch und deutsch
Mit einem Nachwort von Albert
Camus. Ausgewählt von Christoph
Schwerin. 215 Seiten. Leinen

Joseph Conrad
Lord Jim
Eine Geschichte
463 Seiten. Leinen

Tibor Déry
Der unvollendete Satz
Roman. *951 Seiten. Leinen*

Sigmund Freud
Kulturtheoretische Schriften
657 Seiten. Leinen

Gottfried Benn

Gesammelte Werke in der Fassung der Erstdrucke

Vier Bände und ein Zusatzband
Textkritisch durchgesehene Ausgabe
mit einer Einführung von Bruno Hillebrand

Das Prinzip dieser Ausgabe der Schriften und Gedichte Gottfried Benns ist die Anordnung nach Sachgebieten in Chronologie. Bruno Hillebrand, der Herausgeber, wird jeden Band mit einer Einführung, einer Kurzbiographie und einer Auswahlbibliographie sowie je einem Namen- und Sachregister versehen. Dem Ergänzungsband, der die wichtigsten Aufsätze zur Rezeption des Werkes enthält, wird eine aktualisierte Gesamtbibliographie beigegeben.

Gedichte
Bd. 5231
bereits erschienen

Prosa und Autobiographie
Bd. 5232
bereits erschienen

Essays und Reden
Bd. 5233

Reden und Schriften
Bd. 5234

Über Gottfried Benn
Herausgegeben von Bruno Hillebrand
Bd. 5235

Fischer Taschenbuch Verlag

fi 187/1

Gottfried Benn

Briefe an F. W. Oelze

Diese Briefe Benns an den Bremer Großkaufmann F. W. Oelze, von dem eine breitere Öffentlichkeit erst 1950 durch seine Erwähnung in Benns Autobiographie »Doppelleben« erfuhr, nachdem es bereits fast zwanzig Jahre lang eine Art Geheimkorrespondenz gab, gehören zu den bedeutendsten Briefen, die es von Benn gibt. Sie sind sein rückhaltloses Selbstbekenntnis, geben Auskunft über private Lebensumstände, repressive politische Verhältnisse und über ein für den Dichter ungemein produktives literarisches Gespräch mit einem hochgebildeten, selten belesenen Briefpartner. »Benn, der große Abweisende, der Maskenträger, der Undurchdringliche, der, wie es im »Epilog 1949« heißt, einen »breiten Graben aus Schweigen« um seine Existenz zog, gibt sich hier – im Schutze sicherer Diskretion – einem nahezu Fremden zu erkennen. Er, der die Selbstisolierung zu einem kunstvoll gehandhabten, zu einem instrumentalen Lebensprinzip machte, spricht sich aus – privat, politisch, künstlerisch.« (Günter Blöcker)

Briefe an F. W. Oelze 1932–1945
Band 2187

Briefe an F. W. Oelze 1945–1949
Band 5701

Briefe an F. W. Oelze 1950–1956
Band 5702

Fischer Taschenbuch Verlag

fi 226/1